U0452254

中外哲学典籍大全

总主编 李铁映 王伟光

外国哲学典籍卷

神秘神学

（伪）狄奥尼修斯 著

包利民 译

Dionysius the (Pseudo-) Areopagite
ΠΕΡΙ ΜΝΣΤΙΚΗΣ ΘΕΟΛΟΓΙΑΣ

中文简体字版由香港汉语基督教文化研究所授权出版

中外哲学典籍大全

总主编 李铁映 王伟光

顾　问（按姓氏笔画排序）

　　　王树人　邢贲思　汝　信　李景源　杨春贵　张世英　张立文
　　　张家龙　陈先达　陈晏清　陈筠泉　黄心川　曾繁仁　楼宇烈

学术委员（按姓氏笔画排序）

　　　万俊人　马　援　丰子义　王立胜　王南湜　王柯平　王　博
　　　冯颜利　任　平　刘大椿　江　怡　孙正聿　李存山　李景林
　　　杨　耕　汪　晖　张一兵　张汝伦　张志伟　张志强　陈少明
　　　陈　来　陈学明　欧阳康　尚　杰　庞元正　赵汀阳　赵剑英
　　　赵敦华　倪梁康　徐俊忠　郭齐勇　郭　湛　韩庆祥　韩　震
　　　傅有德　谢地坤

总编辑委员会

主　任　王立胜

副主任　张志强　冯颜利　王海生

委　员（按姓氏笔画排序）

　　　甘绍平　仰海峰　刘森林　杜国平　李　河　吴向东　陈　鹏
　　　陈　霞　欧阳英　单继刚　赵汀阳　郝立新

外国哲学典籍卷

学术委员会

主　任　汝　信

委　员（按姓氏笔画排序）

　　　　马寅卯　王　齐　王　颂　冯　俊　冯颜利　江　怡　孙向晨
　　　　孙周兴　李文堂　李　河　张志伟　陈小文　赵汀阳　倪梁康
　　　　黄裕生　韩水法　韩　震　詹文杰

编辑委员会

主　任　马寅卯

委　员（按姓氏笔画排序）

　　　　邓　定　冯嘉荟　吕　超　汤明洁　孙　飞　李　剑　李婷婷
　　　　吴清原　佘瑞丹　冷雪涵　张天一　张桂娜　陈德中　赵　猛
　　　　韩　骁　詹文杰　熊至立　魏　伟

中外哲学典籍大全
总　　序

《中外哲学典籍大全》的编纂,是一项既有时代价值又有历史意义的重大工程。

中华民族经过了近一百八十年的艰苦奋斗,迎来了中国近代以来最好的发展时期,迎来了奋力实现中华民族伟大复兴的时期。中华民族只有总结古今中外的一切思想成就,才能并肩世界历史发展的大势。为此,我们须要编纂一部汇集中外古今哲学典籍的经典集成,为中华民族的伟大复兴、为人类命运共同体的建设、为人类社会的进步,提供哲学思想的精粹。

哲学是思想的花朵、文明的灵魂、精神的王冠。一个国家、民族,要兴旺发达,拥有光明的未来,就必须拥有精深的理论思维,拥有自己的哲学。哲学是推动社会变革和发展的理论力量,是激发人的精神砥石。哲学能够解放思想,净化心灵,照亮人类前行的道路。伟大的时代需要精邃的哲学。

一　哲学是智慧之学

哲学是什么? 这既是一个古老的问题,又是哲学永恒的话题。追问"哲学是什么",本身就是"哲学"问题。从哲学成为思维的那一天起,哲学家们就在不停的追问中发展、丰富哲学的篇章,给出一张又一张答卷。每个时代的哲学家对这个问题都有自己的诠释。哲学是什么,是悬在人类智慧面前的永恒之问,这正是哲学之为哲学的基本特点。

哲学是全部世界的观念形态、精神本质。人类面临的共同问题,是哲学研究的根本对象。本体论、认识论、世界观、人生观、价值观、实践论、方法论等,仍是哲学的基本问题,是哲学的生命力所在!哲学研究的是世界万物的根本性、本质性问题。人们已经对哲学作出许多具体定义,但我们可以尝试再用"遮诠"的方式描述哲学的一些特点,从而使人们加深对"何为哲学"的认识。

哲学不是玄虚之观。哲学来自人类实践,关乎人生。哲学对现实存在的一切追根究底,"打破砂锅问到底"。它不仅是问"是什么(being)",而且主要是追问"为什么(why)",特别是追问"为什么的为什么"。它关注整个宇宙,关注整个人类的命运,关注人生。它关心柴米油盐酱醋茶和人的生命的关系,关心人工智能对人类社会的挑战。哲学是对一切实践经验的理论升华,它关心具体现象背后的根据,关心"人类如何会更好"。

哲学是在根本层面上追问自然、社会和人本身,以彻底的态度反思已有的观念和认识,从价值理想出发把握生活的目标和历史的趋势,从而展示了人类理性思维的高度,凝结了民族进步的智慧,寄托了人们热爱光明、追求真善美的情怀。道不远人,人能弘道。哲学是把握世界、洞悉未来的学问,是思想解放与自由的大门!

古希腊的哲学家们被称为"望天者"。亚里士多德在《形而上学》一书中说:"最初人们通过好奇-惊赞来做哲学。"如果说知识源于好奇的话,那么产生哲学的好奇心,必须是大好奇心。这种"大好奇心"只为一件"大事因缘"而来。所谓"大事",就是天地之间一切事物的"为什么"。哲学精神,是"家事、国事、天下事,事事要问",是一种永远追问的精神。

哲学不只是思想。哲学将思维本身作为自己的研究对象之一,对思想本身进行反思。哲学不是一般的知识体系,而是把知识概念作为研究的对象,追问"什么才是知识的真正来源和根据"。哲学的"非对象性"的思维方式,不是"纯形式"的推论原则,而有其"非对象性"之对象。哲学不断追求真理,是认识的精粹,是一个理论与实践兼而有之的过程。哲学追求真理的过程本身就显现了哲学的本质。天地之浩瀚,变化之奥妙,正是哲思的玄妙之处。

哲学不是宣示绝对性的教义教条,哲学反对一切形式的绝对。哲学解放束缚,意味着从一切思想教条中解放人类自身。哲学给了我们彻底反思过去的思想自由,给了我们深刻洞察未来的思想能力。哲学就是解放之学,是圣火和利剑。

哲学不是一般的知识。哲学追求"大智慧"。佛教讲"转识成智","识"与"智"之间的关系相当于知识与哲学的关系。一般知识是依据于具体认识对象而来的、有所依有所待的"识",而哲学则是超越于具体对象之上的"智"。

公元前六世纪,中国的老子说:"大方无隅,大器晚成,大音希声,大象无形,道隐无名。夫唯道,善贷且成。"又说:"反者道之动,弱者道之用。天下万物生于有,有生于无。"对"道"的追求就是对有之为有、无形无名的探究,就是对"天地何以如此"的探究。这种追求，使得哲学具有了天地之大用，具有了超越有形有名之有限经验的大智慧。这种大智慧、大用途，超越一切限制的篱笆，具有趋向无限的解放能力。

哲学不是经验科学，但又与经验有联系。哲学从其诞生之日起，就包含于科学形态之中，是以科学形态出现的。哲学是以理性的方式、概念的方式、论证的方式来思考宇宙与人生的根本问题。在亚里士多德那里，凡是研究"实体（ousia）"的学问，都叫作"哲学"。而"第一实体"则是存在者中的"第一个"。研究"第一实体"的学问被称为"神学"，也就是"形而上学"，这正是后世所谓"哲学"。一般意义上的科学正是从"哲学"最初的意义上赢得自己最原初的规定性的。哲学虽然不是经验科学，却为科学划定了意义的范围，指明了方向。哲学最后必定指向宇宙、人生的根本问题，大科学家的工作在深层意义上总是具有哲学的意味，牛顿和爱因斯坦就是这样的典范。

哲学既不是自然科学，也不是文学、艺术，但在自然科学的前头，哲学的道路展现了；在文学、艺术的山顶，哲学的天梯出现了。哲学不断地激发人的探索和创造精神，使人在认识世界的过程中不断达到新境界，在改造世界的过程中从必然王国到达自由王国。

哲学不断从最根本的问题再次出发。哲学史在一定意义上就是不断重构新的世界观、认识人类自身的历史。哲学的历史呈现，正是对哲学的创造本性的最好说明。哲学史上每一个哲学家对根本问题的思考，都在为哲学添加新思维、新向度，犹如为天籁山上不断增添一只只黄鹂、翠鸟。

如果说哲学是哲学史的连续展现中所具有的统一性特征，那么这种"一"是在"多"个哲学的创造中实现的。如果说每一种哲学体系都追求一种体系性的"一"的话,那么每种"一"的体系之间都存在着千丝相联、多方组合的关系。这正是哲学史昭示于我们的哲学之多样性的意义。多样性与统一性的依存关系,正是哲学寻求现象与本质、具体与普遍相统一的辩证之意义。

哲学的追求是人类精神的自然趋向,是精神自由的花朵。哲学是思想的自由,是自由的思想。

中国哲学是中华民族五千年文明传统中最为内在、最为深刻、最为持久的精神追求和价值观表达。中国哲学已经化为中国人的思维方式、生活态度、道德准则、人生追求、精神境界。中国人的科学技术、伦理道德、小家大国、中医药学、诗歌文学、绘画书法、武术拳法、乡规民俗,乃至日常生活都浸润着中国哲学的精神。华夏文明虽历经磨难而能够透魄醒神、坚韧屹立,正是来自于中国哲学深邃的思维和创造力。

先秦时代,老子、孔子、庄子、孙子、韩非子等诸子之间的百家争鸣,就是哲学精神在中国的展现,是中国人思想解放的第一次大爆发。两汉四百多年的思想和制度,是诸子百家思想在争鸣过程中大整合的结果。魏晋之际玄学的发生,则是儒道冲破各自藩篱、彼此互动互补的结果,形成了儒家独尊的态势。隋唐三百年,佛教深入中国文化,又一次带来了思想的大融合和大解放。禅宗的形成就是这一融合和解放的结果。两宋三百多年,中国哲学迎来了第三次大解放。儒释道三教之间的互润互持日趋深入,朱熹的理学和陆象山的心学,就是这一思想潮流的哲学结晶。

与古希腊哲学强调沉思和理论建构不同,中国哲学的旨趣在于实践人文关怀,它更关注实践的义理性意义。在中国哲学当中,知与行从未分离,有着深厚的实践观点和生活观点。伦理道德观是中国哲学的贡献。马克思说:"全部社会生活在本质上是实践的。"实践的观点、生活的观点也正是马克思主义认识论的基本观点。这种哲学上的契合性,正是马克思主义能够在中国扎根并不断中国化的哲学原因。

"实事求是"是中国的一句古话,在今天已成为深邃的哲理,成为中国人的思维方式和行为基准。实事求是就是解放思想,解放思想就是实事求是。实事求是是毛泽东思想的精髓,是改革开放的基石。只有解放思想才能实事求是。实事求是就是中国人始终坚持的哲学思想。实事求是就是依靠自己,走自己的道路,反对一切绝对观念。所谓中国化就是一切从中国实际出发,一切理论必须符合中国实际。

二 哲学的多样性

实践是人的存在形式,是哲学之母。实践是思维的动力、源泉、价值、标准。人们认识世界、探索规律的根本目的是改造世界、完善自己。哲学问题的提出和回答都离不开实践。马克思有句名言:"哲学家们只是用不同的方式解释世界,而问题在于改变世界。"理论只有成为人的精神智慧,才具有改变世界的力量。

哲学关心人类命运。时代的哲学,必定关心时代的命运。对时代命运的关心就是对人类实践和命运的关心。人在实践中产生的一切都具有现实性。哲学的实践性必定带来哲学的现实性。哲学的现实性就是强调人在不断回答实践中的各种问题时应该具有的态度。

哲学作为一门科学是现实的。哲学是一门回答并解释现实的学问；哲学是人们联系实际、面对现实的思想。可以说哲学是现实的最本质的理论，也是本质的最现实的理论。哲学始终追问现实的发展和变化。哲学存在于实践中，也必定在现实中发展。哲学的现实性要求我们直面实践本身。

哲学不是简单跟在实践后面，成为当下实践的"奴仆"，而是以特有的深邃方式，关注着实践的发展，提升人的实践水平，为社会实践提供理论支撑。从直接的、急功近利的要求出发来理解和从事哲学，无异于向哲学提出它本身不可能完成的任务。哲学是深沉的反思、厚重的智慧，是对事物的抽象、理论的把握。哲学是人类把握世界最深邃的理论思维。

哲学是立足人的学问，是人用于理解世界、把握世界、改造世界的智慧之学。"民之所好，好之，民之所惠，惠之。"哲学的目的是为了人。用哲学理解外在的世界，理解人本身，也是为了用哲学改造世界、改造人。哲学研究无禁区，无终无界，与宇宙同在，与人类同在。

存在是多样的，发展亦是多样的，这是客观世界的必然。宇宙万物本身是多样的存在，多样的变化。历史表明，每一民族的文化都有其独特的价值。文化的多样性是自然律，是动力，是生命力。各民族文化之间的相互借鉴、补充浸染，共同推动着人类社会的发展和繁荣，这是规律。对象的多样性、复杂性，决定了哲学的多样性；即使对同一事物，人们也会产生不同的哲学认识，形成不同的哲学派别。哲学观点、思潮、流派及其表现形式上的区别,来自于哲学的时代性、地域性和民族性的差异。世界哲学是不同民族的哲学的荟萃。多样性构成了世界,百花齐放形成了花园。不同的民族会有不同风格的哲学。恰恰是哲学的民族性,使不同的哲学都可以在世界舞台上演绎出各种"戏剧"。不同民族即使有相似的哲学观点,在实践中的表达和运用也会各有特色。

人类的实践是多方面的,具有多样性、发展性,大体可以分为:改造自然界的实践、改造人类社会的实践、完善人本身的实践、提升人的精神世界的精神活动。人是实践中的人,实践是人的生命的第一属性。实践的社会性决定了哲学的社会性,哲学不是脱离社会现实生活的某种遐想,而是社会现实生活的观念形态,是文明进步的重要标志,是人的发展水平的重要维度。哲学的发展状况,反映着一个社会人的理性成熟程度,反映着这个社会的文明程度。

哲学史实质上是对自然史、社会史、人的发展史和人类思维史的总结和概括。自然界是多样的,社会是多样的,人类思维是多样的。所谓哲学的多样性,就是哲学基本观念、理论学说、方法的异同,是哲学思维方式上的多姿多彩。哲学的多样性是哲学的常态,是哲学进步、发展和繁荣的标志。哲学是人的哲学,哲学是人对事物的自觉,是人对外界和自我认识的学问,也是人把握世界和自我的学问。哲学的多样性,是哲学的常态和必然,是哲学发展和繁荣的内在动力。一般是普遍性,特色也是普遍性。从单一性到多样性,从简单性到复杂性,是哲学思维的一大变革。用一种哲学话语和方法否定另一种哲学话语和方法,这本身就不是哲学的态度。

多样性并不否定共同性、统一性、普遍性。物质和精神、存在和意识,一切事物都是在运动、变化中的,是哲学的基本问题,也是我们的基本哲学观点!

当今的世界如此纷繁复杂,哲学多样性就是世界多样性的反映。哲学是以观念形态表现出的现实世界。哲学的多样性,就是文明多样性和人类历史发展多样性的表达。多样性是宇宙之道。

哲学的实践性、多样性还体现在哲学的时代性上。哲学总是特定时代精神的精华,是一定历史条件下人的反思活动的理论形态。在不同的时代,哲学具有不同的内容和形式。哲学的多样性,也是历史时代多样性的表达,让我们能够更科学地理解不同历史时代,更为内在地理解历史发展的道理。多样性是历史之道。

哲学之所以能发挥解放思想的作用,原因就在于它始终关注实践,关注现实的发展;在于它始终关注着科学技术的进步。哲学本身没有绝对空间,没有自在的世界,只能是客观世界的映象、观念的形态。没有了现实性,哲学就远离人,远离了存在。哲学的实践性说到底是在说明哲学本质上是人的哲学,是人的思维,是为了人的科学!哲学的实践性、多样性告诉我们,哲学必须百花齐放、百家争鸣。哲学的发展首先要解放自己,解放哲学,也就是实现思维、观念及范式的变革。人类发展也必须多途并进、交流互鉴、共同繁荣。采百花之粉,才能酿天下之蜜。

三 哲学与当代中国

中国自古以来就有思辨的传统,中国思想史上的百家争鸣就是哲学繁荣的史象。哲学是历史发展的号角。中国思想文化的每一次大跃升，都是哲学解放的结果。中国古代贤哲的思想传承至今，他们的智慧已浸入中国人的精神境界和生命情怀。

中国共产党人历来重视哲学。1938年，毛泽东同志在抗日战争最困难的时期，在延安研究哲学，创作了《实践论》和《矛盾论》，推动了中国革命的思想解放，成为中国人民的精神力量。

中华民族的伟大复兴必将迎来中国哲学的新发展。当代中国必须要有自己的哲学，当代中国的哲学必须要从根本上讲清楚中国道路的哲学内涵。中华民族的伟大复兴必须要有哲学的思维，必须要有不断深入的反思。发展的道路就是哲思的道路；文化的自信就是哲学思维的自信。哲学是引领者，可谓永恒的"北斗"，哲学是时代的"火焰"，是时代最精致最深刻的"光芒"。从社会变革的意义上说，任何一次巨大的社会变革，总是以理论思维为先导。理论的变革总是以思想观念的空前解放为前提，而"吹响"人类思想解放第一声"号角"的，往往就是代表时代精神精华的哲学。社会实践对于哲学的需求可谓"迫不及待"，因为哲学总是"吹响"新的时代的"号角"。"吹响"中国改革开放之"号角"的，正是"解放思想""实践是检验真理的唯一标准""不改革死路一条"等哲学观念。"吹响"新时代"号角"的是"中国梦""人民对美好生活的向往，就是我们奋斗的目标"。发展是人类社会永恒的动力，变革是社会解放的永恒的课题，思想解放、解放思想是无尽的哲思。中国正走在理论和实践的双重探索之路上，搞探索没有哲学不成！

中国哲学的新发展，必须反映中国与世界最新的实践成果，必须反映科学的最新成果，必须具有走向未来的思想力量。今天的中国人所面临的历史时代，是史无前例的。14亿人齐步迈向现代化,这是怎样的一幅历史画卷!是何等壮丽、令人震撼!不仅中国亘古未有,在世界历史上也从未有过。当今中国需要的哲学,是结合天道、地理、人德的哲学,是整合古今中外的哲学,只有这样的哲学才是中华民族伟大复兴的哲学。

当今中国需要的哲学,必须是适合中国的哲学。无论古今中外,再好的东西,也需要经过再吸收、再消化,经过现代化、中国化,才能成为今天中国自己的哲学。哲学的目的是解放人,哲学自身的发展也是一次思想解放,也是人的一次思维升华、羽化的过程。中国人的思想解放,总是随着历史不断进行的。历史有多长,思想解放的道路就有多长;发展进步是永恒的,思想解放也是永无止境的;思想解放就是哲学的解放。

习近平同志在2013年8月19日重要讲话中指出,思想工作就是"引导人们更加全面客观地认识当代中国、看待外部世界"。这就需要我们确立一种"知己知彼"的知识态度和理论立场,而哲学则是对文明价值核心最精炼和最集中的深邃性表达,有助于我们认识中国、认识世界。立足中国、认识中国,需要我们审视我们走过的道路;立足中国、认识世界,需要我们观察和借鉴世界历史上的不同文化。中国"独特的文化传统"、中国"独特的历史命运"、中国"独特的基本国情",决定了我们必然要走适合自己特点的发展道路。一切现实的、存在的社会制度,其形态都是具体的,都是特色的,都必须是符合本国实际的。抽象的或所谓"普世"的制度是不存在的。同时,我们要全面、客观地"看待外部世界"。研究古今中外的哲学,是中国认识世界、认识人类史、认识自己未来发展的必修课。今天中国的发展不仅要读中国书,还要读世界书。不仅要学习自然科学、社会科学的经典，更要学习哲学的经典。当前，中国正走在实现"中国梦"的"长征"路上，这也正是一条思想不断解放的道路！要回答中国的问题，解释中国的发展，首先需要哲学思维本身的解放。哲学的发展，就是哲学的解放，这是由哲学的实践性、时代性所决定的。哲学无禁区、无疆界。哲学关乎宇宙之精神，关乎人类之思想。哲学将与宇宙、人类同在。

四　哲学典籍

《中外哲学典籍大全》的编纂，是要让中国人能研究中外哲学经典，吸收人类思想的精华；是要提升我们的思维，让中国人的思想更加理性、更加科学、更加智慧。

中国有盛世修典的传统，如中国古代的多部典籍类书（如《永乐大典》《四库全书》等）。在新时代编纂《中外哲学典籍大全》，是我们的历史使命，是民族复兴的重大思想工程。

只有学习和借鉴人类思想的成就，才能实现我们自己的发展，走向未来。《中外哲学典籍大全》的编纂，就是在思维层面上，在智慧境界中，继承自己的精神文明，学习世界优秀文化。这是我们的必修课。

不同文化之间的交流、合作和友谊，必须在哲学层面上获得相互认同和借鉴。哲学之间的对话和倾听，才是从心到心的交流。《中外哲学典籍大全》的编纂，就是在搭建心心相通的桥梁。

我们编纂的这套哲学典籍大全包括四个方面的内容：一是中国哲学，整理中国历史上的思想典籍，浓缩中国思想史上的精华；

二是外国哲学，主要是西方哲学，以吸收、借鉴人类发展的优秀哲学成果；三是马克思主义哲学，展示马克思主义哲学中国化的成就；四是中国近现代以来的哲学成果，特别是马克思主义在中国的发展。

编纂《中外哲学典籍大全》，是中国哲学界早有的心愿，也是哲学界的一份奉献。《中外哲学典籍大全》总结的是经典中的思想，是先哲们的思维，是前人的足迹。我们希望把它们奉献给后来人，使他们能够站在前人的肩膀上，站在历史岸边看待自身。

《中外哲学典籍大全》的编纂，是以"知以藏往"的方式实现"神以知来"；《中外哲学典籍大全》的编纂，是通过对中外哲学历史的"原始反终"，从人类共同面临的根本大问题出发，在哲学生生不息的道路上，彩绘出人类文明进步的盛德大业！

发展的中国，既是一个政治、经济大国，也是一个文化大国，也必将是一个哲学大国、思想王国。人类的精神文明成果是不分国界的，哲学的边界是实践，实践的永恒性是哲学的永续线性，敞开胸怀拥抱人类文明成就，是一个民族和国家自强自立，始终伫立于人类文明潮流的根本条件。

拥抱世界、拥抱未来、走向复兴，构建中国人的世界观、人生观、价值观、方法论，这是中国人的视野、情怀，也是中国哲学家的愿望！

李铁映

二〇一八年八月

关于外国哲学
——"外国哲学典籍卷"弁言

李铁映

有人类,有人类的活动,就有文化,就有思维,就有哲学。哲学是人类文明的精华。文化是人的实践的精神形态。

人类初蒙,问天究地,思来想去,就是萌昧之初的哲学思考。

文明之初,如埃及法老的文化;两河流域的西亚文明;印度的吠陀时代,都有哲学的意蕴。

欧洲古希腊古罗马文明等,拉丁美洲的印第安文明,玛雅文化,都是哲学的初萌。

文化即一般存在,而哲学是文化的灵魂。文化是哲学的基础,社会存在。文化不等同于哲学,但没有文化的哲学,是空中楼阁。哲学产生于人类的生产、生活,概言之,即产生于人类的实践。是人类对自然、社会、人身体、人的精神的认识。

但历史的悲剧,发生在许多文明的消失。文化的灭绝是人类最大的痛疾。

只有自己的经验,才是最真实的。只有自己的道路才是最好的路。自己的路,是自己走出来的。世界各个民族在自己的历史上,也在不断的探索自己的路,形成自己生存、发展的哲学。

知行是合一的。知来自于行,哲学打开了人的天聪,睁开了眼睛。

欧洲哲学,作为学术对人类的发展曾作出过大贡献,启迪了人们的思想。特别是在自然科学、经济学、医学、文化等方面的哲学,达到了当时人类认识的高峰。欧洲哲学是欧洲历史的产物,是欧洲人对物质、精神的探究。欧洲哲学也吸收了世界各民族的思想。它对哲学的研究,对世界的影响,特别是在思维观念、语意思维的层面,构成了新认知。

历史上,有许多智者,研究世界、自然和人本身。人类社会产生许多观念,解读世界,解释人的认识和思维,形成了一些哲学的流派。这些思想对人类思维和文化的发展,有重大作用,是人类进步的力量。但不能把哲学仅看成是一些学者的论说。哲学最根本的智慧来源于人类的实践,来源于人类的生产和生活。任何学说的真价值都是由人的实践为判据的。

哲学研究的是物质和精神,存在和思维,宇宙和人世间的诸多问题。可以说一切涉及人类、人本身和自然的深邃的问题,都是哲学的对象。哲学是人的思维,是为人服务的。

资本主义社会,就是资本控制的社会。资本主义社会的文化、哲学,有着浓厚的铜臭。

有什么样的人类社会,就会有什么样的哲学,不足为怪。应深思"为什么?""为什么的为什么?"这就是哲学之问,是哲学发展的自然律。哲学尚回答不了的问题,正是哲学发展之时。

哲学研究人类社会,当然有意识形态性质。哲学产生于一定社会,当然要为它服务。人类的历史,长期是阶级斗争的历史,而哲学作为上层建筑,是意识形态。阶级斗争的意识,深刻影响着意识形态,哲学也如此。为了殖民、压迫、剥削……社会的资本化,文化也随之资本化。许多人性的、精神扭曲的东西通过文化也资本化。如色情业、毒品业、枪支业、黑社会、政治献金,各种资本的社会形态成了资本社会的基石。这些社会、人性的变态,逐渐社会化、合法化,使人性变得都扭曲、丑恶。社会资本化、文化资本化、人性的资本化,精神、哲学成了资本的外衣。真的、美的、好的何在?!令人战栗!!

哲学的光芒也腐败了,失其真!资本的洪水冲刷之后的大地苍茫……

人类社会不是一片净土,是有污浊渣滓的,一切发展、进步都要排放自身不需要的垃圾,社会发展也如此。进步和发展是要逐步剔除这些污泥浊水。但资本揭开了魔窟,打开了潘多拉魔盒,呜呜!这些哲学也必然带有其诈骗、愚昧人民之魔术。

外国哲学正是这些国家、民族对自己的存在、未来的思考,是他们自己的生产、生活的实践的意识。

哲学不是天条,不是绝对的化身。没有人,没有人的实践,哪来人的哲学?归根结底,哲学是人类社会的产物。

哲学的功能在于解放人的思想,哲学能够使人从桎梏中解放出来,找到自己的自信的生存之道。

欧洲哲学的特点,是欧洲历史文化的结节,它的一个特点,是与神学粘联在一起,与宗教有着深厚的渊源。它的另一个特点是私有制、个人主义。使人际之间关系冷漠,资本主义的殖民主义,对世界的奴役、暴力、战争,和这种哲学密切相关。

马克思恩格斯突破了欧洲资本主义哲学，突破了欧洲哲学的神学框架，批判了欧洲哲学的私有制个人主义体系，举起了历史唯物主义、唯物辩证法的大旗，解放了全人类的头脑。人类从此知道了自己的历史，看到了未来光明。社会主义兴起，殖民主义解体，被压迫人民的解放斗争，正是马哲的力量。没有马哲对西方哲学的批判，就没有今天的世界。

二十一世纪将是哲学大发展的世纪，是人类解放的世纪，是人类走向新的辉煌的世纪。不仅是霸权主义的崩塌，更是资本主义的存亡之际，人类共同体的哲学必将兴起。

哲学解放了人类，人类必将创造辉煌的新时代，创造新时代的哲学。英特纳雄耐尔就一定会实现，这就是哲学的力量。未来属于人民，人民万岁！

神秘神学

中译本导言

陈佐人

道可道,非常道。名可名,非常名。

——老子《道德经》

我的论证从在下者向超越者上升,它攀登得越高,语言便越力不从心;当它登顶之后,将会完全沉默,因为它将最终与那不可描状者合为一体。

——狄奥尼修斯《神秘神学》

历史绪言

公元四三〇年,正值外族围城之际,北非希坡城主教奥古斯丁(Augustine)在乱世中溘然长逝。奥古斯丁作为东西方基督教传统的典范人物,其猝亡自然具有重大象征意义。奥氏晚年目睹罗马帝国之衰败,回教阿拉伯及各种外族之崛起,四一〇年罗马城之陷落,以致奥氏《上帝之城》之历史神学的告白,均见证了罗马帝国的必然厄运。

在此世纪交替之黑暗时期,烽火连天,民不聊生。世局之靖乱,人生之忧患,均驱使人以迥异之维度来思索人生之终极与上帝之信仰。人在理性的亢奋中,极目穹苍,论证上帝与宇宙的可知性,但却在历史与人生的忧患与无常中,惊悟人与世界的局限与渺小,从而思索上帝的未知性。假若人以理性与建制所体认的为上帝之光明面,那人可否说及上帝的未知性为其幽暗面?① 人类越接近那位全然超越的至高者,越像进入未知之云(cloud of unknowing)②,由知而未知,由未知而知的反合中,同时经历上帝的光明与幽暗,由此对照人生的常与无常。

古典基督教的奠基:波埃修与狄奥尼修斯

就在奥古斯丁逝世后的五六十年间,约为公元五百年,亦适值中国魏晋南北朝之乱世,同一时期在西方的意大利与东方的叙利亚,分别产生了两位古典西方基督教的奠基人物:波埃修(Boethius,480—525)与狄奥尼修斯(Dionysius,日期不详)。他们的思想成为了中古神学的圭臬,其著作则成为神哲学的标准课本,③形构了往后一千年之西方思想脉络。

波埃修编译了亚里士多德的部分著作,其传世之作《哲学的慰藉》被视为希腊哲学与基督教神学完美结合的巅峰。④ 他的神学

---

① D. Turner,《上帝之黑暗:基督教神秘主义中之否定性》,Cambridge,1995。
② 十四世纪英国隐名神秘主义名著,此词原出狄奥尼修斯《神秘神学》1:3。
③ D. Knowles,《中古思想之演进》,New York,1962。第四章"波埃修与狄奥尼修斯",51-8页。
④ 中译本可参波埃修,《哲学的安慰》,载于《中世纪基督教思想家文选》,谢扶雅编,1962,1-143页。林荣洪,《基督教神学发展史:初期教会》,香港,1990,其中有扼要的评述,325-6页。

性著作中的方法论与原创性专有名词,成为中古神学的楷模,其影响力一直延伸至阿奎那(T. Aquinas)。

第二位人物,亦即本书之作者狄奥尼修斯,其生平不详,年日不详。似乎其匿名与托名之身份,正配合了其神秘神学之进路。狄氏声称其为使徒保罗于雅典之门徒——"亚略巴古的官丢尼修"(使17:34)①。事实上,有什么可比那位在雅典敬拜"未识之神"的"丢尼修"更适合的托名,来作为论述上帝未知性与幽暗性的代名?狄氏在其著作与书信中,屡次致信予《新约圣经》中使徒时期人物,如提摩太、提多、该犹、使徒约翰与坡旅甲(Polycarp of Smyrna,约69—155)。此种巧妙的托名,及狄氏引人入胜的文笔与内容,均是有效地建立其信服性。

狄奥尼修斯的真与伪

早期基督教传统似乎多半接纳了狄氏的真确性。教会史家优西比乌(Eusebius,约公元四世纪)记载《使徒行传》的"丢尼修"日后成了雅典的首任主教(中世纪的法国传统更令狄氏成为巴黎的主教)。②

最先奠定狄奥尼修斯在基督教传统中的地位者,则首推教父马克西母(Maximus the Confessor,580—662),至九世纪时有爱尔兰的修士爱留根纳(或译厄立革拿[Eriugena,约810—877]),

---

① 吕振中译本为"亚略巴古的议员丢尼修",思高译本为"阿勒约帕哥的官员狄约尼削"。有关简略资料可参《简明大英百科全书》,5:11-12,"(伪)丢尼修"。

② P. Rorem,《(伪)狄奥尼修斯:著作注释与其影响之导言》,New York,1993,15页。

将狄氏之希腊文原著译成拉丁文,取代了以往的零碎译本。随后有大阿尔伯特(Albert the Great,约1200—1280)与其学生阿奎那(1225—1274),均分别撰写了狄氏著作之注释本,由此确立了狄奥尼修斯在西方神哲学传统中之经典地位。

及至文艺复兴时期,欧洲著名人文学者伊拉斯姆斯(D. Erasmus,1466—1536),引述前人来提出对狄氏著作年代之存疑,他质问假若狄氏真为初期教会使徒时代之人物,为何其事迹从未见载于如大格利高利(Gregory the Great,590—604)等早期教父著作中。①

最后在1895年,两位学者高氏(H. Koch)与史迪曼尔(J. Stiglmayr)②分别独立地发表考证文章,力证狄奥尼修斯之著作中的一些篇幅,乃是字字相连地援引自新柏拉图主义哲学家普罗克洛斯(Proclus,约410—485)③的著作,由此便将狄奥尼修斯盖棺定论,否定了其著作年代的使徒性。但高、史二人只是否证,却不能实证狄氏身世之谜,自此便重新掀起了一场对狄氏身世的历史追寻(近似有关对历史耶稣的追寻),不同的学者提出了不同候选人的名单,众说纷纭,莫衷一是。多半的学者均认为,此批文集大概应成书于公元480至510年,地点约为叙利亚或一连串小亚细亚的地点,包括亚历山大、加伯多家、该撒利亚或安提阿

---

① P. Rorem,《(伪)狄奥尼修斯:著作注释与其影响之导言》,New York,1993, 16-7页。
② Stiglmayr于旧版的《天主教百科全书》中撰写了"(伪)亚略巴古的狄奥尼修斯"的条目。参5:13-18。
③ 有关简略资料可参《简明大英百科全书》,6:555,"普罗克洛斯"。

一带。①

至此,狄奥尼修斯似乎成了一场骗局(hoax),被学者争相弃为敝屣。但是峰回路转,二十世纪又相继有学者重新引发对狄氏研究的兴趣,其中主要代表人物为法国的 Rene Roques 与瑞士的巴尔塔萨(H. U. von Balthasar,1905—1988)。② 巴尔塔萨戏称狄氏为"现代语言学的凯旋轿车下的尸首"③,但是他却为此深抱不平。巴氏认为狄氏思想高深博大,并且其神圣阶层体系的宇宙观极富美感,堪称基督教神秘主义之父。故巴氏在其《荣耀:神学美学》第二卷专论狄奥尼修斯,并将之与爱任纽(Irenaeus)、奥古斯丁、安瑟伦(Anslem)与波纳文图拉并列。巴尔塔萨以神学性美学之视野重新诠释狄奥尼修斯,以致这位似乎是被人盖棺定论的托名隐士,又再次在西方神学的舞台上登场。巴尔塔萨对于近年狄奥尼修斯研究的中兴,可说是功不可没。

隐名、托名与伪名

许多对狄奥尼修斯的否定,皆因着其托名性与伪名性(Pseudonymity),但在否证了其历史真确性后,却又无法解开其隐名性(anonymity)之谜。事实上,隐名或匿名,与托名及伪名之

---

① 有关名单可参 R. Hathaway,《伪狄奥尼修斯书信中之神圣阶层与体系之定义》,Hague,1969,31-5 页。

② 有关巴尔塔萨生平与神学思想引介的中文著作,可参刘小枫,"十字架上的荣耀之美",《走向十字架上的真理》,香港,1990,375-415 页。

③ H. von Balthasar,《荣耀:神学美学》,第二卷,New York,1984,144 页。中译已在进行中,收入本研究所之现代系列。

问题,绝非单纯历史考据之争议,其中所牵涉的乃是极为复杂之文学史与哲学史的现象。

在世界文学与圣经文学中,我们均可找到不少相关的事例。例如有些文学作品是"隐而不托",如《圣经》中不交待作者之书卷,如《列王纪》、《历代志》及部分的先知书,还有《新约》的《希伯来书》。这些《圣经》书卷均隐藏其作者身份,但亦没有假托其他名字。① 另有些作品是"托而不伪"的,最常见的例子是作家之笔名,譬如鲁迅之于周树人,巴金之于李芾甘,这些笔名与真名均为众人皆知之事实,并不存在任何真伪之问题。现代西方哲学史上最擅长运用托名的,恐怕该算基尔克果(S. Kierkegaard, 1813—1855)。基尔克果一生著作采用托名之多样化与多元化,②以致许多基尔克果研究学者均将其思想著述分为托名著作期与宗教著作期,前者之托名哲学性作品,为实验性之思想探索,以间接传通(indirect communication)之手法来迫近真理;后者则以真名来直接表述其基督教信念。③ 如是观之,基尔克果之托名与其思想著述有不可分割之关系。基尔克果之托名并非伪名,乃是其作品之

---

① D. G. Meade,《托名性与正典性:对犹太与早期基督教传统中作者性与权威之间关系的考查》,Grand Rapids,1987。

② 基尔克果曾采用的笔名约有八个之多,其中最著名的是托借六世纪修士约翰尼斯·克利马科斯(J. Climacus),发表的主要作品有《哲学片断》(1844)与《哲学片断的非科学的最后附言》(1846)。后期又以反克利马科斯(Anti-Climacus)发表《致死的疾病》(1849)与《基督教中的磨炼》(1850),由此便显出其托名与托名之间的反合多元性。中译本可参《哲学片断》,翁绍军译,香港,1994;《论怀疑者》,陆兴华译,香港,1995。二册均为本研究所之现代基督教思想学术文库系列。

③ 参刘小枫博士于上引二书所著述的"中译本前言";另参克利马科斯(基尔克果),《论怀疑者》,7 页注 2。

真确部分,认真对待与考查不同之托名(包括"基尔克果"?)与其不同著作之微妙关系,便标示了基尔克果研究的突破,代表了从后现代主义中差异之观念来重新诠释基尔克果,①有别于一些早期学者过分强调基氏哲学与神学一致性与系统性的立论。

托名是否等同伪名?究竟(伪)克利马科斯是基尔克果,还是克利马科斯是(伪)基尔克果?在基尔克果中,托名性被提升至历史真伪层面之上,直接关连及思想传通的形式问题。今天我们不需亦不能为狄奥尼修斯的历史真伪性翻案,狄氏全集是出自公元五世纪,而非一世纪之使徒人物,此为现代历史语言学的不争之议。但此定论却无碍我们对狄氏神秘神学的探索,亦根本不能勾销其在基督教神秘主义传统中的深远影响。因其托名而否定其作品,或因重视其神学而排拒历史考据之结论,二者皆为因噎废食之举。虽然不论中西文化史中,均有托古以壮权威之举,但我们无需以此类理由来为狄氏申辩,毕竟其作者之意向性(intensionality)非我们关注之点,重要的乃是其神学思想之铺陈与论说。

英国牛津大学神学家麦奎利(J. Macquarrie)就狄奥尼修斯之托名性指出:"哲学与神学的学说之价值是以其锐见之丰富与辩说

---

① 代表性研究有 M. C. Taylor,《基尔克果之托名作者性:对时间与自我之探究》,Princeton,1975;M. H. Hartshorne,《基尔克果,如神的欺骗者:其托名著作之本质与意义》,New York,1990。有关基尔克果与属灵操练之初探,参陈佐人,"后现代的属灵气质——祈克果与属灵操练",《信息》,第143期,(1992/4),3-4页。

之合理性来决定的,而非其教师之身份与地位"。① 正是此种不排拒历史批判,却又强调文本本身价值之后批判(post-critical)取向,便奠定了对狄奥尼修斯之研究于近年中兴的基础。

狄奥尼修斯的褒与贬

狄奥尼修斯充满传奇的历史命运,常被追溯于被誉为"拜占庭神学之父"的马克西母,他在其名著《秘言》之中,曾于书首与书末,提及狄奥尼修斯,称他为"至神圣的诠释者",并扬言因为尊重狄氏的详尽著作,马克西母不会在该书中重复其相同的论点。②

马克西母被尊称为"认信者",表明他负有为大公信仰进行捍卫、保存与传世的使命。③ 相传马氏在生之时即被公尊为圣徒,其为人与神学造诣均深受东方与西方教会所尊崇,故当马氏在其著作中公开确认并表扬狄奥尼修斯之历史性与权威性,便决定性地确立了狄氏在东西方基督教传统中的崇高地位。马克西母对狄奥尼修斯的历史传奇具有如斯重大的影响力,以致耶鲁史学家帕利

---

① J. Macquarrie,《神圣之追寻:辩证神论之专文》,New York,1987,73页。此书为一九八三年之吉福德讲座(Gifford Lectures),书中分章论及柏罗丁、狄氏、爱留根纳、库萨、莱布尼茨、黑格尔、怀海德与海德格尔。

② 《认信者马克西母文选》,G. C. Berthold 翻译与编注,New York,1985,184、206、213页。此书编列于《西方灵修经典名著系列》,同系列的另有狄奥尼修斯、《未知之云》、艾克哈特等。特别可参利坎(J. Pelikan)于书前序言。

③ J. Pelikan,《基督教传统:东方基督教之精神,600—1700》,第二册,Chicago,1974,8页。详尽研究可参8—36页。马克西母之经典《论爱(四百则)》,收译于《东方教父选集》,谢扶雅编,香港,1962,233-301页。

坎(J. Pelikan)称之为狄氏的"马克西母化"(Maximized,意为极大化)。① 继马氏之后,东方教会传统中有大马色的约翰(John of Damascus,约650—750),亦显示出深受狄奥尼修斯天使学与否定神学影响的痕迹。②

爱留根纳是中古世纪最伟大亦是早年较为人忽略的爱尔兰神秘神学家。③ 他一贯被称为 John the Scot,但因此名太常见而自称为爱留根纳。④ 他将狄奥尼修斯与马西母斯的著作译为拉丁义,取代了以往的旧译,成为中世纪最通行的狄氏拉丁文本,奠定了狄氏对中世纪拉丁神学影响的基石。爱留根纳更进一步,写了《天阶体系》的注释,并在其经典《论本性》中大量注解了狄氏《论圣名》的许多篇幅。⑤

但爱留根纳不只是狄奥尼修斯的译介者,他本身更是一位充满原创性的系统化思想家。他的治学格言为:"真正的哲学是真正

---

① J. Pelikan,"狄奥尼修斯精神灵性之神奇旅程",收于《伪狄奥尼修斯全集》序言,C. Luibheid 译,New York,1987,23 页。

② J. Pelikan,《东方基督教之精神》,136-7;30-6页("论知那不知者")。P. Rorem,《狄奥尼修斯》,170 页。大马色的约翰之名著《正统信仰阐详》为东西方首部系统信仰,收译于《东方教父选集》,上引书,303-522 页。

③ 主要总览式研究可参 B. McGinn,《神秘主义之发展》(西方基督教神秘主义史第二册),New York,1993,第三章,"爱留根纳:辩证神秘主义之登台",80-118 页。J. Pelikan,《基督教传统:中世纪神学之发展,600-1700》,第三册,Chicago,1978,95-105 页。爱留根纳亦为麦奎利之吉尔福讲座所论及的第三位神秘主义神学家,J. Macquarrie,《神圣之追寻》,第七章,85-97 页。

④ 意为"爱尔兰之子",爱尔兰之旧称为 Erin。

⑤ P. Rorem,《狄奥尼修斯》,79-80 页。McGinn 另指出以次数计,爱留根纳在《论本性》中征引最多的为加柏多家教父吕撒的格利高利,McGinn,《神秘主义之发展》,459 页,注 65。《论本性》之部分汉译可参《本性之分解》,第 4 篇 7 至 9 章,收载于《中世纪基督教思想家文选》,谢扶雅编,香港,1962,145-72 页。

的宗教,同样真正的宗教为真正的哲学。"①此出发点乃是基于他以世界万物为上帝的神圣显现(theophany),故人可凭理性透过自然而知道上帝,自然与恩典,理性与信心乃是互相连接。在此便引进爱氏对存有自然界的划分:他首先区分存有与非存有;而再把存有界细分为四,创造而非被造、被造亦可创造、被造而不能创造、非创造非被造。②第一类是上帝,即创造而非被造;第二类为永恒的理念、属类与形式,为万物之动因;第三类为人类;第四类的"非创造非被造"(neither creates nor is created)并非无存有,乃是上帝绝对超越的自身奥秘,为人所无法参透的永恒秘密。

故此,爱留根纳强调上帝一方面是创造万物,但另一方面又非存有物(Nothing),因上帝并非像物件(not a thing),③上帝在其自身的绝对超越中,乃是绝对不同于世间万物的有限存在。上帝既

---

① McGinn,《神秘主义之发展》,82 页;另参 J. Pelikan,《中世纪神学之发展》,98 - 99 页。爱氏引用中世纪强调理性限制之经文:"为你太难的事,你不要寻找;超乎你能力的事,你不要研究。"(《[息勒]德训篇》3∶22[思高译本]),倒转其意来强调我们应该寻求知道上帝的奥秘。

② Periphyseon,441B - 442A. 参 J. Macquarrie,《神圣之追寻》,86 页;B. McGinn,《神秘主义之发展》,100 - 1 页。

③ 我们若对神学史中"论圣名神学"(Name-of-God theology)传统有所认识,对近代西方哲学大成于海德格尔对本体论神学(onto-theology)的批判有所认识,便应该可明了接受"存有"(英译通为 being, existence)实不足以充分地描述上帝,或至终如悌利希般描上帝为"存有的根基"。在此可预见海德格尔与神秘神学家,如狄奥尼修斯、爱留根纳、艾克哈特间那耐人寻味的微妙关系,参见下文之专论。笔者在此若尝试驯化爱留根纳与狄奥尼修斯,或为他们申辩,是因不欲触动教会神学界"肯定神学"的禁忌,以为上帝的非存有即以上帝为不真实,或上帝不存在。"否定神学"(apophatic theology)并非否定上帝之真实与存在,而是因上帝的绝对超越而拒绝妄称上帝之名(包括"存有"之名),或许上帝唯一之名乃是《圣经》所言之"爱"(约一 4∶8),而这亦正是神秘神学与后现代神学思考中最普遍达致的结语。

非"存有",亦非"不存有",上帝乃是超越"存有"与"不存有"。正如狄奥尼修斯所言:"祂并不被包容于存在之中,存在反而被包容于祂之中。"①于是绝对的超越(transcendence)引申至绝对的内住(immanence),万物并非被动地彰显上帝,乃是因上帝创造性的内住而必然地、主动地见证神圣的荣美(诗19:1;罗1:19-20)。

爱氏因对上帝超越性的强调,故上帝之内在万物并不等同于神物混一的泛神论(pantheism),上帝在万物中,但万物却非等同而是彰显上帝。同样,爱氏亦不一定是持"万有在神论"(panentheism),因爱氏之上帝超越性本身并不可说是缺乏了进程神学所说的完美性。②

最后,爱留根纳在承传狄奥尼修斯神学上的最大贡献,乃是在其圣经释义学与基督论。爱氏重视《圣经》为上帝所赐予的第二个自然界,借着如火、气、水、土四层的释经意义,引导人明白上帝的奥秘。爱氏的基督论补充了狄氏思想系统中的最大缺乏,爱氏以基督为"创造性之智慧",而人为"被造之智慧",基督之智慧必须道成肉身,才能使人与万物得着真正之智慧,明白上帝之奥秘。③

十二世纪往往被史学家视为中世纪的重要转捩点,一些殿堂人物,如克勒窝的伯尔纳(Bernard of Clairvaux,1090—1153),为中世纪的修道主义与神秘神学揭开了新的一页。在此时期中,最

---

① 《论圣名》5:8。
② 麦奎利似乎认为爱留根纳相近于进程神学,麦基恩则反对此种误置时代的看法。参 J. Macquarrie,《神圣的追寻》,93页;B. McGinn,《神秘主义之发展》,100-1页。
③ B. McGinn,《神秘主义之发展》,92-7页、101-6页。

主要溯源狄奥尼修斯的教父为圣威克多修道院的笏哥（Hugh of Saint-Victor，1098—1141）与理查（Richard of Saint-Victor，1173年卒）。①

他们二人的根据地均是位于巴黎市郊，并日益壮大，成为当时最重要的神学中心的圣威克多修道院。狄奥尼修斯对圣威克多二杰及同代人的影响，或是他们对狄氏的改造与承传，乃是将狄氏的神秘神学结合了当时如日中天的修道主义（monasticism），两大传统彼此融合，互补长短，发展出许多独特与辉煌的修道/神秘神学体系。②

圣威克多的笏哥曾著《天阶体系》的注释书，笏哥与理查皆善于创造与运用象征符号，③他们以高度的灵意想象力，以《圣经》象征符号的叙事，如挪亚方舟、雅各的十二儿子等故事，来象征神人相遇的不同阶段，及人在不同灵程与冥契经验的发展。故此，从西方神秘神学史的角度来看，笏哥的贡献乃是对狄奥尼修斯与奥古斯丁等神秘神学的思想，以象征符号来加以重新型构与综合，推展

---

① P. Rorem,《狄奥尼修斯》，216-9页；B. McGinn,《神秘主义之发展》，第九章，"威克多之神秘主义修道团"，363-418页。

② 法国学者 J. Leclercq 在其经典《学问之爱慕与上帝之渴望》，英译本，New York,1961,对比了修道主义与经院主义两种神学模态，前者强调我信以至于体验，后者重视我信以至于明白。该书为中世纪研究的典范，将为人轻视的修道主义并列于其它神学传统。我们亦可由此说及在中世纪（特别十一与十二世纪），神秘主义的"修道院化"，其实不单是伯尔纳及圣威克多修士，及后来的大阿尔伯特与阿奎那，连早期的爱留根纳（甚至［伪］狄奥尼修斯?）均是修道士，由此可见修道主义与神秘主义之不可分割之关系。

③ 十二世纪研究权威 M.-D. Chenu 形容此时期为"象征符号的心态"（symbolist mentality），参《十二世纪之自然、人与社会》，第三篇，Chicago,1968,99-145页。

至更细致与更系统化的新境界。①

此种改造与承传最突出的例子，有笃哥在注释狄奥尼修斯《天阶体系》中对撒拉弗天使的四种描述：

因为"撒拉弗"之名确实表示：一种永恒地环绕神圣者的进行，渗透暖热，一种从不出错，从不中止的运动的满溢热量。②

故此，人对神圣之爱首先乃是环绕而行，继而是产生温暖，然后经由渗透与刺透，达致一种满溢的境界。由此笃哥便巧妙地将狄氏那种具形而上学色彩的天阶体系，转化成为一种爱论的神秘主义，学者麦基恩（B. McGinn）形容此转化为一种"感性的狄奥尼修斯主义"。③ 事实上，以爱的运动、倾流与满溢作为神秘经验的素材，在中世纪期间被发挥得淋漓尽致，如伯尔纳、圣威克多修士、波纳文图拉均被称为爱观式的神秘主义者（love-mystics），开展了另一重要传统。④

继圣威克多修士之后，最重要承传狄奥尼修斯思想的人物便是大阿尔伯特与其门生阿奎那。大阿尔伯特曾于1246至1252年间，在巴黎与其它地方讲授所有狄奥尼修斯的全集，⑤事实上阿奎

---

① B. McGinn,《神秘主义之发展》，376页。
② 《天阶体系》7:1。
③ 同上，384页。
④ 我们无需过分对比早期形而上的狄奥尼修斯与后期的爱观式神秘主义，编译狄氏的主要学者 P. Rorem 倾向此对比立场，但狄氏在《论圣名》第四章中以上帝为爱、为渴爱（yearning），成为了爱观冥契的滥觞。故其他学者如巴尔塔萨、麦基恩均说及狄氏之爱欲观。有关 P. Rorem 批判性书评可参 T. A. Carson 之文，刊于《宗教学报》，75册1期，1995，115—7页。
⑤ 英译本可参《阿尔伯特与托马斯文选》，S. Tugwell 编，New York，1988。该书有极佳之导言纵论狄奥尼修斯之历史承传与阿尔伯特之贡献。

那听课笔记亦流传至今,成为神学史上的珍贵文献。①

阿奎那曾著《论圣名》的注释,并曾在一生著述中援引狄氏超逾一千七百次之多。② 狄氏的神秘神学对阿奎那之影响可见一斑。神学史学家一直只强调阿奎那与亚里士多德之渊源,但他与狄奥尼修斯传统之关系,实有重新探讨之价值。③

在阿奎那之后最重要的神秘神学家为艾克哈特大师(M. Eckhart,1260—1327)与尼古拉·库萨(Nicholas Cusanus,1401—1464)。因着艾克哈特对海德格尔(Heideggar)的影响,我们会在下文论及后现代主义时再加以论述。尼古拉·库萨称狄奥尼修斯为"最伟大的神学家",正如先前数位人物一般,他们均是以狄奥尼修斯为素材与出发点,但最后均各自发展出独特的神秘神学体系。尼古拉·库萨在西方神学与神秘主义史上占有独特位置,他喜用数学之类比来思索神学,在其经典《有学问的无知》中,他强调上帝为综合一切对立的至大,并重视理性的功用。④ 正如学者李秋零博士指出,尼古拉·库萨之"有学问的无知"乃是其"全部哲学学说的核心",他同等强调上帝的可知与不可知,并重视理性思维在追

---

① P. Rorem,《狄奥尼修斯》,168、222 页。

② 同上,169 页。阿奎那之《论圣名》部分英译收于《阿奎那选读》,M. c. D'Arcy 编,London,1939,186 – 91 页。

③ 参 J. Pelikan 之引言,刊于《(伪)狄奥尼修斯全集》,23 页。F. O'Rourke,《(伪)狄奥尼修斯与阿奎那之形而上学》,Leiden,1992。

④ 中译本参《论有学识的无知》,北京,1988;英译本收于"On Learned Ignorance",收于《中世纪哲学:从奥古斯丁到库萨》,J. F. Wippel 编,New York,1969,455 – 63 页。尼古拉·库萨为 J. Macquarrie 专论中的第四位人物,《神圣的追寻》,98 – 110 页。

求认识上帝中的功能。① 人最终达致的不应是否定一切的无知,而是有自知之明的有见识的无知。尼古拉·库萨代表了中世纪晚期以理性主义对否定神学式神秘主义的改造。②

最后登场的便是为狄奥尼修斯曲折的历史命运敲起丧钟的路德(M. Luther),他在1520年的《教会被掳于巴比伦》中以其一贯辛辣的文笔论及狄奥尼修斯:

> 不管狄奥尼修斯是何许人,用他来作护符,使我大为不悦,因为他没有一行著作是建立在可靠的学问上。请问,在他的《天国的神品阶级》一书里面,他凭什么权威和理智建立他论天使的杂碎呢?……在他的《神秘神学》一书中,他的主张简直危险,与其说他是一个基督徒,不如说他是一个柏拉图派,但有些最无知的神学家对这本书还大吹特吹。假如我能如愿以偿,我希望凡有信心的人,完全不要注意这些书。你不但不能够在这些书里面认识基督,而且连你已经认识的都将丧失。③

狄奥尼修斯是柏拉图化多于基督化,路德此言成了狄氏的盖棺定论,从此以后在新教的传统中,便没有称为狄奥尼修斯的教父。④

---

① 李秋零,"中世纪神秘主义的难题与出路——兼论尼古拉·库萨对神秘主义的改造",《道风》,第1期,1994年夏,121-52页。另参尼古拉·库萨,《论隐秘的上帝》,李秋零译,香港,1994。

② 有关尼古拉·库萨与狄奥尼修斯之关系,参 D. F. Duclow,"伪狄奥尼修斯、爱留根纳、尼古拉·库萨:论圣名之诠释",《国际哲学季刊》,第12期,1972,260-78页。

③ M. Luther,"教会被掳于巴比伦",《路德选集》上册,汤清编辑,香港,1957,332-3页。原典 WA6:562。

④ K. Froehlich,"(伪)狄奥尼修斯与十六世纪改教运动",《狄氏全集》序言,34页。

但是狄氏与十六世纪新教改教家(如加尔文[Calvin]、慈运理[Zwingli]、布瑟[Bucer])错综复杂的关系,却是远远超越路德在此的断言。① 而路德的《被掳》主旨是攻击罗马教制的圣礼制度,故此他要批判作为罗马圣礼"护符"的《教阶体系》,其次他在下文进一步批判狄氏的寓意(allegorical)释经:"一个神学家非先通达《圣经》属文法和文学的解释,我不要他用寓意解释;否则他的神学要使他陷入危险,如俄利根一样。"② 故此路德是在圣礼论与释经学的处境中来批判狄奥尼修斯,而他亦似乎对狄氏的历史身份有存疑("不管是何许人"),而整段论述又是处在与罗马教会圣礼神学的激烈论争的大处境中。总的来说,路德在否定狄奥尼修斯时,亦否定了罗马教会的圣礼观,或更贴切地说,路德是在否定罗马教会圣礼观的前提下来对狄氏加以批判。

我们应如何申辩路德对狄奥尼修斯的指控?但可能根本无此需要,狄奥尼修斯的历史褒贬乃是西方基督教历史神学不可划分的一部分,不容抹煞,亦不需申辩。任何对狄奥尼修斯神秘神学的重溯、承传与诠释,乃是此整体神学历史传统的溯源与回顾。路德批判狄氏(并俄利根及大多数神秘主义神学家),乃成了一种聚焦式的经典引句(locus classicus),作为后世诠释者重溯狄奥尼修斯

---

① 加尔文曾在《基督教要义》中称柏拉图为"在哲学家当中是最信宗教与最审慎的",《基督教要义》上册,章文新等修编,香港,1955,25-6页。另外《基督教要义》中唯一提及狄氏之处为I:14,4,批判其过分想象力与好奇,惜汉译本省译该段。

② Luther,"教会被掳于巴比伦",333页。主流改教家如路德与加尔文对圣经文法与历史意义的重视为释经史上的重大贡献。但特别在现代诠释学的角度来看,意义之生成必带有沉积性,所谓的"字面"意义(plain sense)亦是一种释义。意义本是存于字内,需以不同的释经法(历史、文法、修辞、历史与社会效应)来加以诠释。

的切入点，不是历史的裁决，而是经典的视野水平。故此任何狄奥尼修斯的诠释者必须面对狄氏与新柏拉图主义的问题。究竟狄氏是囫囵吞枣，还是批判性地承继新柏拉图主义？而作为基督教神秘主义，狄氏是否有其基督论的信点？① 这些要点均在以下文本的诠释中一一探讨。

狄奥尼修斯著作导读

狄氏著作流传至今的共为五部，通常称为《论圣名》、《神秘神学》、《天阶体系》、《教阶体系》，与《书信集》。狄氏在著作中偶然提及另外一些著作，如《神学论》（或译《神学大纲》）、《象征神学》、《天使的特性与品级》与《神圣赞美歌》。② 这些作品可能是佚失，或更可能如狄氏最擅长的伎俩乃子虚乌有。

早期的汉译编收于"基督教历代名著集成"之《东方教父选集》③，只包括三部：《神的名称》、《天卜圣品等级》（即《天阶体系》），与《冥契神学》（即《神秘神学》）。现全集逐译出版，深信必对汉语神学界重溯与诠释狄奥尼修斯及整个西方基督教神秘神学之传统，具有重大意义与影响。

---

① R. Roques、P. Rorem 倾向于认为狄氏的神秘主义中没有基督的位置，巴尔塔萨、麦奎利、麦基恩则极力为狄氏的基督论申辩。

② 巴尔塔萨认为这些著作乃真实作品，只是在历史流传中失佚。《神秘神学》第三章更声称《神学论》、《论圣名》与《象征神学》为三部依次相连的作品。

③ 谢扶雅编，《东方教父选集》。谢老于书前之导论为早期汉语界罕见全面评介神秘神学之专文，其特别迻译神秘主义为"冥契主义"（contemplation and union），可参下文论及"神秘"字义的论述。

1.《书信集》:神学之引言

托名狄氏的书信共有十封,其中以论及上帝不可知性的第三封,与论及神学传统的第九封最为突出。第九封书信因着以下一段有关神学的本质与任务的立言,而突显出独特的地位:

> 神学传统有双重方面,一方面是不可言说的和神秘的,另一方面是公开的与明显的。前者诉诸于众象征法,并以入教为前提。后者是哲学式的,并援用证明方法。不过,不可表述者与能被说出者是结合在一起的。一方面使用说服并使人接受所断言者的真实性;另一方面使用行动,并且借助无法教授的神秘而使灵魂稳定地面对上帝的临在。①

狄氏的神学观明显有二重点。首先,在此并不是界说两个神学传统,狄氏强调的为一个神学传统的双重方面,并不存在两个独立分开的神学进路:神秘或公开、象征与哲学,而是一个神学传统同时具有两种向度,既是神秘,亦可公开;既是象征性,亦为哲学性。此双重向度的区分不是外在的,而是内在于神学传统之中。②

其次,这种神学传统是什么?神学家又是哪些人?狄氏在其全集中屡次以"神学"与"神学家"来代表《圣经》与其作者。③故狄氏所理解的神学传统,乃是源于与本于《圣经》的神学,他从诠释

---

① 本书,246 页。

② 分别一封致多洛修斯执事,四封致该犹修士(林前 1∶14),一封致所西巴德,一封致坡里加(士每拿的坡旅甲),一封致德摩腓鲁斯修士,一封致提多,一封致拔摩海岛的"神学家"约翰。

③ 第十书信称使徒约翰,《论圣名》(8∶2)称先知以西结为"神学家"。另参《论圣名》(5∶8);《天阶》(4∶3,9∶4,10∶2)。

《圣经》所发展出的圣经象征学与神秘神学，乃是建基于《圣经》之神学，因为其素材与典模皆取自《圣经》。《圣经》中所遍见的神人相遇的神秘或密契经验（其中的典范为摩西上西乃山），就是神秘神学的基础与圭臬。正如在本段引文之后，狄氏以耶稣的比喻与设立圣餐为例子，来说明这就是他所理解的神学传统，如何"借助无法教授的神秘而使灵魂稳定地面对上帝的临在"。

神秘神学非但不是脱离《圣经》的主观宗教经验，反而是完全溯源于《圣经》的神学，因为《圣经》作为记录与见证神人相遇与冥契合一的经典，就是神秘神学的基础。狄氏此种以《圣经》为本的神秘神学传统，便型构了往后一千多年的西方基督教神秘主义的发展，从马克西母、奥古斯丁、爱留根纳、伯尔纳与艾克哈特，皆是先始于圣经神秘经验的象征学，再拓展出他们神秘神学的体系。

2.《天阶体系》：天使学与宇宙论

在所有狄奥尼修斯的原创性神学词汇中，①其中最重要之一乃是"阶层体系"（hierarchy）。此希腊文名词由"神圣"（hieros）与"源头"（arche）组成，表明其为神圣之起源与层级的秩序。②《天阶体系》第三章提供了清晰的定义：

> 在我看来，一个阶层体系是一个神圣的秩序，一种理解状态和一种与神圣者尽量近似的行动。它与所受到的神圣启示

---

① 狄氏创造的神学词汇包括：阶层体系（hierarchy）、神秘神学（theologia mystikē）、典范（paradigm）及一连串"超越"（hyper-）的词组。

② 狄氏另造了 Thearchy，意为"神源"或"神力"，用以表明神格（Godhead）的不可言说的本质。

相称地被提升至对上帝的模仿。①

所以,阶层体系乃是一种秩序、理解与行动,而狄氏进一步指出,此种神圣行动是包含了洁净(purification)、光照(illumination)(本书作"照亮"),与完全(perfection),此乃上帝的属性与行动,亦为阶层体系中每一成员间的相互关系与行动。不过我们切勿以此为上帝论的终点,因为典型的狄奥尼修斯式的否定最终指向的上帝,是超出了洁净,超出了光;祂是超出完全的完善的源泉本身。祂也是所有阶层体系的原因,然而祂又远远超出神圣的事物。②

而整个层级式的宇宙系统,便是要导引人达致与神合一的超验地位:"阶层体系的目的在于使存在物能够尽可能地与上帝相像并与祂合一。上帝在阶层体系中是所有理解和行动的首领。阶层体系永远直接地面对上帝的美。"③从非物质的天使界至物质的生物界,都是要引导存有"与上帝相像并与祂合一",成为"上帝的形象"。而此种宇宙层级的系统基本上乃是一种美感(aesthetics)的关系,故巴尔塔萨一语中的地指出了狄奥尼修斯的神学与宇宙论乃是审美式的。④ 宇宙世界在形态上表彰神圣之美,乃是上帝的"神圣显现"(theophany),⑤正如诗人所言:"诸天述说上帝的荣

---

① 本书,113 页。
② 同上,114 页。
③ 同上。
④ H. V. von Balthasar,《荣耀:神学美学》,第二卷,168 页;另参狄奥尼修斯一章 3 节:"美学与礼仪学"。巴尔塔萨准确地掌握了狄氏以万物为上帝彰显的形态(form),故此存在在形而上与神圣者之间具有美感形式上的关连。
⑤ 比较宗教历史学家 M. Eliade 另创了"神圣式"显现(hierophany)一词,借此涵括所有非宗教性的神圣显现。

耀,穹苍传扬祂的手段。"(诗 19:1)

但此种以世界为神圣显现的宇宙观却又不等同泛神论之观念,泛神论以神即万物,万物即神,并强调一切万物是神均等的分流。故此狄氏层级式的天阶宇宙观正正否定了泛神论的均等分流说,并且特别从《论圣名》中可以看见狄氏最终指涉的神格(thearchy),乃是不可言说、绝对超越,并与万物有本质上差异的上帝。狄氏那种夸张修辞(hyperbolic)的上帝言谈,排拒了任何将上帝与世界完全对等混一的立场。学者麦基恩援引巴尔塔萨的分析作出了恰当的总结,对狄奥尼修斯而言,宇宙"必然是上帝之形象,却不能为上帝的本象"①。

最后,狄奥尼修斯区分了三种三元的天界阶层,第一组为撒拉弗、基路伯与宝座的天使(分题七),②第二组为主治者、掌权者与执政者(分题八),③第三组为首领、天使长与天使(分题九)。④ 狄氏在此对天界的描述,奠定了中世纪天使学的标准词汇与架构,并为后世提供了无尽的想象素材。

3.《教阶体系》:圣礼与权力

从《天阶体系》引伸出《教阶体系》,正如从"阶层体系"(hierarchy)一词引伸出"教长"(hierarch,本书译作"祭司",亦可作

---

① "大全作为意象是必需的,作为上帝的一个表征则是不可能的",见 B. McGinn,《神秘主义之基础:起源至五世纪》,New York,1991,174 页;参 Balthasar,《神学美学》,第二卷,169 页、178—84 页。
② Seraphim, cherubim, thrones.
③ Dominions, powers, authorities.
④ Principalities, archangels, angels.

主教或高僧)。在《教阶体系》开首,狄氏申明二者的关系:

> 我们有一个可敬的圣洁传统,它肯定每个阶层体系都是它当中的圣洁组成要素的完全表达……正由于此,圣洁的祭司在被祝圣后便要专心于他的所有圣洁活动。实际上,这就是为什么他被称作"祭司"(hierarch)的原因。如果你谈论"阶层体系",你实际上便是谈到了所有圣洁的实在的秩序安排。如果谈到"祭司",那么便是谈到一位圣洁的和圣灵感召的人,他理解一切神圣知识,在他之中整个阶层体系都得到完全的完善化,并被认知。①

神圣的阶层体系与主教或祭司的教会体系是互相连结、循环相生。狄氏在此似乎以其阶层宇宙论来支持圣品人员的阶级制度,正因如此,神圣体系一词在现今英语中常被迻译为"教阶",失却了狄氏原初那种神圣显现的重点。

麦奎利指出不论我们是否欣赏与接纳狄氏的阶层体系观,但我们的确可以说是生存于一种具层次关系的宇宙(graded universe),从核子到原子、分子,从植物到动物,从星系到星云,存有界均展露了一种层级次的关系。并且层级是动态而非静态的,上下层次互相运动,由上帝全人,由人回溯上帝,此种"出溢"(proceed)与"回归"(return)乃是狄氏的新柏拉图主义的思想背景而构成。②

正如天阶体系一样,教阶体系亦是由三种三元单位来组成,分

---

① 本书,156 页。
② J. Macquarrie,《神圣的追寻》,74–5 页。

别有三种圣礼①,三种圣职②与三种入门信众的等级③。狄氏的层级观似乎与现代提倡平权均等的社会背道而驰。哈佛神学院之玛尔教授(M. Miles)区分中古前的权力观为保护与促成(power to),十六世纪以降则重视驾驭之权力(power over)。④ 狄氏所理解上帝与层级的权力是前者,因为上帝是一切权力之源,借此充满与促成万物,这是一种创造与培育存在的权力。故层级之间亦为相互孕育的关系。但是不幸地,狄氏教阶体系却产生了一种维护圣品阶级制度的历史效应,亦由此而招致如路德的猛烈批判。

总的来说,若要全面评价狄氏的天界与教阶体系观,必须要兼顾其内在思想型构与外在历史效应的批判。不过,或许重要的不是为狄氏的层阶观申辩或翻案,乃是如何批判地转化承继其思想中更富锐见的部分,就是《论圣名》中的否定神学。

4.《论圣名》:不可言说的圣名

《论圣名》是狄奥尼修斯全集中最长与复合辩证之著作,全书十三章,一至三章纵论诠释之方法,四至十三章为对上帝圣名的诠释:善、光、美、爱(分题四),存在(分题五),生命(分题六),智慧、心

---

① 作为洁净与光照的洗礼(分题二),作为完全的圣餐礼(分题三),及作为代表完美的膏油礼(分题四)。狄氏以原文希腊文 synaxis 作圣餐一词,意为招聚之意。此字自公元四世纪开始广泛通用,代表圣餐礼仪。

② 专司祝圣与完全的大祭司(hierarchs),专司光照的祭司(priests),与专司洁净的执事(deacons)。参分题五。

③ 需要被完全的修士,被光照的信众,及被描述为"慕道友、邪灵附体的和悔罪的"(224、230 页),需要被洁净。

④ M. Miles,《实践基督教:精神灵性具体化之批判》,New York,1988,70-4 页。

智、道、真理、信(分题七)，大能、公正、拯救、救赎(分题八)、全能(分题九)，完全与一(分题十三)。

以上所有上帝名称均出自《圣经》，因神学对狄氏而言就是圣经神学。狄氏在《论圣名》之首即指出，我们若要对上帝何言说，不可以人的智慧，必须"遵循《圣经》的指示"。我们不敢逾越《圣经》的启示之外，"我们在《圣经》之光的引导之下，昂首远望，极目天穹，心中充满对神圣的敬畏；让我们会聚于神圣的辉煌之中吧！"①

我们之所以可能根据《圣经》来论述圣名，因为"祂在圣经的神圣道说中向我们传达了祂自己"，②但是《圣经》一方面向我们言说上帝的圣名，另一方面又强调上帝为不能看见与不能言说："许多《圣经》作者都会告诉你，上帝不仅是'不能看见的'和不可理解的，而且是'难寻难测的'，因为任何人都找不到踪迹以进入这无限者的隐秘深处。"③

上帝如何自我启示，又自我隐藏？神圣之名的言说性与不可言说性之间的张力应如何理解？在狄氏的辩证神学背后，乃是新柏拉图主义的世界观。在普罗丁(Plotinus)与普罗克洛斯的思想中，万物的本质有二：一、智、魂；存在的形态有二：本体、生命、智慧；因果的运动形式有三：停留(mone)，出溢(proodos)与回归(epistrophe)。在普罗克洛斯《神学要素》第卅五命题中指出，事物有因必有果，有果必有因。由因产生果乃是因的自然流溢，故因中

---

① 本书，1页。
② 同上。
③ 同上，2页。

必有果,此为存有自在的形态;由因至果的自然流露进程,此为进展或出溢(拉丁文 exitus)的形态;由果而回溯因之关系,此为存有回归(reditus)本源的形态。①

上帝与万有的存在关系亦是按照此种普罗克洛斯式的宇宙观,狄奥尼修斯为读者设想,提出详尽的具体例子解说:

> 想一下这与我们的太阳的相似性。它并不作任何理性活动,并无选择行为,但它只存在那里,便把光给了一切能以自己的方式分有它的光照的事物。这同样也适合于善。善远远存在于太阳之上,是比自己的昏暗形象远为高超的原型,将自己未区分的善之光芒送向一切能以自己的方式来接受它的事物。②

作为至善的上帝,自然流溢其美善的光辉,照耀世间一切的存有。上帝与世界的创造与关连,不单是上帝的作为与大能,更是上帝本性的必然流露,并且是层级相符的美善彰显。故此,万物乃是由上帝而出,并渴望回归本源,并且根本存于上帝之内。最后,狄氏的神秘神学既是圣经神学,他自然会在《圣经》中找到了同样的见证与诠释:"因为万有都是本于祂、倚靠祂、归于祂。"(罗11∶36)③

5.《神秘神学》:肯定神学与否定神学

相比于《论圣名》,《神秘神学》的体裁短小,但其影响力却绝不

---

① Proclus,《神学要素》,E. R. Dodds 编译,Oxford,1963,39 页,第 35 则命题。
② 本书,26 页。
③ 此节《圣经》亦为艾克哈特最爱引用之章句。

下于《论圣名》，特别因其篇幅简短，往往成为了编收文集的理想材料，故此亦堪称狄氏最著名的传世之作。

但是《神秘神学》却不因体裁短小而易于理解，在第三节中，狄氏指出本书似乎为先前三书（《神学论》[失佚]、《论圣名》、《象征神学》[失佚]）的总结。故此，本作品高度浓缩了狄氏的神秘思想，并扼要地总结了其否定神学的思想。

究竟何谓"神秘神学"？神秘神学（希腊文 theologia mystikē）在狄奥尼修斯采用后便广为流传，① 但"神秘"一词在现代宗教语境中，往往带有一种近乎负面的超自然或主观的个人化宗教经验之意义，但是在狄氏及中世纪用语中，神秘之基本字义乃是隐藏。法国中古史家撒努（M. D. Chenu）指出，十六世纪的用语中"神秘主义者"即冥想者或灵修者，神秘一词并非神怪或怪异之事，而是隐藏，即秘密，故需以冥想与修炼来达致了解与融合。② 故十四世纪英国经典《未知之云》的隐名作者翻译此书时，便冠以书名《狄尼氏的隐藏神学》。故神秘神学并非指一些怪异玄妙之神思，乃是上帝隐藏之秘密，需要人透过礼仪、象征与诠释来加以理解，而其中最重要的乃是《圣经》的叙述，因为神学（theo-logia）就是上帝的话。故此《圣经》之冥想与诠述便成为西方基督教神秘主义的出发点，而这便是狄奥尼修斯的最大贡献之一。

---

① 据统计，此词在狄奥尼修斯全集中共出现了廿六次之多。参 B. McGinn，《神秘主义之基础》，392 页，注 203。

② M. D. Chenu，《十二世纪》，94-101 页。故谢扶雅先生以神秘主义为冥契主义，乃为可取之译法，主要强调神秘主义之实践为冥思与灵修。参《东方教父选集》之"导论"。

神学之所以是秘密的,并非因其为什么怪力乱神之学(或术),乃是因为上帝是可言说与不可言说之奥秘,而神学既为上帝之言说,故其必具有其明理与隐藏之向度(亦由此而需要诠释学之译码)。此两种神学向度,在《神秘神学》中便称为肯定(cataphatic)与否定(apophatic)神学,狄氏之定义如下:

> 在先前的书中,我的论证从最崇高的范畴向最低下的范畴进发,在这下降的道路上包容进越来越多的,随着下降的每个阶段而增加的观念。但是现在我的论证从在下者向超越者上升,它攀登得越高,语言便越力不从心;当它登顶之后,将会完全沉默,因为祂将最终与那不可描述者合为一体。①

故此,肯定神学是由上而下,以最高超之名来确定地指述至高者;否定神学是由下而上,从最低的范畴来逐级否定,迫近那"超出理智的黑暗"。此种意义的上升成为了中世纪《圣经》释义的最重要向度,人借着冥思《圣经》中的象征意义的超升,引致灵魂的升华,这就是超升灵意(anagogical)的释经层面。②

狄氏接着指出肯定与否定并非相反或对立的两极,乃是人朝向上帝同时进行之道。我们对神圣的命名永远是一种"不相似的

---

① 本书,101页。
② 中古之四重释经意义常以一首十六世纪小诗表达:
  The letter shows us what God and our fathers did;
  The allegory shows us where our faith is hidden;
  The moral meaning gives us rules of daily life;
  The anagogy shows us where we end our strife.
  中译为:字义训史实,转义训所信,
      道德训所为,超升训所向。
  参李耀宗,"阐释与批评",载于《九州学刊》,第4期,1987年6月,50页。

相似性"(dissimilar simmilarity),①既有肯定的相似性,又同时具有否定式的不相似性,而这就是特雷西所称为人之上帝言说乃是一种"类比式的想象力"②。由此而产生了狄氏的辩证式的上帝观:既肯定,亦否定。

> 我们不要认为否定只是肯定的相反,而应认为万物之因远远优先于此,祂超出缺乏,超出所有的否定,超出所有的断定。③

所以否定既非否定神论,亦非不可知论,因其并非否定有神论,或上帝言谈的可能性,反而其所强调的,乃是在上帝言谈中,人只能指说上帝既非此亦非彼,而肯定则是正面地言说上帝为此为彼。故在中文的翻译上,可意译 apophatic theology 为"非此非彼"的上帝言说,或"无名神学",或上帝之不可言说性,因其乃拒绝为神圣命名,而 negative theology 则为否定神学。Cataphatic theology 可作"为此为彼"的上帝言说,因其肯定为圣神命名(affirmation of names)。④

上帝之无名(apophatic)并非单纯之否定(negation),因为上帝作为绝对的超越,甚至连有名与无名,肯定与否定的辩证亦予以超越。"祂超出肯定与否定……因为祂作为万物的完全……超出所有的肯定;同时由于祂超绝地单纯和绝对的本性……祂也超出一切否定之上。"⑤故此在《神秘神学》的结语中,狄氏达致了否定

---

① 参《天阶体系》第 2 节与 15 节。
② D. Tracy,《类比的想象:基督教神学与多元主义文化》,New York,1981。
③ 本书,98 页。
④ Balthasar,《神学美学》,第二卷,164-5 页。
⑤ 本书,103 页。

的否定(negation of negation),①因为只有如此,我们才可迫近那位"既不可被不存在,也不可被存在所描述"的,并是"无名的,又是有一切存在者的名字"。最后,当我们进入那超出理智的黑暗时,"我们将发现自己不仅词语不够用,而且实际上是无言与不知",或许,人指说至高者的终点,就是最终的沉默。

狄奥尼修斯、艾克哈特与海德格尔

狄奥尼修斯、爱留根纳与艾克哈特三位所型构的辩证式否定神学(dialectical apophaticism)的传统,成为了现代西方神学界在反思后现代主义的困局时,所最重视的神学资源之一。艾克哈特为多明我会之修士,曾被修会荐送,担任多明我会设于当时神学重镇之巴黎大学的教席。艾氏在学术、行政与讲道上,均有卓绝成就,故很早便赢得大师的美誉。惜晚节不保,艾氏在后年遭教会审查,最后在教廷颁布教谕前数天,病逝于亚威农。

艾克哈特可以称为一位极端的神秘神学家,但他是否为异端?艾氏身处的为神学论争的时代,同时被罗马教皇判罪的还有对后期改教运动有深远影响的奥康的威廉(William of Occam,1290—1350),甚至连经院神学巨擘阿奎那,亦曾因方济各修士的攻击而

---

① 基尔克果曾定义反讽(irony)为"绝对无限的否定",虽然他与狄氏的思想前提与处境截然不同:前者反黑格尔的体系性哲学;后者则关注于一种辩证式的神秘主义。但无独有偶,二者均为后现代主义中备受重新读解的文本,在思想史的脉络中,微妙地结合成为后现代否定神学的重要素材。

需自我申辩。① 艾氏的宣判为历史上的定案,但在神学上却为悬案,成为后世研究艾克哈特的切入点。②

艾克哈特在其最著名的第五十二号讲章③中说:"我们要向上帝祷告以致可以免除于上帝"(Let us pray to God that we may be free of"God")④,正是此种极度夸大的修辞法便招致艾氏晚年的厄运。艾氏的神观乃是上溯至狄奥尼修斯的否定神学,他在其《出埃及记》注释中,以"自有永有"(3∶14)的神圣自称来表述上帝的自我存有,低于上帝的世间存在物是包含了存有与非存有(being and non-being),但上帝既为一切存有之本,为那绝对存有的本质,那就一定不具任何非存有,上帝不能有任何正与反、是与否,若有的话,那只可能是一种否定的否定,而这就是上帝的纯一性。⑤ 第五十二号讲章便是依据此种绝对纯一性的神观来发展,艾氏以"灵性贫乏的人多么有福"(太 5∶3,《现代中文译本》)来说及三种蒙福的心灵贫乏:一无所求、一无所知、一无所有。上帝既是否定的

---

① 当时不同的神学派系与神秘主义的蓬勃发展,造成了彼此之间及与教廷间的冲突,其中最触目的为一三一〇年烧死定为异端的女神秘主义者 M. Porette,其代表著作为《单纯灵魂之镜》。

② 特雷西声称不管亚威农的教谕如何,艾克哈特仍是一个公开的悬案。参《与他者的对话》,Grand Rapids,1990,26 页。B. McGinn 曾著"艾克哈特判罪的再思",《托马斯研究学刊》,第 44 期,1980,390 - 414 页。

③ 在其德文全集的编排为第 52 号讲章(DW2:493),但全集的编者 J. Quint 另外收编的《讲道与论文集》,München,1955,则为编号第 32 篇讲章。本书即将由本所汉译出版。

④ "Darum bitten wir Gott, daβ wir Gottes ledig werden",英译本可参《艾克哈特大师选集》,E. Colledge 与 B. McGinn 编译,New York,1981,200,202 页。

⑤ 《艾克哈特:教师与宣道者》,B. McGinn 编,New York,1986,68 页。有关艾克哈特之神学与神论,可参麦基恩于上引两文集前之导言。

否定、绝对的纯一，人必须摆脱一切，①包括人自以为正统的神格（Godhead）观念，寻求那位绝对超越的，就是上帝之外的上帝（God beyond God）。所以艾氏说要祈求以脱上帝神，就是脱离那些以非神或次神来代替那绝对超越者，否则就是以偶像来取代上帝，亦即是妄称神圣之名。②

艾克哈特虽被当时教皇定罪，但丝毫不减其影响力。③ 艾氏在德国文化史上占有独特地位，其渗透性的影响一直下达至近代的海德格尔。海氏在其一九一六年的讲帅授业论文，以"苏格徒的范畴与意义学说"，探讨中世纪经院神学家的哲学观念。他在弗莱堡大学的就职演讲则以艾克哈特的话作始，后来他更开设课程，讲授"中世纪神秘主义的哲学基础"，其中他展望会在将来进一步探讨艾克哈特的神秘观。④ 但这些均没有成书出版，《存在与时间》全书都没有提及艾克哈特，按 Caputo 统计海德格尔在一九三○年后的作品中，只有七处引述艾克哈特。而狄奥尼修斯则似乎从未出现于海氏已出版的著作中。

但是，海德格尔似乎将其对艾克哈特的钟爱，一直予以隐藏与缄默，但此种缄默却是与海氏一贯对神学的沉默前后一致。海德

---

① Detachment，德文 abegescheidenheit，为艾克哈特神秘神学的重要步骤。

② 任何对像艾氏此种极端修辞学思想家的诠释，均有将其驯化与系统化的倾向。采纳与本文相同观点的注释，可参 F. Tobin,《艾克哈特大师：思想与语言》，Philadelphia, 1986, 163 页。

③ 艾氏死后有门生 J. Tauler，另有影响及 H. Suso、John of Ruysbroeck，甚至有《遵主圣范》作者 T. à Kempis. 形成独特的德国神秘主义传统，一直延至路德。

④ J. D. Caputo,《海德格思维中的神秘元素》，Ohio, 1978, 145 – 53 页。此书为有关此主题的仅有参考，原是基于作者两篇早期的论文，刊于《哲学历史学报》，第十二至十三册，1974。

格尔曾说:"假若我真的要写部神学——有时我实在倾向此念头——那存有(Being)一词必不会出现于其中。信仰并不需要存有之思。"①此番话可说是承传了自狄奥尼修斯,经爱留根纳,至艾克哈特的否定神学的传说。作为绝对超越的至高者,最终连存有与非存有亦被对扬与扬弃于绝对的纯一性之中。②

海德格尔一生坚持哲学与神学互不相干,将神学建基于存有论的本体神学(onto-theology),乃是混乱了二者的本份与领域,将此世界的愚拙自欺为智慧(林前3:18),更是忘记了狄氏与艾克哈特神秘神学的忠告:上帝乃是不可言说的无名,既非存有亦不是非存有。故此作为献身哲学的海德格尔一生也对神学保持缄默(如同维特根斯坦),这非但不是一种逃避或轻视,反而是对神学的一种宗教性的崇敬。

当代法国宗教哲学家马里翁(J. L. Marion)在其作品《没有存有的上帝》中,③将狄奥尼修斯与海德格尔并列,指二者皆不以存有为基本之圣名,达致了一种存有的勾销或横渡(crossing of being,亦为十字架化)。他力陈本书并不指上帝不在,或其不是真

---

① 转引自J. L. Marion,《没有存有的上帝:附录本》,T. Carson注译,Chicago, 1991,61-2页。

② 正如刘小枫博士引巴尔塔萨之言:"在他(海氏)背后总有普洛丁、艾克哈特的身影,有德国神秘主义和'神圣者的形而上学'。"见刘小枫,《走向十字架上的真理:二十世纪神学引论》,香港,1990,285页。有关海氏与神学之关连,参该书第八章:"期待上帝的恩"。

③ J. L. Marion为巴黎第十大学哲学教授,其本身为新教背景,《没有存有的上帝:附录本》。

正的上帝。① 上帝不在存有之内，故其临在成为了人间的礼物，上帝的恩典中断了人一切偶像性的交易，而这恩典的具体呈现与圣名便是"爱"(约一 4：8)。② 从阿奎那经笛卡儿(Descartes)至康德的现代理性中的上帝言说，包括有关上帝的圣名与存在的论证，已经是积重难返，在后现代的语境中备受质疑与考验。但神是爱作为最符合《圣经》之圣名，亦是狄奥尼修斯在《论圣名》第四章所选择的圣名(以上帝为圣爱与渴爱)，却成为了后现代处境中最富创新性与适切性的上帝言说。上帝的圣爱在我们还是非存有时便临在，故圣爱是先于存有，而圣爱向万物的进展与溢流引导人回归本源，就是那不能言传的神圣之爱源。所以马里翁最终宣称，在此书中，他不再与海德格尔及尼采(Nietzsche)进行形而上学的争斗，而是面对着海德格尔与一切存有论，他称上帝之神圣圣名为"爱"，由此而标志马里翁思想的后现代性。③

狄奥尼修斯之否定神学与汉语神学的反思

刘小枫博士在其汉语基督神学的立论专文指出：

> 神学语文学有两个最基本的领域：一、神学言述与言述对象(上帝)的关系；二、地域——历史的具体语文与神学思想的关系。前一个问题是神学语文学的本体论方面：上帝之在是

---

① J. L. Marion 为巴黎第十大学哲学教授，其本身为新教背景，《没有存有的上帝：附录末》，2 页。
② 同上，3 页。
③ 同上，xxi 页。

不可言说者,神学语文与言述对象(上帝)之关系究竟如何可能。对于任何地域性语文来说,只要言及超越的神圣之在者,这一问题都是不可规避的。后一问题涉及具体的地域性语文在历史的信仰言述中的特殊样态。①

汉语神学既为基督教神学,其言述的对象必然是基督教的上帝,神学应是以上帝的言说为中心,故汉语神学不是另一类的神学,其本身就是基督教神学,并不因其为汉语而弱减其神学性。而神学言述的双重任务就是要言述上帝及在历史文化处境中形构与传言上帝的言述。前者为神学语言与上帝之关系,后者为神学语言与文化之关系。

此双重任务乃是所有基督教神学的使命,不是任择其一,而是要两者兼备。既要言述那不可言说者,亦要在文化处境中立言与传言。而且正是因着汉语神学自觉性地去言述那位在人类历史与《圣经》中自我揭示与隐藏的上帝,汉语神学便定位为基督教神学。神学既是以上帝为中心的言述,便不是以其成员、教派、学派、语言与权势来定位。

神学类型学上常有所谓由上而下的启示神学,与由下而上的处境神学。但若按狄奥尼修斯而言,神学思维的运动必是双向的,并要以《圣经》为其基本素材,而狄氏更加上第三种神学类型,就是直指神圣奥秘的论圣名神学。现今有许多神学流派,如解放神学、妇女神学、亚洲神学与民众神学,若其基本的定位为基督教神学,

---

① 刘小枫,"现代语境中的汉语基督神学",《道风汉语神学学刊》,第二期,1995年春,37-8页。在该段引文之注中引用了狄氏的"秘契神学"。

那就必须处理如何言述与命名上帝的神学核心问题,然后再关连其独特处境与群体。故此汉语神学不是处境神学,亦不是本色化神学,因其神学言述的运动乃是三重向度的:承载汉语文明与历史的肯定神学,强调上帝不可言说的否定神学,及以正反辩证来言述圣名的象征神学。在此三向的神学思维运动中,肯定与否定之辩证同时出现于每一层次与阶段,文化与信仰、处境与启示互相关连,无分上下与先后。

故此,汉语神学要言述那不可言说者,亦要在文化处境中立言与传言。狄奥尼修斯与本文所纵论的神秘神学家,均是肩负了此双重的使命。他们互相汇聚而成一种论圣名神学的系统,部分教父其后虽发展出极端的言述,但其至终关注点是以不妄称耶和华的名为诫。其次,不同的教父在不同的文化历史中,如狄奥尼修斯之于希腊语世界,爱留根纳之于拉丁语世界,艾克哈特之于德语世界,他们以本身的民族语言承传神秘神学之历史传统,实在功不可没。

神秘神学的伟大源流,可以灌溉汉语神学的田园。汉语神学既然要为神圣命名,自然要溯源整个论圣名的神学传统,特别注重其否定神学的向度。中国教会向以肯定神学为主,强调启示与《圣经》的合理性,这自然有其历史之成因与背景,但此种对现代理性的依仗,日益遭受多元性的后现代社会的冲击。《圣经》中虽申明"自从造天地以来,上帝的永能和神性是明明可知的"(罗1:20),但另一方面,却是"从来没有人看见上帝"(约1:18;约一1:18)。人可以知道上帝,却无法达致完全的明白。先知以赛亚甚至形容上帝为"自隐的上帝"(45：15),①上帝的自显性与自隐性,从狄奥尼修斯至阿奎那至路德,及至近代的巴特与拉纳(K. Rahner),明确地成为基督教最重要的神学传统之一。

汉语神学作为一种人文与社会科学的学术神学,可以与以信仰群体为主导的教会神学产生相互批判转化的创新性关系。例如在回溯神秘神学的传统上,中国教会一向注重灵性品德之修为锻练的层面,从早年的经典《遵主圣范》②至近年的普及读物《属灵操练礼赞》③,许多时只视其为灵修文学手册,忽视其深层历史与神学意义。神秘神学不是秘修或灵修神学,④亦不应成为教派式的秘传,神学既是以上帝言述为中心,自然应有其公开性与认知性。

最后,从本文可见狄奥尼修斯的神学是百科全书式的,研究狄氏就是穿越东西方基督教的历史长廊,探索各主要教父如何直接或间接地承传与改造狄氏的神秘神学。狄奥尼修斯无远弗届的渗透与影响力,使人想起了怀特海(Whitehead)对柏拉图的传神评论。的确,我们可说整部西方基督教神秘主义史就是狄氏的注脚,虽然托名的狄奥尼修斯又似乎把我们带至柏罗丁与普罗克洛斯的

---

① 吕振中译本作:"自己隐藏的上帝",现代中文译本作:"那拯救以色列人民的上帝,是隐藏自己的上帝。"

② 《遵主圣范》,收于《中世纪灵修文学选集》,谢扶雅编,香港,1964;另有黄培永译,香港,1968。

③ R. J. Foster,《属灵操练礼赞》,周天和译,香港,1982。可参作者如何论述像十架约翰般的极端神秘主义,96－9页。追源溯本,十架约翰自然有狄氏的影子。

④ 将 spirituality 译为灵修学是颇为功能性的迻译,按照本文的立论来看,此字可译为一种灵性精神,乃是按神秘神学所呈现的不同状态。而属灵神学作为一种人论则是分属于神秘神学,因后者涵括了上帝、人与宇宙。

跟前，至终又是回到了柏拉图的学园，但无论如何，狄奥尼修斯已成了基督教传统不可划分的一部分，是基督信仰在历史中的丰沛流传与沉积，亦是汉语神学承先启后的使命。

本书原著版本主要参考 Balthazar Corderius Paris，1615；1634，1644 及 Venice 1755，2 vols.；同时亦参考其它英译本。

目　次

第一章　论圣名 …………………………………… 1
第二章　神秘的神学 ……………………………… 97
第三章　天阶体系 ………………………………… 104
第四章　教阶体系 ………………………………… 154
第五章　书信 ……………………………………… 222

第一章 论 圣 名

狄奥尼修斯长老致提摩太长老

一、论圣名的传统

1. 所以,我的朋友,在《神学论》①之后,我现在要尽我所能来对圣名加以阐释。我们仍将遵循《圣经》的指示:当我们想要对上帝有任何言说时,我们"不应当用人的智慧的似是而非的言论",而应当用"圣灵和大能"对《圣经》著述者的明证来确立真理。② 通过此种大能,我便能以超乎言语与知识之上的方式达到一种统一,这种统一是我们靠自己的言语和智力的能力或行为所能达至的一切东西都无法比拟的。因此我们不应该在《圣经》已经神圣地启示的信息之外,更诉诸有关那超越存在之上的神圣性的词语和概念。既然对超出存在者的不可知性是超出于语言、心灵,甚至存在自身之上的,对它的理解也应当是超越存在的。所以,让

---

① 此文已佚失或未写。
② 《哥林多前书》二章 4 节。《圣经》中译文基本上将按照"和合本",个别之处行文略有不同。

我们在《圣经》之光的引导之下,昂首远望、极目天穹,心中充满对神圣的敬畏;让我们汇聚于神圣的辉煌之中吧。只要我们信任《圣经》的无上智慧与真理,就知道上帝的事物已经按照各人的能力大小而被启示给每个人的心灵;圣善正是出于对我们的拯救的关切,而用有限的方法实现无法可测的和无限的东西。正如感觉既不能把握也不能感知心灵的事物,正如表象与形状不能包容单一的和无形的东西,正如有形体者不能触及不可触摸的和无形体的东西,同样真实无疑的是:诸存在者也被超乎存在之上的无限所超越,众理智被超于理智之上的"一"所超出。事实上,不可思议的太一是一切理性过程都无法把握的。任何词语都不能冀及无法言说的善、太一、一切统一之源和超存在之在。它是超出心灵的心灵,超出言说的言道,它不能由任何言谈、直觉、名字所理解。它存在,但其存在方式与任何其它存在的存在方式皆不一样。作为一切存在的原因,它本身超出存在,并且唯有它方能对何为真正的存在作出最具权威性的说明。

2. 正如我已经说的,现在我们不必害怕对这隐秘的超越之上帝运用词语或概念。我们只可用《圣经》所启示的。在《圣经》中,上帝已经仁慈地教导我们:对上帝的理解与直接凝视是存在者无法做到的,因为祂实际上超出了存在。许多《圣经》作者都会告诉你,上帝不仅是"不能看见的"[1]和不可理解的,而且是"难寻难测的"[2],因为任何人都找不到踪迹以进入这无限者的隐秘深处。然

---

[1] 《歌罗西书》一章 15 节;《提摩太前书》一章 17 节;《希伯来书》十一章 27 节。
[2] 《罗马书》十一章 33 节。

而另一方面,圣善亦非完全不能为万物所知晓。它自身充沛地放射出一道坚定而超越的光芒,按比例地启示各种存在,从而吸引神圣的心灵向上,进入所容许的对上帝观照,分享神性,以及与上帝相像。这就是正当与合宜的努力所产生的结果。这些人并不冒险尝试那不可能的对上帝的斗胆窥视,因为这超出了人应得的份额之上。他们也不被自己的自然癖好所牵引而向下坠落。不,他们朝着照亮他们的光芒所指引的方向,坚定不移地上升。他们的爱与他们得到的光照相称;在爱之中,他们飞升,虔敬地、聪慧地,充满一切圣洁。

3. 我们在我们所去之处受到统治一切天体秩序的神圣等级的神圣命令的支配。我们的心变得谨慎和圣洁,我们对隐于思想和存在之外的奥秘竭诚礼拜。我们明智地静默不言,荣耀那不可表述者。我们被提升到《圣经》的明亮光芒之中,在其光照之下,在我们的存在被改造成与赞颂之歌一致之时,我们以我们所相称的方式看见了神圣之光。我们的赞美歌回响着,我们赞美那一切神圣启示的丰沛源头,祂在《圣经》的神圣道说中向我们传达了祂自己。比如,我们知道了祂是万物的原因,祂是起源、存在和生命。对于那些迷失者,祂是召唤:"回来吧!"祂是使迷失者重新站立的力量。祂把他们心中蜕化毁坏的上帝的形象重新擦干净,恢复起来。祂是在渎圣的浪头中颠簸的迷失者能求助的神圣稳定点。对于向祂提升者,祂是向导;对于心灵被照亮者,祂是启蒙之光。祂是被完善者的完善之源、被神圣化者的神圣之源;是那些转向纯一者的纯一性原则、是统一为一者的统一点。祂超越于一切实存,是一切泉源的源头。祂充沛而宽宏地尽可能给出一份祂的隐秘奥秘。

总而言之，祂是有生命者的生命、存在者的存在，是一切生命和一切存在的泉源与原因，因为祂的善使祂令万物存在并运行。

4. 我们从《圣经》中知道了所有这些玄妙道理，你会发现《圣经》著述者关于圣名所说的富于启示的赞颂，都与上帝的仁慈作为有关。因此，所有这些《圣经》的话都是在称颂上帝，把祂描述为单元者，因为祂具有超自然的单纯性和不可分割的统一性，祂的统一力量令我们走向一体化。我们这些本来四分五裂的众生，便在祂的引导下聚集起来，进入与上帝相像的"一"，进入反映上帝的本相的统一。

他们还将祂描述成一种三位一体，因为超越的丰饶性使祂能显示为"三种位格"。这就是为什么"天上地上的各家都是从祂得名"。① 他们还称祂为存在的原因，因为祂的善使祂运用自己的创造力将万物召入存在；祂被称颂为智慧的和美好的，因为本性保持不坏的存在物充满了神圣的和谐和神圣的美。不过他们尤其称祂是对人类的爱，因为祂在自己的一种位格中真正地取了我们人的本性，并从而召唤人从其低下状态向祂上升。以一种言语难以表达的方式，耶稣的单纯性变成了某种复杂者，无时间者占据了一段时间段；祂的本质结构没变也没乱，这位完全超出世界秩序的耶稣却进入了我们人性之中。

我们在充满圣灵的导师的隐秘传统——这一传统与《圣经》一致——的引导下，进入到这神圣的启示之光中。我们现在尽我

---

① 《以弗所书》三章 15 节。

们最大的能力把握这些事,尽管它们对我们呈现时是包裹在那对人的大爱(者)的神圣帷幕之中,而《圣经》与教阶传统对此是用来自感觉领域的东西遮蔽心灵的真理。所以,超越者被围裹在存在的词句中,无形无状者却显得有了形状,而且诸多象征符号被用来表述那本是毫无意象的、超自然的纯一者的各种属性。但是总有一天,当我们成为不可毁坏的和不朽的,当我们最终得到了那至福的财富:与基督相像,那时,就会像《圣经》上说的,"我们就要和主永远同在"①。在无比圣洁的凝视中,我们将为灿烂地照耀我们的上帝的景象所充满,就像祂在神圣的改变形象时照耀祂的门徒那样。②我们会等到那一天,我们的心将离开情感和尘世,我们将从祂得到光的概念恩赐,我们将会以一种我们无法知道的方式而与祂合一,我们的理解在无穷的幸福中喀然若失,我们将被祂炫目之光所击中。十分神妙地,我们的心灵将要和上天中的心灵相像。我们将要"和天使一样,既是复活的人,就为上帝的儿子。"③这些是《圣经》的真理确证了的。

不过现在的情况是:我们运用所拥有的合宜象征符号来谈论上帝的事物。我们借助这些类比,便被提升至心灵景象的真理——这真理是单纯的,是一。我们撇下我们关于神圣者的一切概念。我们让自己心灵的工作停下来,并且在合宜的范围内接近那超出存在之上的光芒。在这里,以一种言语无法描述的方式,预先存在着一切知识的目的,它是理智与言说都无法把握的,也

---

① 《帖撒罗尼迦前书》四章 17 节。
② 参看《马太福音》十七章 1-8 节;《马可福音》九章 2-8 节。
③ 《路加福音》二十章 36 节。

是完全无法被沉思的,因为它超出一切事物之上,它全然超出了我们认知它的能力。它以一种超越的方式在自身中拥有一切自然知识和工作的界限。同时,它是由一个超出一切宇宙心灵之上的无限权能所建立的。如果所有的知识都必然是关于存在者的,并限于存在物的领域,那么,超越存在者亦必超越知识。

5. 那么,我们怎么还能谈及圣名?如果超越者超出所有言说与所有知识,如果祂居于心灵和存在的领域之上,如果祂包容并限定、容纳并预知万物,自己却不为它们所把握并超出任何知觉、想象、意见、名称、言说、理会或理解,我们如何能谈及圣名?如果神主高于存在并且不可言说、不可命名,我们如何能进行此事?

我在《神学论》中说过,我们既不能讨论也不能理解太一、全然不可知者、超越者、善自身——即拥有同样的神圣性和同样的善性的三位一体。我们也不能谈论和了解圣洁的天使如何与超越的、压倒一切的圣善的到来进行沟通的方式。这类事既不能谈论,也不能把握,除非天使才行,因为天使被以某种神秘的方式认为是与此相宜的。既然圣洁心灵与圣光的合一发生在一切理智行动终止之时,那么与上帝相像的、统一的心灵便尽可能模仿那些天使,通过否定一切存在来最合宜地赞颂圣光。人在这至福的合一中得到真正的、超自然的启示,从而发现虽然祂是万物的原因,祂自己却不是一件事物,因为祂以超存在的方式超越了所有事物。所以,对于上帝的超本质的存在——超越地存在的超越的善——热爱高于一切真理的真理的人便不会用"权能"、"心灵"、"生命"或"存在"的词句来赞颂祂。决不会。祂与这些完全无关:条件、运动、生命、想象、猜想、名称、言谈、思想、概念、存在、静止、居住、统一、界限、无限、存在的总体。然而,既然祂是善的基础,祂无所为便成为万物的原因,那么你如果要称颂这神圣的、仁慈的上主,你就只能从所有创造物入手。祂在万物的中心,万物都在祂支配之下。"祂在万有之先,万有也靠祂而立。"①由于祂,世界才产生并存在。一切事物都冀望祂。有理智和理性的生物通过知识而冀求祂,低级生物通过知觉冀求祂,其它一切则通过生命的激动和一切与其状况相应的方式冀求祂。

6. 意识到这一切之后,神学家便使用各种名字来称颂他——把祂作为无名太一来称颂。他们是称祂为无名者的,他们讲到至上之上帝在一次神秘的、象征的启示中曾责难那询问"何为你的名?"的人。上帝不使他得到任何圣名的知识,说:"你何必问我的名,我名是奇妙的。"②这正是那奇妙的"超乎万名之上的名",③从而也是无名。此名的建立确实"超过一切名之上,不但是今世的,连来世的也都超过了"④。

但另一方面他们也赋予了祂许多名称,像"我是自有永有的"⑤、"生命"⑥、"光"⑦、"神"⑧、"真理"⑨。同样还是这些智慧的著

---

① 《歌罗西书》一章 17 节。

② 《士师记》十三章 17 节;并参看《创世记》卅二章 29 节及《出埃及记》三章 13 节。

③ 《腓立比书》二章 9 节。

④ 《以弗所书》一章 21 节。

⑤ 《出埃及记》三章 14 节;《启示录》一章 4、8 节。

⑥ 《约翰福音》十一章 25 节,十四章 6 节,一章 4 节,五章 26 节。

⑦ 《约翰福音》八章 12 节,一章 4—9 节,九章 5 节;《约翰一书》一章 5 节。

⑧ 《创世记》廿八章 13 节;《出埃及记》三章 6、15 节。

⑨ 《约翰福音》十四章 6 节。

述者,①当他们赞颂各种存在物的原因时,他们运用了从结果方面构造的名字:善②、美③、智慧④、我所亲爱的⑤、众神之神⑥、万主之主⑦、至圣者⑧、永恒⑨、存在⑩、永世的原因⑪。他们还称祂为生命泉源⑫、智慧⑬、心灵⑭、道⑮、知者⑯、拥有一切知识宝藏者⑰、权能⑱、强大的、万王之王⑲、比时间古老的⑳、不会变老亦不会改变的㉑、拯救㉒、公义㉓、圣洁㉔、救赎㉕、万事中最伟大者,然而又在宁

---

① "上帝的智慧的人"(theosophs)在本书中指《圣经》著述者。
② 《马太福音》十九章17节;《路加福音》十八章19节。
③ 《雅歌》一章16节。
④ 《约伯记》九章4节;《罗马书》十六章27节。
⑤ 《以赛亚书》五章1节。
⑥ 《申命记》十章17节。
⑦ 《申命记》十章17节;《诗篇》一三六篇3节;《提摩太前书》六章15节。
⑧ 《但以理书》九章24节。
⑨ 《以赛亚书》四十章28节。
⑩ 《出埃及记》三章14节。
⑪ 《希伯来书》一章2节;《提摩太前书》一章17节。
⑫ 《马卡比后书》一章25节。
⑬ 《箴言》八章22-31节;《哥林多前书》一章30节。
⑭ 《以赛亚书》四十章13节。
⑮ 《约翰福音》一章1节;《希伯来书》四章12节。
⑯ 《苏珊拿传》四十二章。
⑰ 《歌罗西书》二章3节。
⑱ 《启示录》十九章1节;《哥林多前书》一章18节;《诗篇》廿四篇8节。
⑲ 《提摩太前书》六章15节;《启示录》十七章14节,十九章16节。
⑳ 《但以理书》七章9、13、22节。
㉑ 《玛拉基书》三章6节。
㉒ 《出埃及记》十五章2节;《启示录》十九章1节。
㉓ 《哥林多前书》一章30节。
㉔ 同上。
㉕ 同上。

静的微风中①。他们说祂在我们的心中、灵中②、身中③,在天上地下④,虽然总在自身之中⑤,祂也在世界之中⑥,环绕世界并超出世界,祂比天高⑦,比一切存在都高,祂是太阳⑧、是星星⑨、是火⑩、水⑪、风⑫和露水⑬,是云⑭、房角的头块石⑮、磐石⑯,祂是一切,祂又不是任何具体事物。

7. 所以,作为万事的原因复又超越万事,祂当然既是无名的,又具有一切存在者的名字。确实,祂统治一切,一切都围绕祂而运转,因为祂是它们的原因、泉源和命运。正如《圣经》所肯定的,祂是"万物之王"⑰,祂完全应被称颂为万物的创造者和发源者,完全是它们的太一,是它们的保存者、卫护者和家园,是让它们向祂回归的权能;祂只要以一下不可阻挡的超然之举,便完成了这一

---

① 《列王纪上》十九章 12 节。
② 《所罗门智训》(次经)七章 27 节。
③ 《哥林多前书》六章 19 节。
④ 《诗篇》一一五篇 3 节;《以赛亚书》六十六章 1 节;《耶利米书》廿二章 24 节。
⑤ 《诗篇》一〇二篇 27 节。
⑥ 《约翰福音》一章 10 节。
⑦ 《诗篇》一一三篇 4 节。
⑧ 《玛拉基书》四章 2 节。
⑨ 《彼得后书》一章 19 节。
⑩ 《出埃及记》三章 2 节。
⑪ 《约翰福音》七章 38 节。
⑫ 《约翰福音》三章 5-8 节,四章 24 节。
⑬ 《以赛亚书》十八章 4 节;《何西阿书》十四章 5 节。
⑭ 《出埃及记》十三章 21 节,廿四章 16 节,三章 9 节;《约伯记》卅六章 27 节。
⑮ 《诗篇》一一八篇 22 节;《马可福音》十二章 10 节;《使徒行传》四章 11 节。
⑯ 《出埃及记》十七章 6 节及《民数记》二十章 7-11 节。
⑰ 《哥林多前书》十五章 28 节,"all in all"。

切。无名之善并不仅仅是凝聚、生命，或完善的原因，并不仅仅从这种或那种神圣姿态获得一个名字，祂在自身之中实际上已经预先地拥有了一切事物——以一种并不复杂和毫不受约束的方式——这正是由于祂那单一的、创造万物的、神命的无止境之善。所以，赞颂之歌和赋予上帝的名字都是恰当地从创造的总体中得出的。

8. 这些由上帝普遍的或个别的行动，或由上帝的行动所施及者得出的名字，并非《圣经》作家唯一喜爱用于上帝的名称。有些名字还得之于在圣地或别的地方启示入门者或先知的灵象。为了各种原因，并出于各种动能，他们用这些名字去形容超出一切名字和一切荣耀的圣善——人①、火、宝石的形状②；他们还赞美上帝的眼睛、耳朵、头发、脸③，以及手、背后、两翼、臂膀④、背和脚⑤。他们还在祂四周放置了王冠、宝座、杯、调酒碗⑥，以及相似的神秘物件——这些我会在《象征神学》⑦中尽力加以说明的。现在我们还是解释上帝的概念名称，为此让我们收集《圣经》有关论述，并按我提到过的方式遵循它们的指导加以研究。在阶层体系的法则引导下，我们在研究上帝的完全之道时，须注意这些天国沉思

---

① 《创世记》三章 8 节，十八章 2 节；《以西结书》八章 2 节。

② 《出埃及记》三章 2 节；《以西结书》一章 26 节。

③ 《诗篇》十一篇 4 节，十七篇 6 节；《但以理书》七章 9 节；《出埃及记》卅三章 23 节。

④ 《出埃及记》卅三章 22 节；《申命记》卅二章 11 节，卅三章 27 节。

⑤ 《出埃及记》卅三章 23 节，廿四章 10 节。

⑥ 《启示录》十四章 14 节；《诗篇》七十五篇 8 节；《箴言》九章 2 节。

⑦ 《象征神学》是讨论这些取自感知觉领域的《圣经》象征符号（关于上帝）。此文已佚失或未曾写出。它的位置应当在《论圣名》即关于从概念领域得出的神论之后。

的实行——预备见到上帝,并使我们的倾听圣洁化,以倾听对圣名的解释。正如神圣传统要求我们的,让圣洁者得到圣洁者,让它们远离未入门者的嘲笑。要么让我们尽力解救这些人,使他们改掉对上帝的敌视态度。

所以,我的好提摩太,你必须用神圣的命令卫护这些事,必须永远不向未入门者谈论或透露神圣的事物。① 至于我,我祈求上帝容许我以圣洁的方式赞颂那不可言说与无法命名的上帝的仁慈与神圣的名,"求你叫真理的话总不离开我口"②。

二、论上帝的统一的和分别的道,什么是神圣的统一与分别

1. 《圣经》所赞颂者,乃整个的神圣本体——不管绝对的善把祂规定和启示为何。我们又能怎样不这样来理解上帝的至圣之道呢?因为这已经宣布了,上帝在说到自己时是这么讲的:"你为什么以善事问我呢?除了上帝以外,没有一个良善的。"③我在其它地方对这些全都作过讨论,并指出《圣经》中一切与上帝有关联的名字在被称颂时都是针对整体、全部、充分,和完全的神圣性而言的,并非只是说到祂的任何一部分;它们全都是不可分地、绝对地、毫无保留地,而且是整个地关于上帝之全体的。正如我在我的《神学论》中所指出的,任何否认这些名字是关于上帝的整体本质的,都可以说是渎神了,这是斗胆大不敬地企图割裂绝对的统

---

① 《提摩太前书》六章 20 节。
② 《诗篇》一一九篇 43 节。
③ 问句见《马太福音》十九章 17 节,回答见《马可福音》十章 18 节。

一体。

　　所以，所有这些名字都必须是关于整个上帝的。事实上，绝对善的道这么说到自己："我是善。"①有位圣灵充满的先知还向"善的灵"②唱了一首赞美诗。同样，上帝还说"我是自有永有的"。③ 如果人强要用这些名字表达上帝的一个部分而非整体，他们又怎么来理解这些话："昔在、今在、以后永在的全能太一"，④或"惟有你永不改变"，⑤或"从父出来的、就是父的真理"？⑥ 如果他们不接受整个的神主是生命，那么下面这些话中的真理又何在呢："父怎样叫死人起来，给予他们生命，子也照样随着自己的意思给人以生命"，⑦"赋予生命者乃是圣灵"。⑧ 当论及整个的神灵对全部世界的统治时，《圣经》中有多少次在上帝之中的父与子的问题上是既对圣父又对圣子使用"主"这一词语啊。⑨ 圣灵也是"主"。⑩ "美"与"智慧"二词也一样，都是形容上帝的整体的。《圣经》还弘扬了一批关涉到整个上帝的词语如"光"、"神圣化的力量"，以及"原因"，用来赞颂整个上帝。这也适用于"一切来自

---

① 《马太福音》二十章 15 节。
② 《诗篇》一四三篇 10 节。
③ 《出埃及记》三章 14 节。
④ 《启示录》一章 8 节、4 节。
⑤ 《诗篇》一〇二篇 27 节。
⑥ 《约翰福音》十五章 26 节。这儿引用时稍有添加，以适应这里的论证。
⑦ 《约翰福音》五章 21 节。
⑧ 《约翰福音》六章 63 节。
⑨ 例如,《哥林多前书》一章 2 节。
⑩ 《哥林多后书》三章 17 节。

神",①以及更具体的:"万物都通过祂并为了祂而被创造"和"万有靠祂而立",②"你发出你的灵,它们便受造"。③ 事实上,这一切都被圣道自己总结为:"我与父原为一","凡父所有的,都是我的",以及"凡是我的都是你的,你的也是我的"。④ 而且,无论是什么,只要是属于圣父和圣子的,圣子也会将其归于在祂的统一之中的圣灵。这里我想到的是圣工、礼拜,从不出错也从不穷竭的**原因**,对丰饶的恩赐的分发。真的,在我看来,一个人受了《圣经》的教养之后,如果不是生性邪恶,决不可能否认上帝的属性在其所有的真理与意义中是关于整个的上帝的。所以,从以上简短而不系统的讨论可以得出(我在别的地方有一个根据《圣经》而作出的关于这一问题的较长论证与分析)⑤:不管我们解释的是哪一种圣名,它都是关涉整个上帝的。

2. 我相信,任何说我们的方式混淆了上帝之中的区分的人都难以证明他的话是对的(甚至对他自己)。这方面他不仅与《圣经》冲突,而且也与我的哲学相去太远;如果他从未想到过《圣经》的神圣智慧,那我又怎样能引导他达到对上帝之道的真正理解?不过,如果他注意《圣经》的真理,那么就有了准则,有了光;借助这光我便能尽力为自己驳护,并从而肯定上帝之道的运作有时无区别,有时有区别。这样我们就不应当在没区分时作出区别,也

---

① 《哥林多前书》十一章12节。
② 《歌罗西书》一章16-17节。
③ 《诗篇》一〇四篇30节。
④ 《约翰福音》十章30节,十六章15节,十七章10节。
⑤ 即《神学论》。

不应当把区分开的东西堆拢在一起。我们应当尽我们的能力追求，向神圣的光芒抬起眼来。让我们在神圣的启示中接受到最可爱的真理标准，并保存蕴于其中的宝藏，不作任何添加，也决不以任何方式削减或歪曲它。如果我们守望《圣经》，我们也会被《圣经》所守望；我们卫护《圣经》，也会被《圣经》所卫护。

3. 统一的名是用于整体的神主的，这一点我以借助《圣经》中的例子在《神学论》中做了充分证明。这包括这样一些称号：超越的善、超越的神圣、超越的存有、超越的生命、超越的智慧。这些词以及相似的其它词都是关于一种超级充沛的否定性的。同样，具有原因意义的名字，如善的、美的、存在的、赋予生命的、智慧的等等，也是用于一切良好事物的原因，以指明祂赐予的种种美好事物。

有些名字是表达区分的，"圣父"、"圣子"、"圣灵"的超越名称，以及相应活动便是如此。这里的称号不能相互交换，也不能共同使用。另外，还有一种是区分开的，即在我们当中的耶稣的完善的和永不改变的存在，以及所展示出来的祂的存在与祂对人类的爱的神秘。

4. 不过，我想我们还得更深入地解释言说神圣的统一和区分的全面方式。这么做我们便能澄清我所要讲的，从而便能尽量地移去混乱与含糊，以便用尽可能清晰、智慧，和有条有理的方式言说。

正如我在其它地方所说的，那些完全投入我们的理论传统中的人坚信，神圣的统一乃是一个坚固者的隐秘的、持久的和至高无上的基础，这远远不可言说、不可认识。他们说神主之中的分别是由于上帝的仁爱的过程与启示。他们还根据《圣经》说在统一与分别的内部尚有一些特别的统一与区分,正如上面已说到的。故而在说到超出存在之上的神圣统一时,他们肯定道:不可分的三位一体在一共有的、未区分的统一体之中,维系着祂的超本质之本体、超神圣之神圣性、超美好之美好、超出一切存在者的无比独特的自身同一,超越"一"之泉源的"一",其不可言说性、诸多名称、不可知性,其完全属于概念领域,其超出一切肯定与否定之上的对万事的肯定和否定,以及最后,人也可以说,神圣位格的持存与建立——这些位格是完全未区分的和超越的统一体(即"一")之泉源。

这儿让我举一些我们都看到并熟悉的例子。在一间房子里,从各盏灯射出的光是完全地相互渗透的,然而各自又是明白有别的。这里有统一之中的区分,又有区分之中的统一。当一间屋子里有许多灯时,只有一个未分别的光;从所有这些灯,产生了一个没有区分的光亮。我不认为有人会从容纳所有灯光的空间里,把一盏灯的光从另一盏灯的光中区分开来;一盏灯的光也不可能与其它灯光分隔地被看见,因为它们完全混在一起,虽然它们同时是完全不同的。假如有人把一盏灯带出房子,这灯光的离去既不会减弱其它灯的光亮,也不会对之有所增益。正如我已解释过的,光的整个总体,也即产生于火焰的物质实体并闪耀于空中的光,并非任何混淆与部分的拢集。

现在让我们回到超越存在的统一体。我是说,它不仅超出有形物体的统一之上,而且也超越了灵魂的统一,甚至超越了心智自身的统一。这些心灵纯洁地、超自然地、彻底地拥有着与上帝相像的天国之光。它们共同地参与在一起拥有这光,而它们的共有与它们在超越万物的统一体中的共享是相称的。

5. 神学在处理超存在的对象时,也诉诸区分。我这不仅仅是说,在一个统一体中,每个不可分的位格是以不错乱、不混淆的方式建立起来的,而且是说,超越的神圣产生活动的属性是不可互换的。圣父是实际上超越存在的神主的唯一源泉,圣父并非圣子,圣子亦非圣父。每个神圣的位格都永久拥有自己值得赞颂的品性,在此我们便看到,统一体以及在不可表述的统一和上帝的实体之中的区分的例子。

另一方面,如果区分可以适于(描述)无区分的神圣统一体的仁慈进行过程——上帝自身之善满溢,将自己向外流溢成多样性——那么,甚至在此神圣的区分活动中统一的事物,也成了上帝不可阻挡地分发存在、生命、智慧以及其它全然创造性的善的恩赐的行为。正是由于这些恩赐,那被万物分有而自己却不再分有(更高级的事物)的事物,即至高无上者,才被分有过程与分有者而赞颂。分有者总是分有整体,不会只分有某个部分;这一点对整个上帝都是一样的。正如一个圆中,圆心是被环绕它的半径所共同分有的。或者以印章为例:一个印章所盖的许许多多印痕都分有原型;在所有印痕中,印章都是整个地出现的,没有哪个印痕只分有一部分印。

不过,全然创造性的神主的不分有性远远超出这类比较之上,因为它在知觉的范围之外,而且与任何分有它的东西都不在一个层次上。

6. 也许有人会说印章在其所有复本中并不是完全等同的。

我的回答是:这并不是因为印章本身,因为印章自己是向每个印痕全部地或同等地输送了自己。但接受印压的物质是不同的,所以那同一个完全一样的原型产生的印痕便不同了。如果物质柔软、易塑形、平滑,如果上面还没盖过别的印,如果物质不硬不固,如果不是过分的软和易于熔解,印上去的痕迹便清楚、明白、保留得长久。但是如果物质缺乏这种接受性能,那么便会造成错误或模糊不清的印痕,或导致其它由于分有时的不接受性而产生的结果。

分别的一个例子是上帝施惠予我们的那次仁慈行为:**超越之道**完全彻底地采取我们人的形态,并且做一切非常适宜的工作和受难,在祂的神圣的人的作为中提升。这一切,圣父与圣灵都未经历;当然,除非我们是在说那仁慈的和爱人的神圣意志,以及上帝在人的领域中的整个崇高无比,和无法言说的行事,如此行事的上帝作为上帝,并作为"上帝之道"是不会变更的。

所以,我们在论证中努力根据未区分的和区分的情况来区分或统一神圣的属性。

7.《圣经》中所启示的神圣本质中的统一或区分的所有原因,我都在《神学论》中尽我最大能力根据各自具体情况而系统探讨过了。在解释有些原因时我提出了一个真解释,并由此而引导纯粹而圣洁的心灵去面对《圣经》的辉煌景象。在解释另一些原因时,我追随神圣传统,并企图以一种超出理智工作的方式去把握这些奥秘。因为真理乃是如此:一切神圣的东西,甚至一切启示给我们的东西,无不只有通过它们所分有的一份而被认识。它们的真正本质,即它们最终在其根源与基础中之所是,乃是超出所有的理智、所有的存在，和所有的知识的。比如，当我们把"上帝"之名赋予那超越的隐秘者时，当我们称祂为"生命"或"存在"或"光"或"道"时，我们的心智所把握到的其实无非只是向我们显明的某些行动，这些行动圣洁化并产生存在，引起生命，给予智慧。至于我们，当我们思索那奥秘并努力挣脱我们心智的一切工作时，我们却发现自己无法见证神圣化、生命，或与万物之绝对超越的原因有任何真正相像的存在。我们从《圣经》中知道圣父是神主之源头，而圣子与圣灵可以说是神圣的分枝，是上帝的盛开之花与超越之光。可是我们既说不出，也不明白这是如何可能的。

8. 我们的理智行为至少可以达到这一步：了解一切父和子的身份都是圣父与圣子的最高源泉赐予我们及天界力量的。这就是与上帝相像的心灵产生的原因，以及为何它们被命名为"众神"或"众神之诸子"或"众神之父"。这种父的身份与子的身份的完善化所取的方式是灵性的、非形体的、非物质性的，并且是在心灵的领域中完成的；这是超出一切概念性的非物质态和一切神圣态的圣灵的作为，这也是全然超越一切神圣的父与子的身份的圣父与圣子的作为。实际上，在原因与结果之间不存在精确的相像，因为结果只能在自身中拥有与自己相称的起源形象，而原因本身却处于超出结果之上的领域之中，这一点由关于它们的根源的论证可以说明。试举一熟悉的例子，"欢乐"与"悲伤"是我们心中的欢乐与悲伤的原因，可它们自己却并不具有这种感情。温暖与灼烧别物的火自己却不能说被灼烧或温暖了。同样，如果说生命自己生活着或光自己被照亮了，显然是说错了；除非这些话是用来指另一个意思，即结果在原因中乃是更充分、更真实地预先存在着。

9. 神学中最明白的思想是耶稣为我们而作的神圣的道成肉身,但它却不能被包容于词语之中,也不能为任何心灵所把握,甚至不能为最前列的天使之首所把握。对我们来说,祂化身为人这事全然是神秘的。我们没办法理解祂如何能以与自然相背的方式从一个童贞女的血中生成。我们无法理解祂如何能脚不湿地、身体有重量地在翻滚的水面上行走。① 我们也不理解与耶稣的超自然本性有关的任何其它东西。

我在其它地方对此已讲过许多,我的著名老师在其《神学要素》②中也令人叹服地赞颂过那些他从神圣的著述者处所直接学到的东西,以及他自己对《圣经》的明晰而辛勤的研究所发现的东西,或者通过更神秘的灵感——不仅学习,而且体验神圣的东西——而得知的东西。他对这些事有"同感受"③,如果我可以这么说的话。他在教育之外与它们有一种神秘的完全联系,有完全的信仰。我想用最简短的方式述说一下他杰出地判断了许多奇妙异象。关于耶稣,下面就是他在《神学要素》中所谈的。

10. 根据最圣洁的哈尔罗修斯的《神学要素》。耶稣的神性是万物的实现的原因,这一神性的部分与整体是如此连结的:祂既非整体,亦非部分;同时,祂既是整体,又是部分。在祂的整全统一体中,祂包容着整体与部分;但祂又超越了这些,并先于这些。

---

① 《马太福音》十四章 22 节。
② 本文作者常常承认自己受惠于老师哈尔罗修斯(Hierotheus)及其《神学要素》。
③ "同感受"一词,取自新柏拉图主义。

这种完善存在于不完善者之中,作为它们向善之泉源。但祂还超越了完善,祂在完善者中显示为超越并预示它们的完善。祂是形式,祂使无形者产生了形式。但祂又超越了被形成者中的形式。祂是充满一切存在者的存在,但又不为一切存在所影响。祂是越出一切存在之上的超存在。祂为一切源泉与秩序设定界限,但祂自己却居于所有源泉与秩序之上。祂是万物的尺度。祂是永恒,而且祂高于、先于永恒。在匮乏处祂是充足,在富足处祂是超充足。祂是无法表达,不可言说的;祂超越心灵、生命和存在。祂是超自然者的超自然的拥有者。祂是超越者的超越的拥有者。

　　出于爱,祂却降临到我们这一层次的本性中,并化为一种存在者。超越之上帝却有了人的名。(这些事超出了心智与语词之上,我们必须充满敬畏地赞颂)在这一切当中,祂仍是祂自己——超自然的,超越的——祂参加到我们的本质中,自身却没有变化、没有混淆。祂的充分本性并不受其不可表达的"虚己"①所影响;而且最令人惊奇的是,祂虽身处我们的本性的事物之中,祂却仍旧是超自然的;虽然身处存在物之中,祂却依然是超越存在的。祂从我们取了属我们本性的东西,但祂在此却也依旧是超出我们的。

　　11. 这些就谈到这里。让我们继续向前讨论,我必须试图解释用于上帝的分别存在的共同的和统一的名字。我现在应当厘定我所定义者是什么意思:如我已说的,"神圣的区分"一词是用来指至上之上帝的仁慈(产生)过程的。上帝被恩赐给万物。祂

---

① 《腓立比书》二章 7 节(Kenosis)。

在善的给予中流溢向万物。祂以统一的方式区分开来。祂分为几重,然而又保持为单一。祂散布于一切之中,但却不失为一统一体。既然上帝是一种以某种方式超越了存在的"存在",祂将存在赋予万物,并使整个世界得以产生和存在,那么可以说祂的单一存在被多重化了,因为祂从自身中将如此之多的事物带入存在。但祂仍然是一,一点也没失去自己。祂在杂多中保持为一,在流程中统一,在区分行动的虚己中仍然充足。祂超越地胜过万物的存在,祂借助于不可分割的活动引导万物向前,但并不因此消损其丰沛的内容。祂是一,而且祂将自己的一分布给宇宙的每个部分以及宇宙总体,既给单一者,又给多重者。祂以一种变的和超越的方式是"一"。祂既非一个复合体的一个部分,也不是一个诸部分的总和。祂的"一"决不是这种类型的,因为祂并不分有统一体,也不拥有统一体。祂之为一的方式与所有这一切截然不同。祂超越了存在者中的统一。祂是不可分的复多体,不被充满的超级充足;祂产生着、完善着、保存着一切统一与一切复多。进一步讲,既然有许多人尽其可能地在其恩典之下被提升至圣洁状态,那么在此不仅有上帝之区分,而且有那唯一之上帝的实际复本。事实上祂并不亚于原型之上帝,即不可分地居于一切个体之中的超神圣的超越地唯一的上帝,这上帝在自身中是未区分的统一,混杂和众多不会由于祂临在万物而产生。

  这一思想是被超自然地给予那位神圣启明中的向导、那位世界中的光的。① 我和我的教师都受这位深知神圣事物者的引导。

---

① 这里是指圣保罗。

他在圣灵启示下,在自己的神圣文字中这么写道:"虽有称为神的,或在天、或在地,就如那许多的神,许多的主。然而我们只有一位上帝,就是父,万物都本于他,我们也归于他;并有一位主,就是耶稣基督,万物都是借着他而存有,我们也是借着他而存有的。"①

在神圣的领域中,统一的地位比区分要高。它们处于最先,而且就是在太一保持着自己的单一性的同时向外转为区分时也保持为统一。我将用启示于《圣经》之中的圣名,尽我所能赞颂这共同的和统一的区分活动、这全体之上帝的美好进程。不过,正如我已说的,有件事我们必须明白:所有上帝的美好名字,即使是在用于神圣位格的任何一位之上时,也必须被看作是毫无分别地属于整个神主的。

三、祈祷的力量:论圣洁的哈尔罗修斯、虔诚,及我们的神学论著

1. 让我们从考虑最重要的名字——"善"——开始,善在上帝的一切行程中都展示出来。不过我们确应首先求助于作为源头的、超于善的事物之上的三位一体。三位一体展示了祂每个无比美妙的行程;我们应当被提升至祂、受祂塑造,以便认识那些聚拢在祂四周的善之恩赐。因为三位一体临在于万物之中,万物却并不都在三位一体之中。

然而,如果我们用圣洁的祈祷,以宁静无扰之心、在适宜于与上帝合一的状态下向祂求助,那么我们必也处于祂之中了。因为三位一体并不在任何一处,好像可以从一处"离开",或是从"一地

---

① 《哥林多前书》八章 5 节及下。

向另一地"移动。甚至说祂"临在于万物之中",也不是个精确的说法,因为这并不能表达出祂无限地超越万物而又同时容纳万物于自身之中的事实。

所以,让我们向善良美好的上帝之光线的更为崇高的升举伸出祈祷之手吧。想象有一个宏大的灿烂宝链,从天国的高处向下面的世界悬挂下来。我们用一只手、又一只手抓住了它,好像在把它拉向我们。事实上,它早已存在于天际与地上,我们并没将它拖向我们,反而是被它提升至那辉煌的高处,朝向那耀目的光芒。

或者想象一下我们在一条船上。船被缆绳系于岩石之上。我们抓住并拉缆绳,看上去好像我们在把岩石拖向我们,实际上我们是把自己和我们的船拖向岩石。换个角度说,当船上有人推开岸上的岩石时,他丝毫未能影响岩石,岩石巍然不动;他只是使自己与岩石之间产生了距离,而且他越推,这距离就越大。

因此我们在做一切事之前必须首先祈祷,尤其是我们打算去讨论上帝的事。我们不可能将无所不在而又不在任何一处的那个权能拖向我们。但是通过神圣的启示和祷告,我们或许能将自己托付给祂、加入祂。

2. 现在我可能要解释一下,尽管我们的著名老师哈尔罗修斯(Hierotheus)已经写出了《神学要素》,我却还是写了这部以及其它的神学著作,好像老师所写的并不完全足够似的。如果他是打算讨论所有神学问题,并确实也对神学的所有领域提出了解说,那我就不会疯到或蠢到以为在讨论这些同样的神学主题时,我还能展示什么更神圣的洞见,事实上我就决不会重复他说过的东西,浪费时间。如果我把那仅次于圣保罗的我的导师的著名沉思和启示当作我自己的东西提出来，那就是对我的老师和朋友的莫大损害了。既然他像一位长者一样，在关于这些神圣事物的问题上作我们的向导，对我们的边界提出了浓缩的总结，并在给我们和所有我们这些新信徒的教师写的每句话中，都包容了许多的内容，我就感到应该去解释并分析他那强而有力的理智所构造的浓缩和单一的心智活动，当然我的论证只能与我自己的能力相称。

你也常常鼓励我这么做。事实上，你把他的书退还给我，说它对你是太高深了。所以，我一方面承认他是那些远远超前于普通人的高级和完善的判断的老师，把他的书视为仅仅次于那些被上帝指定的圣经著述；另一方面，我也尽我所能向与我同水平的人谈论上帝的事情。如果说只有长大成人的人才能吃干粮，①那么，要长多大才能把这干粮给别人呢？事实上我相信这是没错的：对概念的圣经的直接观照及其全面的传授是长老辈方才力所能及的，而对此之前的思考的理解与学习，是适宜于较年少地（但也仍是）圣洁的初入门者的。因此，我为自己立了条原则，不去谈论任何由我的圣洁老师已彻底讨论和解释过的事情；这样做也可以避免重复。而且，我也不在任何一段话中原文照搬他可能会提出的解释。

如你所知，我们和他以及我们的许多圣洁兄弟曾聚会，讨论那生命之源、那生育神的有死之身。② 耶稣的兄弟雅各也在场。

---

① 《希伯来书》五章 14 节。
② 学者多认为此处是在说圣母受孕之事。

那最高者、那讲述上帝的人中的首领彼得也在。当这一异象出现后,所有这些长老都尽其所能称颂那神圣的人身中的全能之善。在《圣经》著述者说完之后,便轮到我的老师。他超过了所有圣灵充满的长老,所有其他的神圣入门者。真的,他是如此地被圣灵把握住,如此地迷狂出神,体验着与被赞美之事的交流,以至于听他说话的、看见他的、认识他的(或不认识他的)人都认为他被圣灵鼓动,说神圣之颂词。

但我用不着告诉你人在那儿关于上帝讲的奇妙之事。因为如果我没弄错的话,我知道你也听说了一些那儿所讲的美好赞颂。因为你当然是十分热诚的,不肯只从二手著作中寻求神圣之事。

3. 我不会叙述那些神奇的经验。你对它们知道得很多,也不可能向大众解释它们。而且,如果有必要告知大众,以使尽可能多的人了解我们的神圣知识,他也比最圣洁的著述者花费更多的时间作此工作;正因为他有这样纯洁的心,他的解说详尽精确,他还有其它圣洁的言道,所以我不能直视这伟大的太阳。我很清楚自己并不能真正理解这些概念的真理。我远远不具有那些圣洁的人所拥有的神学真理之理解,所以要不是我在心中坚信一个人不应该忽视了他所接受的关于神圣之事的知识的话,我一定会在敬畏之中甚至不敢倾听,更不要说去谈论神圣的哲学了。我的坚信不仅是由于一个人的灵性总是渴求和追寻对超自然者的沉思所能得到的东西,而且是因为神圣法则的壮伟秩序如此命令着。我们被告知不要忙于追求超出我们之上者,因为它们超出我们该得的份,是无法获至的。① 但是律法告诉我们,去学习一切给予我们的东西,并与其它人慷慨地共享这些财富。我听从这指令,打算在寻求神圣真理所容许的东西时既不弄得筋疲力尽,也不跌倒;我意识到自己不应当误导了那些思辨力不比我高的人;这些是我写作时都会注意的。我可不会愚蠢到打算去引入新的思想。我仅仅想分析,并用一些有条理的细节去展开哈尔罗修斯如此简要地提出的真理。

四、关于"善"、"光"、"美"、"爱"、"出神"、"热诚";恶既非-存在,也并非来自-存在,也不在存在者中

1. 让我们现在讨论"善"这个名字,圣洁的著述者总是将它从所有其它名字中挑出来,描述超神圣的上帝。② 他们把神圣的实体称作"善"。这一根本之善由于自己的存在便将善性延伸入万物之中。

想一下这与我们的太阳的相似性。它并不作任何理性活动,并无选择行为,但它只存在那里便把光给予了一切能以自己的方式分有它的光照的事物。这同样也适合于**善**。善远远存在于太阳之上,是比自己的昏暗形象远为高超的原型,将自己来区分的善之光芒送向一切能以自己的方式接受它的事物。这些光芒说明了一切能理解的和有理智的存在,以及一切力量和行为。这些存在的出现与不损不减的生命皆有赖于这光芒,它们之所以能纯

---

① 《诗篇》一三一篇 1 节。

② 本章尽管有这么一个标题,内容却主要是关于"善"之圣名的(太 19:17,20:15)。

粹地摆脱败坏、死亡、形体性以及出生过程，也都全在于这光芒。它们的免于运动、流转以及一切与变化有关之事，都有赖于这光芒。它们被理解为非形体的和非物质性的；作为心智，它们也理解，只是以一种超尘世的方式理解。它们照亮了存在者的推理，并把自己所知的东西传递给自己的同类。它们居于上帝的善之中，从中吸取自己本质的基础、自己的联贯性、自己的卫护、自己的家园。它们对**善**的渴求造成了它们的本质，并使它们有了幸福。它们被自己所渴望者所塑造，从而能帮助展示善；而且在上帝的法律的要求下，它们与自己之下者分享善之恩赐。

2. 由于所有这一切，它们有超出宇宙的自身秩序、自己的统一、自己的相互关系，以及自己毫不混淆的分别。它们拥有将低者向上提升的能力，以及令在上者下到它们之下的层级的神力。它们照看着自己拥有的各种特别的能力，并使自己汇聚在一起的思想保持不变。它们极为持续地渴望**善**。它们在自身当中保存了我在我的《天使的特性与品级》①一书中所描述的属性。一切与天国阶层体系有关的事，即天使的纯洁化、宇宙之上的光照，以及作为天使完善过程一部分的成就，都来自那普遍的**原因**和善之**源头**。它们从这源头接受了任务，去见证**善**，去展现它们之中所隐之善性，以及去做神圣源泉的天使传信人，去反射在内部至圣所中闪耀的光。

在这些神圣、圣洁的理智存在者之下是灵魂，以及与这些灵魂相宜的善。它们也是从超越之**善**得到自己的存在。从而它们

---

① 已佚失。

也有理智、不朽、存在。它们可以努力争取天使的生活。以天使为美好引导,他们能被提升到一切善事的恢宏慷慨**源头**,并且能按各自的情况而享有一份从那**源头**流出的光芒。它们也以自己的方式而拥有见证**至善**的恩赐,它们还拥有我在我的《灵魂论》①一书中所描述的所有其它属性。

我们所说的也适合于非理性的灵魂,适合于天上飞的和地上爬的、水里的、两栖的以及打洞的动物;总之,适合于一切有感觉力的和活着的存在者。它们皆由于至善之存在而有了灵魂和生命。植物也由于这同一个**至善**而具有了营养功能、生命和运动。这也适于没有灵魂和没有生命的物质,它们是由于至善才存有的,它们从祂那里得到了它们的存在状态。

3. 既然至善超越万物,祂的不被形式所限制的本性便是一切形式的创造者。在祂之中,非存在却实际上是超级的存在。它不是**某**一个生命,而是超级丰沛的生命本身。它不是**一个**心灵,而是超级富足的智慧。一切分有**至善**者都分有将形式预先给予无形者的上帝。我们甚至可以说"非存在"自己也渴求超出一切存在之上的至善。"非存在"排开存在,努力企图在超越一切存在——即否定万物——的**至善**中获得宁静。

4. 我在讨论其它主题时忘了说,**至善**甚至是天国的泉源和边界的**原因**了;祂不收缩也不扩展,却产生了广漠天穹的、静静的(如果一定要这么说的话)和圆周的运行,产生了装饰天空的星光的固定秩序,以及那些特别的游荡行星,尤其是那两个被《圣经》

---

① 已佚失。

称作"大光"①的交替光源；使我们能计算我们的白日与黑夜,我们的月份与年头。它们确立了计算、测量和统一时间与事件的架构。

　　如何看待太阳的光芒呢？光来自于至善,光是这原型之**善**的形象。所以至善也被用"光"这一名字称颂,正如原型总是展示在其形象中一样。超越之上帝的善既传到了最高与最完善的存在形式中,也传到最低的形式中。同时祂又保持在所有形式的存在之上,比最高的存在还要高,虽然祂甚至伸展到最低的存在中。祂给予一切能接受光者的光,创造它们,使它们活着,保存和完善它们。万物皆在祂这里找尺度、永恒、数字、秩序。祂是包容宇宙的权能。祂是宇宙及其终结的**原因**。

　　巨大的、闪亮的、永远发光的太阳是神圣之善的明白形象,是至善的遥远回声。它照亮了一切能接受它的光的东西,但又永远不会失去它完全的光。它把光芒撒向所有可见的世界；如果有什么东西不能接受光,那么错误并不在遍布之光的什么弱点或缺陷之中,而在无法分有光的东西的不适应性之中。因为光当然是照到了许多这类物质,并照亮了许多超过它们的其它物质。实际上,光在可见世界中富足充沛地照到了每样东西。它产生了可见的物体；给予它们生命,养育它们并使它们成长,完善它们、纯洁它们、更新它们。

　　光也是钟点、日子、以及我们所有时间的尺度与计数者。根据神圣的摩西的记载,当初无形之光在时间的开端区分出最初的

---

① 《创世记》一章 16 节。

三天。①

至善令万物向祂回归,并将一切可能散失者聚集在一起,因为祂是神圣的**源头**和万物总体的统一者。每个存在者都把祂视为泉源、凝聚者、目的。正如《圣经》所见证的,**至善**产生万物,而且是彻底完善的**原因**。在祂当中"万有靠祂而立",②而被维系和保存,就像在一个宏大的容器之中似的。万物以祂为自己的目的而向祂回归。万物皆渴求祂:一切具有心智和理性者寻求着认知祂,一切有感觉的生物渴望感受祂,一切缺乏知觉而有生命和本能的东西都欲望着祂,一切无生命而仅仅存在的东西都以自己的方式转向祂、分有祂。

这也同样适用于光——至善的可见形象。它也吸引万物,令万物转向它;一切能观看的东西、能运动的东西,接受光与温暖的东西、被普照之光哺育的东西。它是太阳,因为它使万物成为一总体并聚拢了那四分五裂的事物。③ 一切可见事物皆寻找太阳,因为它们寻求看见、被运动、接受太阳的光和温暖、被太阳维系在一起。古老的神话曾把太阳描写为保佑的神祇和这一宇宙的创造者。我并不这么说。但我确实说:"自从造天地以来,上帝的不可见的永能和神性就已经借着所造之物被明白知晓了。"④

5. 这一切在《象征神学》中都已讨论过了。我在这儿要做的是称颂"光"这一词在用于**至善**时的概念内容。

---

① 《创世记》一章 3 - 5、19 节。
② 《歌罗西书》一章 17 节。
③ 参看 Plato,《克拉底鲁》,409a。
④ 《罗马书》一章 20 节。

至善被描述为是心灵之光,因为祂用心智之光照亮所有超天界存在者的心智,而且因为祂将盘踞在灵魂中的无知与错误驱赶出去。祂给灵魂各自一份神圣之光。祂消除了围绕灵魂的心智之目的无知之雾,祂激励并解放了那些双眼紧闭和背负着黑暗的存在者。一开始祂少量地放出光,然后,随着对光的愿望和渴求的开始增长,祂逐渐加大送出自己,越来越充沛地照耀它们,因为它们"爱得多";①祂总是鼓励它们不断在其能力允许的范围内向上追求。

6. 所以,高于一切光之上的至善被给予了"心智之光"、"光芒"、"流溢的照耀"等名字。祂把自己的光充满那高于和超出世界的心灵,以及环绕和内在于世界的心灵。祂更新它们心灵的一切力量。祂列于万物之上,故跨出万物之上。祂超越万物,故先于万物。十分简单,祂在自身中汇集并高超地预示了一切光照力量的权威,因为祂是光的源泉,并且实际上超越了光。所以祂将一切拥有理性和心智的事物集为一统一体。因为正像无知使无知者四分五裂一样,心智之光的出现聚集与统一了接受光照者。祂令它们完善。祂令它们回转向那真实者。祂使它们从它们的无数错误观念中回转,用那唯一的统一之光充满它们,祂把它们相互冲突的幻见汇聚为一个单一的、纯粹的、连贯的,和真实的知识。

7. 圣洁的著述者向这个至善献上了赞美诗。他们称祂为美

---

① 《路加福音》七章 47 节。

的、美、爱,以及被爱的。① 他们用这些名字,因为它们表明了祂是爱之源泉源,是恩典的流溢。

但我们在把"美的"和"美"用于统一万物的**原因**时,不要在这两个名字间作区分。我们在可理解事物中可以看到被分有的属性和分有属性的物体之间有不同。我们把分有美的物体叫做"美的",把作为万物中美的原因的那一要素称作"美"。但超出个体之上的"美的"(事物,即上帝)也被称为"美",因为祂把美给予万物——按照各自的本性。祂拥有这个名字是由于祂是一切事物中和谐与美好的原因,由于祂像光一样把自己引起美的闪耀光芒照到万物之上。美将万物召唤向自己(当祂被称为"美"时),②并把一切事物都聚集在自身之中。他把祂称为美的,因为祂是全然美好的,是超出一切的美者。祂永远如此,不变换、不变化;祂是美的,但不是像那些有生有死、有长有衰的东西,并非在一个方面美好而又在其它方面丑陋。祂不是"现在"美而"其它时间"又不美,不是与某一事物联系起来美,但与另一事物联系就不美了。祂并非在一地美,但在另一地就不美,好像祂能对有些人美,而对另一些人就不美了似的。决不是这样!祂在自身中、根据祂自身,便是独特的和永恒的美。祂在自身中便是一切美的事物的超级丰盛的美之泉源。在那一切美的事物的单纯但超越的本性中,美与美者作为其泉源而独特地在先存在着。从这一美之中产生

---

① 《雅歌》一章 16 节;《约翰一书》四章 16 节;《以赛亚书》五章 1 节;《诗篇》四十五篇 2 节。

② 作者在"Kallos"(美)与"Kaleo"(召唤)之间做的文字游戏,也可参看 Plato,《克拉底鲁》,416c。

了万物的存在,各自都展示着自己的美的方式。因为美乃是和谐、同感受、团体的原因。美统一万物而为万物泉源。祂是伟大的创造之因,祂振兴世界并通过万物内在的对美的追求,而使它们保持存在。祂先于一切而为**目标**,而为**被爱者**,因为祂是它们的**原因**。正是对美的渴求使万物进入存在。祂是它们遵循的原型。

所以,至美者与至善者是同一的,因为万物皆以至美与至善为存在之因;世上没有任何东西不分有一定的至美与至善。我甚至还敢说"非存在"也分有至美与至善,因为非存在可以在万物之否定的意义上被用于超越地描述上帝,从而自己也便是美的和善的。

这一"太一、至善、至美"在其独特性中是众多善的和美的东西的**原因**。从祂当中产生了一切存在个体的存在、它们的共同点与差别之所在、它们的共同处和不同处、它们的相似性与不相似性、它们之分有对立属性、它们保持属性不变的方式,产生了高级存在者的统治、同层存在者的相互关系、低级状态存在者的向上回转、万物在自身中的持续不变和基础,以及万物与自身能力相称的相互关系,以及它们之间所形成的并不抹煞区别的和谐与爱,以及万物的内在团结,以及万物的相互渗透,事物的持存,事物的无止息的涌现,以及一切静止和心智与灵魂与身体的振作。

万物皆有静、有动;这来自那超越一切静止和运动之上,并根据适当原则建立每个存在者的上帝,祂给予了每个存在者与自身相称的运动。

8. 神圣的理智据说是这样运动的。首先,当它们与无始无终地出自至善和至美者的光明合为一体时,它们圆周地运动着。然后,当它们在神命之下为所有比它们低的事物提供无误的指导时,它们直线地运动。最后,它们螺旋地运转,因为尽管它们为低于它们者提供指导,它们仍保持为自己不变,而且它们还不停地环绕着产生所有同一性的至美与至善者。

9. 灵魂也有运动。首先它作圆周运动,即它在自身中旋转,与外面无关;它具有一种理智力量的内在凝聚。某种固定的旋转使它从外在物的杂多状态向自身回归、汇聚,然后在这种未分散的情况下,联合那些本身就在强而有力的统一中的事物。旋转运动由此把灵魂引向至美与至善,这是超越万物的、是一和等同、既无起源也没终端。但是当灵魂按自己的能力接受神圣知识的光亮启蒙时,当它这么做并非根据心智或根据自身特点的某种方式,而是通过推理和混合的与可变的活动时,它便以一种螺旋式方式运动。当它不是环绕自己的理智统一体(这是圆形的)周转而是朝向环绕它的事物时,当它感受外在事物而来的影响,就像感受多样的和多重的象征符号而来的影响,从而朝向单纯的和统一的沉思活动时,它便是在作直线运动了。

10. 全善与全美是这三种运动的原因,是可见物体领域中运动的原因,也是各种运动的预先保持、成立和基础。祂维系了它们。祂是它们的目标,而自身超越了一切运动与静止。祂是运动与静止的泉源、起源、维系者、目标或目的。心智与灵魂的存在与生命由祂而来。从祂之中还产生了自然中小的、同等的,以及大的东西,产生了万物的尺度与比例,事物的混合、总体,以及部分,普遍之一与多数、部分之间的连接、万物背后的统一、整体的完善。从祂之中产生了质、量,大小与无限,聚合与分离,无边界者与有边界者、范围、秩序以及超级成就,要素与形式,一切的存在、力量,以及行动;一切状态、知觉,以及表达;一切概念、把握、理解、一切统一。简而言之,一切存在均从至美至善者中产生,在其中存在,并向祂回归。所有已存在的和正在生成的事物都是依靠至美至善者方拥有了存在。万物皆服从祂、万物都为祂所运动、万物都被祂所维系。一切泉源都为祂而存在,因为祂而存在,并存在于祂之中,不管这些泉源是示范性的、目的性的、效果性的、形式的,还是要素式的。总之,所有的泉源、所有的维系与中止、所有万物本身,都来自于至美至善者。甚至不再存有者也超越地存在于至美至善者之中。祂是超越所有泉源者的泉源,是超越了完成的结束。正如《圣经》上说的:"因为万有都是本于祂、倚靠祂、归于祂。"①

所以,至美至善者必然是万物所欲望、渴求和热爱的。由于祂而且为了祂,下层的存在向高超的存在回归,同类者与同类者团结,高超者按神意而转向在下者;每种事物都振奋自己,万物都由于渴求至美至善者而纷纷行动起来,做许许多多的事情。或许,我们甚至可以大胆地说,万物之原因也在祂超丰盛的善之中厚爱万物;祂因为这善而创造了万物,使万物完善,维持万物,回转万物。神圣的渴求乃是至善,为了至善的缘故而寻求善。这创造了世上一切善的渴求,超丰盛地预先存在于至善之中,不会让祂无所作为。它振奋祂用自己丰沛的大能创造了世界。

---

① 《罗马书》十一章 36 节。

11. 请不要以为我对"渴求"一词的首肯使我与《圣经》有所冲突。① 在我看来,只看词句而不看词义的力量,是没道理和愚蠢的。任何试图理解神圣事物的人都不应该这么干,按这种程序干的人的耳朵从不放过空洞的声音;他们闭上耳朵,因为他们不想了解具体词句的意义是什么,也不想知道如何用同等的,但更为有效的词句来表达同一个意思。这种人关心的是无意义的字母和句行、音节与词组,他们实际上并不理解这些东西,并没用他们灵魂中的思考部分对之进行考察,他们只不过是在其嘴巴和耳朵里造成了一些空洞的声响。用"两倍的二"来解释"四",用"直线"解释"径直的线",用"祖国"解释"母邦",以及所有这类在意义完全一样的词之间搞交换,是极为错误的。我们须明白这一事实:我们由于感觉才用字母、音节、词组和书面词语。但是当我们的灵魂在理智的能量推动下向理智事物运动时,我们的感觉以及一切与之有关的东西就统统不再有用了。同样的事也发生在我们的理智力身上,当灵魂圣洁化之后,理智力通过一种非认知的统一而不为人见地汇聚在那"人不能靠近的光"②的光芒上。当心灵由于知觉的工作而被驱动去思考概念时,它特别珍视最不混杂的知觉、最清楚的字词,以及最能被清楚看见的东西。因为当感觉材料混乱不清时,感觉自身便无法向心智作正确的报道。如果我这么说时似乎像是在误解《圣经》,那么就请对"渴求"一词批评的

---

① 关于"渴求"(eros)与"爱"(agape)的讨论,持续到下面第 18 节。"渴求"(eros)亦可译为"爱欲"。此处不作此译,以免与 agape 混。

② 《提摩太前书》六章 16 节。

人听听这句话:"要爱她,她就保守你。高举她,她就使你升高;尊荣她,她就怀抱你。"①《圣经》中还有许多段落是赞颂对上帝的渴求的。

12. 确实,我们有些关于神圣事物的著述者曾认为"渴求"比"爱"是更神圣的称号。圣依纳爵(Ignatius)写道:"我所渴望的祂被钉十字架。"在先导性的《圣经》中你可以看到关于神圣智慧所讲的这句话:"我渴求她的美。"②所以让我们不必害怕"渴求"这个名称,也不为任何人关于这两个名字所说的话而困扰,因为在我看来,神圣的著述者把"渴求"与"爱"是看成意义完全一样的。当谈及神圣之事时,他们给"渴求"加了一个"真正的"字,因为"渴求"一词对人来说有不合宜的含意。"真正的渴求"不仅被我们而且被《圣经》使用。但有些没有理解渴求用之于上帝时的意思的人却自然而然地去想一种片面的、肉体的,以及分裂的渴求。这并不是真正的渴求,而是真正渴求的一个空洞形象,甚或歪曲。事实上,人是无力把握那唯一的神圣渴求的单纯性的,所以这个词对大多数人都显得不顺眼。只有靠神圣的**智慧**来提升他们,把他们提高到能认识什么是真正的渴求。这样一来,他们就不会不高兴了。我们很清楚,许多低下的人认为在那句可爱的话中有荒谬的东西:"对你的爱来到我身上,如同对妇女的爱一样。"③对于那些正确地倾听神圣事物的人来说,当那些神圣的著述者在神圣

---

① 《箴言》四章 6、8 节。
② 《所罗门智训》八章 2 节。"狄奥尼修斯"并不认为此书是伪经或次经。所谓"先导性的",可能是在把《旧约》看成《新约》的"先导"的意义上说的。
③ 《撒母耳记下》一章 26 节。此处引文与七十士译本《圣经》的行文不完全相同。

启示中运用"爱"这个名字时,与"渴求"一词的含意完全一样。所指的都是一种在至美至善者之中造成统一、联合,和特别的混合的能力。这种能力由于至美至善者而预先存在。它通过至美至善者而从至美至善者中被分配给万物。它将同一层级的事物联合在一个相互关怀的统一体之中。它推动在上者援助在下者,鼓励在下者向在上者回归。

13. 这种神圣的渴求产生了迷狂出神,结果爱者不再属于自己而是属于被爱者。这一点展示在在上者慷慨给予在下者的神佑之中;这一点也展现在同等者相互的关怀之中;这一点还展现在在下者朝在上者的圣洁回归之中。因此,伟大的保罗在充满对上帝的渴慕而欣喜出神时,说出了如此富于灵性的话:"现在活着的不再是我,乃是基督在我里而活着。"[①]保罗是真正的爱者;正如他所说的,他为上帝而迷狂出神,[②]不再拥有自己的生命,而是拥有他所渴求的、极为他所爱的太一的生命。

事实上,我们还必须说:在上帝仁爱地渴求万物的美好丰沛之中,上帝即宇宙的原因也在对万物的厚爱关怀中被带出自身("出神")。祂就好像是由于善之愉快,由于爱和渴求而被从神的超越居处引导开,降临于万物之中,祂这么做所借助的仍是祂超自然的、保留于自身之中的出神能力。所以,具有灵性洞见的人把祂描写为"热切的",因为祂对万物的善良渴求是如此伟大,因为祂在人心中激起对热诚的深深的渴望。祂以这种方式证明自

---

① 《加拉太书》二章 20 节。

② 《哥林多后书》五章 13 节。

己是热切的,因为人总是对于所愿望者感到热诚,而且因为祂对祂所养育的生灵是热切的。简而言之,渴求与渴求的对象都属于至美至善者。它们在祂当中预先存在,而且由于祂而存在和生成。

14. 不过,为什么神学家有时把上帝说成是**渴求**与**爱**,有时又说成是被渴求者和被爱者呢?一方面祂引起、产生和制造这里提到的东西,另一方面祂是事情本身。祂由它而振奋,祂也振奋它。祂被向它运动,祂也运动它。他们称祂为被爱的和被渴求的,因为祂是美的和善的;他们又称祂为渴求和爱,因为祂是推动和提升万物朝向祂来的力量;因为说到底,祂正是那至美与至善,本着自身并启示自身的太 ,是自身超越统一体的美好进程。祂渴求运动、单一、自我推动、自我作为、预先在至善中存在,从至善中流向所有存在者,并再一次向至善回归。在这当中,神圣的渴求特别展现了自己的无始无终本性:通过至善、来于至善、在至善之中、朝向至善而作无止境的圆周运转;永远围着同一中心、永远朝着同一方向、永远进行、永远停留、永远向自身回复地无误旋转着。这一切都由我杰出的老师在他的《渴求的赞美》一书中,充满圣洁灵感地探讨过了,书中有一神圣章节,尤其值得我们在谈论渴求时加以回顾。

15. 摘自最圣洁的哈尔罗修斯所着的《渴求的赞美》:当我们谈论渴求时,无论所谈者是上帝的,还是天使的,是心中的还是精神中的,或是自然中的,我们都应想到一种统一与汇合事物的力量,它推动在上者关照在下者,同等者与同等者分享,在下者向在上者和杰出者回归。

16. 摘自同一人的同一书：我已按适当的秩序叙述了出于太一的众多渴求，我也解释了与世界之中和之上的渴求相应的知识与力量的本质。根据我们论证的清楚意向，这一切都被理智的和可理解的渴求的层级所超过。在它们之上是最为真实美好的渴求，它们是自明的和神圣的，它们受到了我们应有的赞颂。但更进一步，让我将所有这些渴求都聚集在一个单一的渴求中，它是一切渴求之父。首先我将把它们一般的渴求力量一分为二。一切渴求的、不可阻挡的原因对于它们来说是主宰的、优先的，是超出所有它们的原因，确实是普天之下万物尽其最大能力向上追求的目标。

17. 摘自同一人的同一本书：来吧，让我们再一次把所有这一切都汇总成一个统一体，让我们说有一个单纯自我运动的力量，祂引导万物汇合为一；祂起自至善，达于最低的造物，然后按适当的秩序经过所有的阶段后回归至善，从而作永恒之圆周运转：离开自身、通过自身、环绕自身、朝向自身。

18. 也许有人会说：假设至美至善者是万物所渴求的、愿望的和热爱的——正如我已经说的，甚至非存在者也希望在祂当中找到一个位置，因为祂甚至在无形者中也唤起形式，这就是为什么我们说"非存在"也超越地存在于祂当中——假设至美至善者确是这一切，为什么众多魔鬼对祂毫无愿望，反而倾向于物质的东西，并从对至善的天使式渴求中堕落了？事实上，这成了对它们自己恶和对别人恶的原因。为什么完全缘起于至善的魔鬼自己却未被塑造为与善相像的呢？为什么这些至善的美好产物却变质了呢？是什么把它们弄成恶的呢？什么是恶？恶从何处而来？

在那儿发现恶？为什么至善自己会愿意让恶存在？祂决意让恶存在后又如何造出了它？进一步讲，如果恶是源于一个不同的原因的话，在至善之外怎么会有其它的原因呢？如果确有神意统治，怎么会有恶存在、生成、排除不掉呢？怎么会有些东西宁愿选恶而不选至善呢？①

19. 感到困难的人会这么说。但我现在要请他看看事情的真理，我将努力说以下这些话，作为一个开头。恶并不来源于至善。如果它来自至善，它就不会是恶了。火不会令我们寒冷，同样，至善也不可能产生不善者。如果万物皆来自至善——至善自然地给出存在、保存存在，就像恶自然地企图败坏和毁掉存在一样——那么就不会有存在者来于恶了。恶如果作为恶而作用于自己恶无论如何也就不存在了；而恶总要是不对自己也恶的，它便不是彻底的恶，它便总在使自己存在的自身中还有些善的成分。如果具有存在的东西也对至美至善者有渴望、如果它们的所有行为皆为看上去是好（善）的事而做、如果它们的一切动机皆以至善为其泉源和目的（因为没有谁会在看到恶的本性时干坏事），那么存在者中怎么还会有恶的位置？恶既然失去了良好（善）的目标，又怎么可能存有呢？再者，如果一切存在者皆来源于至善，而至善本身超出存在之上，那么不在存在之中者必应在至善中了。

恶并非一个存在；因为如果它是的话，它便不会是完全的恶

---

① 本章余下部分是关于"恶"的讨论。文中明显用了 Proclus 的著作，从而应属于公元二〇〇年写的，"狄奥尼修斯"只是托名。

了。恶也不是一个非存在；因为无物是全然的非存在，除非是在"超出-存在"的意义上的至善。因为至善远在简单的存在和非存在之前和之上便建立了。相反，恶不在存在者之中，也不在非存在者之中。它比非存在具有更大的不存有，离至善更疏远。于是有人要问：恶是从哪儿来的呢？如果恶没有存在的话，美德与邪恶就必须是一模一样了，不仅总体上而且在细节上。而且与品德冲突者也不会是恶的。中庸的对立面是过分，正义的对立者是不义。我在这儿也不是谈论正义的与非正义的人、中庸的与过头的人，因为早在有德之人或其对立者的可见证据之先，灵魂当中便在品德与邪恶之间有了区分，在激情与理性之间便有内在冲突。所以，人必须承认有某种与善相背者，而这就是恶。善并不与自身相背。它来自于单一的源泉，是单一原因的结果，所以它在交往、统一、和谐中感到快乐。一个较少的善并非一个较大的善的对立面。微热、微冷并非较热、较冷的对立面。因此恶是一个存在。它在存在者之中。它是至善的对立面，与祂相背。如果它摧毁了存在者，它不会因此而失去自己的存在。它保持存在，并传给下一代，不是常常可以看到一物的毁灭是另一物的诞生吗？因此，恶也参与世界的完成，并且通过自己的存在防止世界的不完善。

20. 对此的真正回答是：恶作为恶从来也不会产生存在或生成。它所能做的一切便是利用一种有限的方式减损和摧毁事物的基质。假如任何人说它是事物的产生者，或通过毁掉一物而生成另一物，我们的正确回答是：恶并不是从它的摧毁性本身做成此事的。它作为摧毁与恶，只是毁坏和减损。其生成与存在都是由于至善而出现的。也就是说，恶在自身中是一股毁灭之力，但通过至善的工作，它便成为一种生产的力量了。恶就它是恶来讲，它既非存在，也不产生存在，而通过至善的工作，它就是一个存在，一个良好（善）的存在，并把存在给予好（善）的事物。当然我们不能在同一个方面把同一个东西既称作好的，又称作坏的；同样我们也不能将在同一关系中发挥同一功能和机能的（不论这种功能和机能是生产性的或是毁灭性的）同一件东西称作摧毁的与生成的能。所以，恶在自身中既无存在、善、生产力，也无创造具有存在和善的东西的能力。但是至善在其所完全呈现之处，却成功地产生了完善的、无瑕的、总体的善。当事物较少地分有它时，善便是不完全的，并且与它对至善的缺乏成比例地与其它成分混杂。

所以，恶既不是善，也不产生善；万物只由于自由趋向至善而是善的。完善遍及万物而不仅仅只及于周边善良的邻居。它远至事物中最低者。① 它在有些事物中充分呈现，在另一些事物中少一些，又在一些事物中最少。其呈现之多寡与这些事物接受它的能力成比例。有些能完全分有至善，有些多少能分有一些，另一些只分有一小点，再有一些，至善对它们只是遥远的回声了。至善与事物的能力相称而呈现。这应当如此，否则的话，最荣耀的、最神圣的东西便与最低下的东西处于同一水平上了。既然并非万物皆同等地能接受一份善，它们如何能分有相同多的至善

---

① 《所罗门智训》七章26节，八章1节。

呢？不过，"祂无比浩大的善之力量"①显示在祂甚至把力量给予那些缺乏它的事物，只要它们分有它。如果我们要把真理讲完全的话，那么便应说：甚至抗拒它的事物的存在和抗拒能力也还是归于它的力量。

简而言之，万物就其为存在的而言，都是善的，都来自至善；它们对善与存在的不足，与它们对至善的疏远程度是成比例的。说到其它属性，如热与冷，经历了热的东西也能再失去热。事实上还有既无生命又无心智的东西。上帝处于存在的水平之上，从而是超越的。不过，对于一般存在者来说，如果它们失去了某个属性，或从来就不曾有过它，它们仍然还拥有存在和实体。但是，完全缺少至善者便从来没有、现在没有、将来不会有，永远也不可能有任何一种存在。试举一个生活无度的人为例。与他的非理性冲动成比例地，他也缺少至善。他在这个意义上是缺少存在的，他的欲望也是追求没有真实存在的东西。但他总还分有一些至善，因为在他身上还有一种对真正的爱和真正的统一的扭曲了的回声。就愤怒是一种企图治疗恶，一种把表面的恶转向表面的善的冲动而言，愤怒也分有一定的至善。即使欲望最低形式的生活的人也还是在欲望生命——一种在他看来是好（善）的生命。所以，就他感到了对生命，而且至少是对他来说看上去是有价值的生命的欲望来讲，他分有着至善。消灭了至善便会消灭存在、生命、欲望、运动和一切事物。所以并非恶的力量从毁灭中带来了生成；是至善——不管多么小的一份至善——带来了生成。疾

---

① 《以弗所书》一章 19 节。

病是一种错乱,但它也不会消灭一切,否则的话,它自己也无法存在。而疾病是持续存在的。但它存在于最低的层级,只是一种最小程度的出现。因为完全不分有至善者既没有存在,也在存有中没有任何位置;而具有综合本性者则由于至善而在存在物之中占有一个位置,这位置和它的存在的大小,与它对至善的分有程度是成正比的。换句话说,存在的万物拥有或多或少的存在,都是根据它们分有或多或少的至善而定的。因为就存在而言,丝毫没有存在的东西根本就不会存在;而在某些方面有、在另一些方面没有存在的东西,从它自永恒存在跌落的意义上讲是不存在;但就其还分有一份永恒存在而言,它在这个范围中是存在的,而且它的整个存在与非存在都受到保护和维系。

恶的情况也一样。完全从至善跌落者在或多或少是善的事物中没有任何位置。在某些方面善而在另一些方面不善者只是与某种特别的善冲突,而不是与至善总体冲突。它仍由于自身当中分有了一些至善而得到保护,故至善给予缺乏至善者以实存,正是为了使它们能(最终)充分分有至善。倘若将至善全部移走,就不会有好(善)的事物,也不会有混合者,也不会有绝对之恶。因为如果恶是不完善的**善**,那么至善的完全阙失便会消灭完全的和不完全的善。恶只有在与它的相反者对立之中才可能存在和被认识,因为它可以与善者清晰有别(而立)。同一类事物不能在同一个方面完全地相互矛盾冲突。所以,恶不是一种存在。

21. 恶也不内在于存在之中,因为如果一切存在者都来源于至善,至善内在于、包容着一切存在者,那么恶在存在者中便毫无位置;否则的话,恶便存在于至善之中了。但恶决不可能处于至善之中,就像寒冷不可能处于火之中一样。变恶的能力不可能在实际上将恶转化为善的事物中找到。

不过,让我们假想一下恶可以在至善中被找到。它是怎么会进入到那儿的呢?是从至善中产生的吗?那是荒谬而不可能的,因为《圣经》中说得很清楚:"好树不能结坏果子",[①]反过来也一样。如果它不可能发源于至善,那么它必须有其它的泉源和原因。即,恶是从善来,或善是从恶来;如果这不可能,那么善与恶均需发源于一不同的泉源和原因。二重性者不可能是产生之源,所有二重性者均源于单一性者。同样荒谬的是认为两个相反者会从同一个起源得到它们的存在与起源,因为这么一来,泉源自身便不是单一与独特的,而成了分裂的、双重的,处于内在矛盾与不和谐之中。进一步讲,相互冲突的存在之源不可能存在于相对立者和万物之中。倘如这是可能的,那么上帝自身亦不能幸免于痛苦和遭难,因为祂也会受到困扰;结果世上万物都会处于永远的争斗与不和之中了。但事实上圣洁的神学家却赞颂至善给万物带来了友爱与和平,从而令一切好的(善的)东西都显示出友爱、内在和谐,以及它们从太一生命的派生。这就是为什么它们转向那唯一至善;这就是为什么它们是相似的、仁爱的、相互友善的。因此,恶并不居于上帝之中,并非上帝的,并不来源于上帝。因为要么上帝不是善的,要么祂只创造善的东西。祂不会有时创造善,有时不创造;不会把有些东西做成善的,但却不把万物都做成善的。如果祂真会这么做,那祂就陷于变化之中——祂最神圣

---

① 《马太福音》七章18节。

的方面,即作为**原因**的工作,便是会变动的了。而如果祂的至善是祂的实体的一个方面的话,那么当祂从至善转开时,祂便是在存在与非存在之间来来回回了。当然,如果祂拥有的一切只不过是分有至善,并且是从别处得到它的,那么祂只能是有时拥有,有时没有。

所以,恶并非来自上帝,也不在上帝之中,不管是绝对的还是在某个时间段上。

22. 恶也不在天使之中。因为如果好(善)天使是报送神圣之善的消息的,那么他自己也分有这最先产生出来的善——他自己离这善的距离最近。天使是上帝的形象。他是隐秘之光的展现,他是一面纯洁、光亮、无损、无污的镜子;①他可以说是在接受着神圣之善的充沛厚爱,并尽可能地用内部圣殿中的宁静之善的光芒,照亮自己的内心。所以,天使之中没有恶。说他们是"恶的",只是指他们分配给罪人的惩罚。当然,从这个角度讲,一切处罚犯错者的人都是"恶的"。正像把渎神者从神圣的奥秘处赶走的教士一样。然而,真正的恶并不是受了惩罚,而是做了应受惩罚的事。被从神圣事物那里公正地赶走,这并不是恶。不洁净和不相称于神圣事物的情况才是恶。

23. 甚至连恶魔也非由于本性而恶的,因为如果是这样的话,魔鬼就不会起源于至善了。他们也不会属于存在的东西,也不会从善堕落——如果他们从本质上说从来就是恶的话,那么问题便是:他们对于自己或对于别人是完全恶的吗?如果是前者,那么

---

① 《所罗门智训》七章 26 节。

他们便是自我摧毁的；如果是后者，他们以何种方式带来毁灭？他们所毁掉的是什么？他们消灭存在？力量？行动？如果他们摧毁的是存在，那么首先，他们不可能真正地消灭自然地产生的事物。他们无法消灭从本性上说是不可毁坏者，只能消灭事实上能被毁掉者。其次，被毁一事并非在任何情况和任何环境中都是恶的。不管怎样，存在者不可能在自己的存在和本性的领域中被毁灭。毁灭事实上是它在自然秩序中的一种失败。这是和谐与匀称的表现的退化。但这也不是一种**完全**的缺点，否则的话，毁灭过程本身以及遭受着毁灭的存在者都早已被消灭掉了。而这就与自我毁灭相同了。所以真正发生的不是恶自身，而是善的缺失。完完全全不分有至善的事物是不可能在存在者中找到的。

同样的原则也适于能力或行动的毁灭。进一步说，魔鬼不可能是恶的，因为他们也源于上帝。至善是善的事物的创造者和维系者。如果这些事物被称为恶的，那不是就其存在而言，因为他们起源于至善，都接受了一份善的存在；他们的恶是因为他们缺乏能力"守住他们的本源"①（如《圣经》所说），从而缺少存在。请问魔鬼如何变恶的？难道不是由于他们终止了神圣的善良事物的习性和行为吗？倘非如此，则魔鬼是本性即恶，而且必然永远是恶的。但是恶是非永久的，而且如果魔鬼总是处于同一状态中的话，他们就不可能是恶的了。永久性是至善的一个属性；如果魔鬼并非永久的恶，那么他们便不是本性即恶。他们的恶在于他们缺乏天使的品德！所以，他们并非完全不分有至善，因为他们

---

① 《犹大书》6 节。

当然存在着、活着,而且发挥其智力并感受着某种欲望的冲动。他们被称作是恶的,原因在于他们的本性活动的软弱。他们的偏离正道、背弃适宜于他们的东西构成了他们当中的恶。这是他们当中的一种缺失、一种不完善、一种无力。这是一种弱点、一种错误、一种对完善自身的能力的抛弃。

他们中的恶是什么呢?是不讲道理的愤怒、没有头脑的欲望、一意孤行的幻想,但即使是这类东西,尽管是在魔鬼中找到的,也非完全彻底的、内在的恶。因为在其它的生物中,不是这类东西的拥有而是缺失,才毁了一个生物,从而是恶。拥有它们能够有助于生活,可以塑造拥有它们的生物的本性。所以,魔鬼一族的恶不是由于天性,而是由于违反本性。被给予他们的完全之善并没被改变,只不过是他们从所受之完全的善当中堕落开了。我要强调:被给予他们的天使般的恩赐从未内在地被改变,即使当魔鬼由于无力认识善,而不能注视这些恩赐时,恩赐也还是灿烂辉煌而完完全全的。

一切存在者,皆来自于至善,皆是善的,并欲望着至美至善者,从而欲望存在、活着和思考。他们之所以被称作恶,是由于缺乏、抛弃和拒绝了对他们合宜的品德。他们的不存在有多大,他们的恶便也就有多大;只要他们愿望着恶,他们便是在愿望没有真正存在的东西。

24. 也许有人会说灵魂是恶的。他们的理由是当人的灵魂没法避开恶时,便与恶有了交往,但这可不是恶。这是至善产生的善在把恶转变成善。

但是如果他们这么说的理由是我们承认灵魂能变恶,那么这是什么呢？不正是在善良习性和行为的领域中的一种缺陷，一种由于内在的软弱而从善良品行的堕落？我们说由于光的缺乏、没有，周遭的空气变暗了。但光本身永远是光，而且照亮黑暗。关于恶也一样。它并非**作为**恶而存在于魔鬼或我们之中。它真正说来只是一种缺乏，一种内在美德之完善的缺失。

25. 恶也不存在于非理性的动物之中。如果取走了据说是本性的恶——但事实上并非如此——的愤怒、欲望等等，那么没有了勇气与骄傲的狮子也就不再是头狮子了。价值在于能让主人靠近但赶走生人的吠叫之犬也不再是一条狗，如果它对所有人都摇尾讨好的话。所以，恶不会是对事物自身本性的摧毁；对本性的毁灭是在自然品性、行为、能力的减弱与缺少之中。如果时间中产生的万物都有它们命定的完善，那么它们的不完善便不会完全与本性（自然）相冲突了。

26. 恶并非作为整体的自然界的一个内在部分。如果所有的自然规律都来源于普遍的自然体系，那么就不会出现矛盾冲突了。只有在具体事物的领域中，才能说某样东西是自然的或是非自然的。在一个方面非自然的不一定在另一方面也是如此。自然界的恶是反自然的，是应当存在于自然中的东西的缺乏。所以，不存在恶的"自然"（本性），①因为这对于自然是恶的。不如说，恶乃是在于事物之无能到达它们的自然的完善顶点。

27. 我们身体之中也没有恶，因为丑陋与疾病是形状上的缺陷和应有秩序之缺乏。这不是什么纯粹之恶而是较少的美。如

---

① 可译为"自然"或"本性"。

果美、形状和秩序能被全部毁掉,那么身体本身也就消失了。

很明显,身体并非灵魂中恶的原因。恶之来到不必借助于一个身体,这从魔鬼便可以看出。心灵中、灵魂中,以及身体中的恶乃是它们的自然品德状态的虚弱或缺陷。

28. 所谓恶内在于**作为**物质的物质之中的通常说法毫无真理可言,因为物质也分有一定的宇宙、美丽和形式。如果物质没有这些东西,如果它内在地缺乏性质和形式,如果它甚至缺乏受影响作用的能力,它怎么能产生任何东西呢?

物质当然不可能是恶。如果它没有任何意义上的存在,那它既非善,又非恶的。如果它有某种存在的话,那必是得之于至善,因为一切存在皆起源于至善。所以善产生恶,因为来自于善的恶也是善的;否则的话,至善本身是由恶所产生的了,并由于这种起源而成了恶的。要么,有两种泉源?但即使如此,这两种泉源还是要进一步从某个更早的泉源之中产生出。

如果物质被说成是整个宇宙的完全实现的一个必要条件,物质怎么可能是恶呢?恶与必要条件是两种不同的东西。至善怎么能从恶中产生什么存在物呢?物质既然需要至善,怎么会是恶的呢?因为恶总是从善的本性(自然)逃开啊,如果物质是恶的话,它怎么能产生和维持自然呢?恶**作为**恶不能产生、维持任何东西,不能制作或保存任何事物。

如果肯定了物质并不导致灵魂中的恶,但又说它把灵魂向下拖,这也没道理。因为许多灵魂直接向至善观看,而如果物质把灵魂完全向下拖到恶中,这又怎么可能呢?所以灵魂中的恶并非起源于物质,而是来自于无序和错误。

如果灵魂据说总是追循物质,不能自己站立的事物具有的是不稳的物质,那么恶还有什么必要,或这种必要为什么一定是恶?

29."丧失"也不是靠自己的力量与至善冲突起来。它是一种部分的能力,具有某些力量;这倒不是因为它是"丧失",而是因为它不是完全的丧失。缺少善并非即是恶,如果不是完全的缺少的话;当善完满之际,恶也就消失。

30.总而言之,善来源于唯一的普遍**原因**,恶来源于多种部分的缺失。上帝在善的形式之下知恶;对于上帝,恶的事物的原因也是能产生善的能力。但是如果恶是永恒的、创造性的和强而有力的,如果它有存在而且活跃,那它是从哪儿获得这一切的?从至善?从由至善产生的恶?或是二者又从什么其它的原因,自然中的万物的起源皆在于某个特定的原因,如果恶没有特定的原因,那它必然是违反自然的;而违反自然者不可能存在于自然之中,就像"缺乏技术"不可能属于技术之一种一样。

灵魂是恶的原因吗?就像火是热的原因一样?灵魂使其附近者充满了恶吗?要么虽然灵魂本性为善,但其作用时而是这样、时而那样?如果它的存在从本性上讲就是恶的,它的存在从何而来的呢?是从那万物的善良的、创造的**原因**来的吗?可是如果是这么来的,它怎么会从本质上讲就是恶的呢?因为这一原因的所有产物都是良善的。如果说恶仅仅居于灵魂的作为之中,这也不是固定不变的东西,否则的话,也就是说如果灵魂没有善的性质的话,品德的来源会是什么?我们的结论只能是:恶乃是至善的减弱与缺乏。

31.一切善的事物的**原因**是一。如果恶与至善相对立,那么恶必然有许多原因。产生恶的并非原则与力量,而是无能与虚弱,以及不和谐物之不协调的混杂。恶的东西并非不运动和永远不变的,而是不确定的、无限制的、在不同的事物中有不同的表现。但至善甚至是恶的事物的泉源和目标,因为一切好坏事物都是为了至善而有的。我们在做(错事)时,也是出于对至善的向往而做的,因为没有人会有意地为了错误的目的干错事。所以恶并没实体。它与实体正相反时,它不是为了自己,而是为了至善的缘故才存在的。

32. 我们必须认为恶作为一种偶然属性而存在。它的存在是借助了别的事物。它的根源并不在它自身当中,这是某种我们在为了至善而行事时看上去正当而实际上不是的事物——我们以为是善的,实际上却不是的。愿望与事实显然是不同的。所以,恶与进步、目的、本性、原因、泉源、目标、限定、意志,以及实体等等都是相反的。它是一种缺陷、一种缺乏、一种虚弱、一种失衡、一种罪失。它是无目的的、丑的、无生命的、无心的、非理性的、不完善的、无基础的、无原因的、不定的、非生成的、不活动的、无力的、无序的。它是失误、无限定、黑暗、非实存的、自身中不具有任何存在。

但如果恶与善混在一起,它又怎能干成某种恶事的?完全不分有至善者没有任何存在与力量;如果至善具有存在、意志、力量以及行动,那么与其对立者——那缺乏存在、意志、力量及行动的恶——怎么有力量来反对它?原因是恶的东西并非在所有方面都是完全恶的。魔鬼之中的恶在于反对由善所塑造的心灵,灵魂中的恶在于与理性相抗拒的行动,身体中的恶在于抛弃自然的东西。

33. 既然上帝主宰一切，怎么还会存在恶？但是恶作为恶并非有存在，也不内在于存在的事物之中。一切拥有存在者都在上帝的主宰之中，恶除了在与至善的某种混和中之外，并不分有存在。所以，如果一切存在者均分有一些至善、如果恶即至善的缺乏、如果没有存在是完全没有至善的，那么上帝的主宰必然在一切存在者之中，无物可缺乏它。神命甚至还很好地利用恶之效果以把它们个别地或一起地转变为有良好的作用。它支持每个具体存在。所以我们不应当接受"天命会违抗我们意志而把我们引向美德"的流行看法。神命并不摧毁本性（自然）。事实上，它作为神命的特点正显示在它救护每个个体的本性上，它使自由者可以作为个人或群体而自由地行动，只要这些被支持的个体的本性接受那因人而异给予赐福的支持者。

34. 所以，恶没有存在，也不内在于存在着的事物之中。恶本身是没有的，恶源于一种缺陷而非一种能力。至于魔鬼，至善是它们的根源；它们存在这一事实本身是善的。它们只是在从与它们相宜的美德中堕落的意义上讲是恶的。它们在对它们是永久的领域中变化了。一种弱点在适于它们的大便般完善之中出现了。它们也渴望至善，至少它们也希求存在、生命以及理解；它们又缺乏对至善的渴望，而这与它们渴求不具有存在的东西是一致的。事实上，后面这种渴望与其说是渴望，不如说是违反真正的渴望的罪过。

35.《圣经》中谈到明知故犯者。这指的是那些在知善与行善方面能力减弱的人。《圣经》还提到"那些知道上帝的意志但却不顺着行事的人"①，即那些虽已听到了神命，却由于信心软弱而或是不信任至善，或是不做善的事的人。有些人的意志太刚愎或虚弱，使他们不想知道如何行善。总之，正如我讲了多遍的，恶乃是一种虚弱、无能，一种知识的缺乏，对无止境的知识、信念、欲望，以及至善的作为的知识的缺乏。有人会论证说，虚弱应被宽恕而不应受惩罚，这在人的能力之外的事上是说得通的。但是《圣经》说至善把这种能力大量地给予了那些需要它的人，所以，人就不能在自己的善的领域中为任何偏斜、任何背弃、任何过失找借口了。我在我尽最大能力写作的《论上帝的公正和审判》中对此已讲得足够多了。在那本关于上帝的著作中，《圣经》的真理把那些不公正地、错误地攻击上帝的机巧论证都斥为是发了疯的瞎扯。在眼下这本书中，我要为至善唱上一首赞美歌，因为祂真是奇妙，它是万物的**根源**与目的。祂是包容万物，并给予尚未存在者以形式的力量。祂是一切善事之**因**而非坏事之因。祂是神圣主宰和绝对的善，超越了存在的与未存在的事物。祂是使恶与无恶者皆变得善良的力量。万物欲求祂、渴望祂、热爱祂，祂具有我们前面的论证所确立的所有其它属性。

五、论"存在""范型"

1. 我们现在应讨论"存在"之名，神学很正确地把它用于那真正的存有者。② 但我必须指出，我下面要说的东西的目的不是去

---

① 《路加福音》十二章 47 节。
② "存在"之名来于《出埃及记》三章 14 节："我是自有永有的。"以及《启示录》一章 4 节。另外，西文中的 being 可以有三种意义与译法："存在"，"有"，"是"。

展示在自己的超越状态之中的存在,因为那是超出语词的、未知的和完全没启示的,是超出了统一体自身之上的。我想做的是为存在的绝对神圣根源的进入存在总体领域的创造存在的行程唱赞美颂歌。

"善"这一圣名讲的是普遍**原因**的所有进程;这既及于存在,也及于非存在,而这**原因**本身却比存在和非存在高。"**存在**"之名则可用于所有存在着的存有者,而它本身超出它们之上。"**生命**"之名可用于所有有生命者,但它本身超出它们之上。"**智慧**"之名可普遍用于一切有理解、理性以及感知觉的生物,但超出所有它们之上。①

2. 我现在要讨论那些关于神圣主宰的名字。我要说的不是上帝自身的超越的善、存在、生命以及智慧,因为诚如《圣经》已经告诉我们的那样,②这些品性的基础在一个超出一切的善、神圣性、存在、智慧和生命之上的隐秘之地。我所要说的是使我们知晓的仁爱的上帝,我的赞美是献给那一切美好事物超越地善的**原因**,献给那**存在**、**生命**和**智慧**,献给在那些分有存在、生命、理智、表达和知觉的生物之中,产生了存在与生命与智慧的**原因**。我不会把至善看作一件事,把存在看作另一件,把生命与智慧又看成是别的事;我也不认为有许许多多的原因和不同的神,级别不同,有高有低,各产生不同的结果。相反,我认为所有这些善的进程只有唯一一个上帝,祂是我所讲的诸圣名的拥有者,第一个名字

---

① 这四个名字(善、存在、生命和智慧)是第四章到第七章的各章主题。
② 《诗篇》十八篇 11 节。

说的是唯一之上帝的普遍的神圣主宰,其它名字则表达了他主宰行为的一般和特别的方式。

3. 有人会说:"既然存在比生命更广,生命范围比智慧更大,生命的存在怎么会比只有存在的东西要高级?有感觉的生物怎么会比仅仅拥有生命的事物更好?有理智的生物怎么会比仅仅有感受的事物高级?纯粹理性怎么会超出仅仅有理智的存在者之上?为什么这应当是创造物接近上帝的临在的秩序,展现出与上帝的远近亲疏关系?难道不应当认为谁分有上帝的恩赐越多,谁就越高级、越超出其它事物?"这话的正确处在于认为理性存在者既无存在,也没生命。事实正是如此。神圣的理性确实以超越其它存在者的方式存在着。并以超越其它生物的方式生活着。它们有理解力,而且有远远超出知觉与理性之上的知识。它们以远远超出存在的事物的方式欲求和分有至美至善者。它们与至善者极为接近,而且极多地分有至善,它们从其中接受了更多而且当然是更大的恩赐。以相似的方式,拥有理智的生物超过了拥有感觉的,仅仅因为理智的力量更强大。后者由于拥有感觉又(比仅仅拥有生命者)更高级,而生物由于拥有生命又(比仅仅存在着的东西)要高级。在我看来,这应当是事情的真实情况:一个事物分有唯一的无限地丰沛宽厚的上帝越多,它离上帝便越近,而且比其它事物越圣洁。

4. 以上问题就讨论到这里。

现在让我们讨论至善,讨论那真正存在的和把存在赋予万物的上帝。自有永有的上帝由于祂的权能而超越万物。祂是存在、实存、存有、实体和本质的实体性原因。祂是时光的根源与尺度。

祂是时间下面的实在,是存在后面的永恒。祂是万物在其中运作的时间。祂是一切存在者的存在。祂是发生者的生成。从这位自有永有者产生了永恒、本质和存在,时间、发生以及生成。祂是存在的事物之内和之下的存在,不管它们如何存在。因为上帝并非某一种存在。相反,祂以一种单纯的和无法界定的方式,在自身中汇聚与预示所有的存在物。所以祂被称作"永世的君王",①因为在祂之中并环绕着祂,万物存在并持续存有。祂的存在不分过去的和将来的。祂过去不曾得到"存在",祂不属于那些生成者。祂不会在将来"从无到有"。祂也不仅仅只在现在存在。祂乃是拥有存在的事物的存在本质。不仅事物之存在,而且存在(物)的本质都来自于在永世之先的上帝。因为祂是时代的时代,是"比永世更先的"②。

5. 重复一下:万物与所有时代都从那**预先存在者**中获得它们的存有。所有的永恒与时间都从祂来。**预先存在者**是一切永恒、时间和各种存在的泉源与原因。万物均分有祂,存在者无一堕离。"祂在万有之先,万有也靠祂而立。"③总之,万物的存在皆在那**预先存在者**之中,被祂知道和维系。

存在先十分有祂的**存在物**。那自身中的存在比**生命**本身和**智慧**本身和上帝的形象的存在要更尊贵。一切分有这些东西的存在者必须曾有**存在**。更精确地讲,这些为万物分有的绝对品性本身必须分有那**存在**自身。一切存有者的存在与永恒都是**存在**

---

① 《提摩太前书》一章 17 节。
② 《诗篇》五十五篇 19 节。
③ 《歌罗西书》一章 17 节。

自身。所以，用祂的第一种恩赐产生了万物的上帝被称颂为"自有永有者"。祂以一种超越的方式拥有预先存在与超越品性，祂产生绝对存在，然后以此为工具，祂又创立了各种存在物。所有的具体事物的泉源都由于分有了**存在**才得以存有和成为泉源。它们有了先存，然后才是泉源。你可以这么说：生命自身是一切生物的泉源；相似性本身是一切相似者的泉源；统一本身是一切统一的事物的泉源；秩序本身是一切有序事物的泉源。如此等等，对于所有其它分有这种或那种品性、分有两种或多种品性的事物，情况也一样。它们所拥有的首先是存在，这存在确保它们的持续存在，然后它们又可以成为这种或那种东西的泉源。只是由于它们分有了**存在**，它们以及分有它们的事物才得以存在。如果它们本身能存在是由于分有了**存在本身**，那么分有它们的其它事物就更是如此了。

6. 所以，那绝对地超越的至善的第一种恩赐，乃是存在的赐予；至善也受到了那些最先和最主要地分有存在的事物的赞颂。从祂那里并在祂之中有了**存在**本身，这是存在者、一切存在者和一切拥有一份存在的事物的泉源。这是祂之中的一个不可阻挡的、全面的和单一的特征。

一切数字都在单一者之中独特地存在着，单一者在自身中独特地容纳着一切数字。一切数字都在单一者中统一起来；只有当它从这个"一"发展出去时，它才分化和多重化。一个圆的所有半径都被聚拢统一于圆心，圆心包容了所有被汇聚于它之中的直线。它们通过这个单一的起源之点而互相联系，并且在此中心中完全统一起来。它们从它移开一点，它们也就分化了一点；当它们离得越远,它们也越加分化。也就是说,它们离中心点越近,越能与它合而为一,并相互合一;它们从它移开得越远,它们相互间的分离也就越大。

7. 在自然总体中,所有统辖具体自然行为的规律都汇聚在一个有条不紊的统一体之中;在灵魂中,支持身体各部位的具体力量也汇聚为一。故而我们从昏暗的形象向万物的唯一**原因**上升,在上升中注视宇宙之上者,在普遍原因的单一总体之中沉思万物,甚至沉思相互冲突的事物,这是完全必要的。因为那**根源**是万物的起始,从祂之中产生了**存在**本身和各种存在,产生了所有的泉源和所有的目的、所有的生命和不朽和智慧、所有的秩序与和谐和力量、所有的保存和建立与安排、所有的理性和理智和知觉、所有的属性和静止与运动、所有的统一和混和与吸引、所有的凝聚和区分、所有的界定,以及所有仅仅存在着就能赋予万物以特征的属性。

8. 从这同一个普遍原因中产生了那些理性的和可理解的存在,即与上帝相像的天使。从祂当中还产生了灵魂的本质、宇宙中万物的本质,以及在其它物体或我们的思考过程中存在着的属性。从祂当中也产生了那些具有最真实的存在,并可以说是在超越的三位一体的前殿之中有其基础的全然神圣、最为尊贵的权能。它们从祂获得存在、它们在祂当中存在、它们从祂那得到了它们的与上帝相像的存在。

接下来产生的是从属的存在,它们也从同一**原因**中,但以从属的样式(接受它们的存在和与上帝相像的存在)。在它们之下是最低级的存在,(它们的存在和与上帝相像的存在)也来自于这一**原因**，只不过是以最低的方式。说它们最低，只是与其它天使比较而言；因为与我们比起来，它们可是远远超于世界之上的。

再往下便是与其它造物一起的灵魂。根据同样的原则，它们也拥有存在和良好存在。它们存在而且良好地存在。它们的这一存在与良好存在皆来源于那**预先存在者**，它们在祂当中存在，在祂当中良好地存在，从祂那儿得到了自己的开始与保护，以祂为最终目标而向祂前进。祂将最高程度的存在给予那些在《圣经》中被描写为"永久的"①崇高的存在者。但是存在者从不会没有存在，而这存在即是从**预先存在者**而来。祂并非存在的一个面。相反，存在是祂的一个面，祂并不被包容于存在之中，存在反而被包容于祂之中。祂并不拥有存在，存在反而拥有祂。② 祂是存在的永恒，是存在的根源与尺度。祂先于本质、存在和永恒。祂是万物的创造泉源、中间态和终点。故而《圣经》把与各种存在相关的众多属性用来描述那真正的**预先存在者**。可以恰当地把祂描写为是过去、现在和将来，昔在、今在、以后永在。③ 所有这些特征如果从神圣的角度理解，都标示着祂**存在**的完全超越性，表明祂是一切种类的存在的**原因**。祂不会只存在于这里而不存在于那里。祂不会只拥有这种，而不拥有那种存在。祂是万物，因为祂是万物的**原因**。万物之泉源与目的都在祂当中，都为祂所预示。但祂又比它们都高超，因为祂先于它们，并超越地高出它们。所以一切属性都可用来描述祂，而祂却并非任何一样东西。祂具

---

① 《诗篇》廿四篇 7-9 节；《哥林多后书》四章 18 节。
② 有学者建议此句当订正为"存在并不拥有祂，相反祂拥有存在。"
③ 《启示录》一章 4、8 节。

有一切形状与结构,但又是无形的和无美的,因为在祂的不可理解的优先性与超越性之中,祂拥有万物的泉源、中项和目的,祂在唯一未区分的原因中向万物纯净无瑕地照亮了**存在**。

我们知道太阳是一。它是一个单一的明亮之光,作用于我们所见之许许多多和各种各样的本质与性质。它更新它们,养育它们;保护它们和完善它们。它在它们之间建立区别,又将它们统一起来。它温暖它们,使它们开花结果。它使它们存在、生长、变化、扎根、发芽。它加速着它们成长,给予它们生命。所以万物皆以自己的方式而分有那唯一、相同的太阳;太阳也在自身中作为一个统一体而包容了一切分有它的事物的原因。

这一切更能恰当地描述那产生了太阳及其它万物的**原因**。万物的范型均作为一超越的统一体而在祂之中预先存在。祂一批批产生存在。我们称那些统一地存在于上帝之中的、产生万物本质的原则为"范型"。神学称它们为意志的在先界定、神圣和善良的作为,那意志决定并创造万物,超越的太一根据这意志预先界定并产生一切存在者。

9. 哲学家克莱门(Clement)在谈到存在者当中更重要的东西时用过"范型"一词,不过他的讨论并没按照合适的、完善的和单纯的命名程序进行。即使他这么做了,我们也应记住《圣经》的话,"我并没告诉你这些事,好让你跟着它们"①。也就是说,我们总是根据自己的能力而具有一定知识;通过它们,我们可以被最大限度提升到万物的**原因**。我们必须把万物都归于这一**原因**,必

---

① 《何西阿书》十三章4节。

须把它们看作在唯一的超越统一体之中汇聚在一起。祂始于存在和发动善美的创造行程,用从祂自己的存在的恩赐充满万物,在万物之中欢欣,在自身中预示万物。祂在自己的整体单纯性之中除去了一切复多性,在自己超越的无限性之中包容万物。祂为万物不可区分地分有着,就像同一个声音被许许多多耳朵所听见。

10. 所以那预先存在者是万物的**根源**与目的。① 祂是它们的根源,因为祂是它们的原因。祂是它们的目的,因为祂是它们"所追求者"。祂是万物的界限,又是环绕它们未界定的无限,这都是以一种超出了有限与无限的矛盾的方式而成的。正如人常说的,祂事先拥有万物,并以一单一的作为创造了万物。祂呈现于万物之中、无所不在,是万物中的一、共同者和总体性。祂虽朝向万物,但又保持在自身当中。祂是静止又是运动,既不是休止又不是运动,既无泉源,又无中间态和终点。祂不在任何东西中。祂不是一件事物。永恒及时间的范畴不能应用于祂,祂超出此二者并超出任何在此二者之中的事物。永恒自身和存在者、存在者的尺度和被量度的世界都通过祂、来自祂而存在。

最后这些主题我将在别的地方更确当地加以论述。② 这里就谈这么多。

六、论"生命"③

1. 现在让我们赞颂永恒的**生命**,因为祂产生了生命本身和

---

① 参看《启示录》廿一章 6 节。
② 时间与永恒的讨论参看本书分题十。
③ "生命"之名来自《约翰福音》十一章 25 节,十四章 6 节。

所有生命,而且通过祂生命被合宜地分配给以任何方式分有生命的所有事物。不朽天使的生命与不朽性,以及天使般永恒生活的不可毁灭性都是从祂而来,通过祂而存在和持续地存在。这就是为什么它们被描写为永远活着和不朽的缘由。但它们又不是不朽的,因为它们不是由于自身而具有不朽性和永恒生命的,它们是从产生和保存一切生命的创造性**原因**那儿得来不朽生命的。

正如当谈到**存在**时,我说祂是绝对存在的永恒性,现在我则说神圣的、超出**生命**的生命是生命本身的给予者与创造者。一切生命与生命性活动皆来自于一个超出所有生命、超越生命泉源的**生命**。灵魂从这一**生命**中得到了它们的不可毁灭性,一切生物与植物,甚至生命的最遥远的回声都由此而具有生命。正如《圣经》上说的,①收回这生命,所有的生命就死亡;而由于较少分有了祂而衰微的事物,会由于被转回到祂,而再次充满生气。

2. 首先,祂给予生命本身以成为生命的能力,并给予一切活着的东西和一切形式的生命,以与其相称的存在。祂给予了有生命的天界生命以非物质的、圣洁的和不变的不朽性,以及不会偏扭的、不会犯错的和连续的运动。祂的善性是如此超级的富足,祂甚至眷顾到魔鬼的生命,因为魔鬼的生命只能从这一生命而来;魔鬼式的生命除了祂,不可能有其它原因。对于本性多重的人,祂给他们一切他们能吸收的天使式生命;祂还出于对人类的丰沛厚爱而扭转我们,召唤迷失的我们向祂回归;更为奇妙的是,

---

① 《诗篇》一〇四篇 29 节。

祂应许我们将改变我们的现状——我是说我们的灵魂和灵魂统驭的身体——将把我们带向完善的生命与不朽。对古人来说,这似乎是违反自然的,可是对我对你和对真理来说,这是神圣地超自然的。我称其为超自然的,因为它虽然超出事物的可见秩序,它却并没超出**神圣生命**的宏大本性(自然)。这是一切生命尤其是更为神圣的生命的本性(自然),从这个意义上说,没有任何生命是反自然的或超自然的。所以那个疯子西门①的错误论证不应当进入上帝的圣洁队伍之中。也不应当存在于你神圣的灵魂之中。因为在我看来,尽管他有智慧的名声,他却忘了稍有头脑的人都不应当用来自感觉的表面论证,去反对那万物的不可见的**原因**。他所说的都与自然相反,因为无物会与那**普遍的原因**相反,这一点我们要正告他。

3. 一切动物与植物都从祂获得温暖与生命。不管你谈的是何种生命:理性的、理智的、知觉的、营养的、生长的等等,不管你是在谈生命的泉源还是生命的本质,神都生活着并从那超出一切生命的**生命**中给出生命,祂还作为生命的唯一**原因**而预先存在于**生命**之中。那超越地产生着的**生命**是一切生命的原因,祂产生生命,使其完善,给予它具体形式。当我们赞颂祂时,我们的语词必须从一切生命中得来,因为我们应记住祂充满于各种生命之中。祂可以在一切生命的表现形式中被观照和被赞颂,因为祂不缺任何东西,或者说,祂充溢着生命。祂是绝对的**生命**;祂以远远超出生命的方式工作着,超越地塑造一切生命,否则我们作为人怎么

---

① 《使徒行传》八章9节。

能赞颂那不可言说的**生命**呢?

七、论"智慧"、"心智"、"道"、"真理"、"信仰"①

1. 现在让我们赞颂那善的、永恒的**生命**,因为祂是智慧的,是智慧的原则、一切智慧的实质、超越一切智慧和一切理解。不仅由于上帝充溢着智慧而使"祂的理解无法测度"②,而且祂确实超越了一切理性、一切理智以及一切智慧。这一点为你我的教师和我们共同的老师之光的那位真正圣洁的人所奇妙地把握,因为他说:"上帝的愚拙总比人智慧。"③此话正确不仅在于一切人的思考与完善的神圣思想的永固性比起来都是一种错误,而且在于神学家习惯于对上帝使用否定性的字眼,当然这正好与通常的缺失的意义相反。比如,《圣经》称那全然明亮的光为"不能看见的"。④还称那受到众多称赞、有众多名字的太一是无法言说和无名的。⑤《圣经》还把临在于万物之中,并要从万物中去发现的太一称为不可把握的和"不可了解的"。⑥ 这里,这位圣洁的使徒又在赞颂上帝的"愚拙",这本身看上去似乎荒谬奇怪,但能(把我们)提升到先于一切推理的不可言说的真理。不过,正如我在其它地方常常

---

① 本章实际上集中讨论了"智慧"这一圣名(箴8:22-31;林前1:30)。另外也讨论了"道"(Logos,或译为"词"、"理性")。
② 《诗篇》一四七篇5节。
③ 《哥林多前书》一章25节。这里把圣保罗描写成是作者、提摩太和哈尔罗修斯的老师。
④ 《歌罗西书》一章15节;《提摩太前书》一章17节,六章16节;《希伯来书》十一章27节。
⑤ 见分题一。
⑥ 《罗马书》十一章33节。

说的,我们有一种固执于我们的感知觉的熟悉范畴,而去捕捉实际上超越我们的事物的习惯,于是我们便以人的尺度去衡量神圣的事物,结果我们当然就被我们赋予神圣的和不可言说的理智的表面意义引入歧途了。我们应当真正考虑的是:人的心智有一种思考的能力,借此它观照概念性事物以及超出心智本性的统一体,借此它与超出它的事物联结在一起。我们用于上帝的词语必须具有这种超越特征,而非人的意义。我们应当完全越出自身,并完全地属上帝,因为属于上帝比属于我们自己要好得多。只有当我们与上帝一起时,神圣的恩赐才会丰沛地降临我们。所以,让我们极力称赞这愚拙的"**智慧**",它既无理智又没理性;让我们把祂描述为所有的理智、理性、智慧和理解的**原因**。一切主见属于祂,从祂之中产生了一切知识与理解,"所积蓄的一切智慧知识,都在祂里面藏着"。① 由以上所说的一切可以得出,超越的智慧**原因**确实是绝对智慧的实体、是智慧的总和与个别表现的实体。

2. 天使心智的理性的与可理解的能力从**智慧**中吸取它们单纯和福佑的概念。它们并非从片断知识,或感觉,或散漫推理中汇齐与得到它们关于上帝的知识的。同时,它们并不局限于知觉与理智。由于不受一切物质和多重性的束缚,它们理性地、非物质地、单纯地思考神圣领域中的思想。它们所拥有的是一种在不混杂、不污染的纯洁之中闪闪发光的理性力量和能量,它在一种不可区分的、非物质性的、与上帝相像的一体中思考神圣的概念。

---

① 《歌罗西书》二章3节。

它们被塑造在与超越的智慧的心智和上帝的理智最近之处,这是由那神圣的**智慧**的工作所完成的。

人的灵魂也拥有理智,借此人在谈话中围绕着事物的真理而行。由于它们的许多工作都是零散的、多样的,它们比那统一的理性的水平要低。不过,由于它们能把"多"凝聚为"一"的工作方式,它们也以自己的方式并尽自己所能而争取到与天使的概念相像的名义。我们的感知觉也可以被恰当地描写为是智慧的回声。甚至连魔鬼的理智,就其是理智而言,也来自于上帝的智慧。当然更恰当地应当说,这是从智慧的堕落,因为魔鬼的理智十分愚蠢:不知道如何获得什么是它真正所要的——而且根本就不想要。

我已经说过神圣的智慧是智慧本身、心智、理智,以及所有感知的泉源、原因、实体、完善、保护者和目标,那么为什么超出智慧的上帝被称颂为智慧、心智、"道"和一位认识者呢?如果祂不具有理性活动,祂如何会有对概念事物的理解呢?祂既然自身超出了感觉领域,怎么会具有感觉材料的知识呢?但《圣经》却说祂知道一切,①而且无物能逸出神圣知识之外。不过,正如我前面已经多次说的,我们必须以与上帝相称的方式解释上帝的事情;当我们说上帝是没有心知和智知觉时,我们的意思是说,祂所拥有的太丰沛了,而不是说祂缺什么。所以,我们说祂无理性,因为祂超于理性之上;我们说祂无知觉,因为祂高于并先于知觉;我们说那

---

① 《约翰福音》廿一章 17 节。

不可接近的**光**是不可触及的和看不见的黑暗,①因为祂远远超过了看得见的光。因此,神圣的心智将万物包容于一个超越的总体知识之中。因为祂是万物的原因,祂预先具有万物的知识。在天使出现之前,祂就已经知道天使,并使他们产生。祂也知道一切其它的东西,并且可以说是从一开始就知道它们,并从而产生它们。我想,这就是《圣经》上这句话的本义:"祂在万物诞生之前就知道了它们。"②神圣的**心智**并非从事物中获取事物的知识。祂从自身、在自身中就预先拥有理解万物的原因,从而拥有万物的知识、理解和存在。这并不是一种关于个别具体种类的知识,而是一种知道和包容万物的单一的、包容性的原因。以光为例,它在自身中便对黑暗是有一种在先的和原因性的知识。它对黑暗的认识并非从其它处得来,而是从自己是光这一事实得来。同样,神圣的智慧通过认识自己而认识万物。祂以自己的一体知道和产生万物:以非物质的、不可分的和单一的方式知道,并产生物质的、可分的和多样的事物。如果上帝只用祂的瞬间创造性作为便将存在给予了万物,那在这同一动作中,祂也通过万物由祂产生和在祂当中预先存在而知道了万物;所以,祂对事物的知识并不归结为事物自身的作用。祂将是一个领导者,给各人关于祂和关于别的东西的知识。因此,上帝并非拥有关于自己的一些专门知识,又拥有所有共同的被创造者的不同知识。那普遍的**原因**通过认识自身便当然知道从祂而出的、以祂为泉源的事物。这就是

---

① 《提摩太前书》六章 16 节。
② 《但以理与苏珊拿》(次经)四十二章。

上帝如何知道万物的——不是靠理解事物,而是靠理解祂自身。

《圣经》还说,天使知道世上的事并非因为这些事能被感觉所察知,而是因为内在于与上帝相像的理性之中的适当能力与本性。

3. 如果上帝不能被心智或感知觉所把握,如果祂并非一个具体事物,我们怎么认识祂呢？这是我们要研究的。

更精确地说,我们不能认识上帝的本来面目,因为这是不可知的,这超出了心智或理智的范围。但我们从万物的安排当中认识祂,因为万物从某个意义上说都是从祂当中投出的,其秩序具有上帝的范型的某种形象和相似之处。我们因此尽我们能力所及而接近那超越一切者,我们的进展靠对万物的否定与超越,通过追溯万物的原因。所以,上帝可以在万物中被认识,然而又与万物都不同。祂通过知识与不知而被认识。关于祂有着概念、理智、理解、接触、感觉、意见、想象、名字以及许多其它东西。另一方面,祂不能被理解,词语无法包含祂,名字无法把握祂。祂不是存在物中的一员,也不能在它们的任何一个之中被认识。祂是万物中的万物,又不是事物中的一个事物。所有人都可从万物中认识祂,但任何人又不能从任何一事物中认识祂。

这就是我们应当用于上帝的语言,因为万物皆根据它们以祂为**原因**的程度而称颂祂。但是,通过"不知"而获得关于上帝的最神圣的知识,是在远远超出心智之上的一种统一之中得到的,这时心智从万物移开,甚至从自身移开,与炫目的光芒合而为一,被无法把握的渊深**智慧**所照亮。

不过正像我已经说的,我们必须从万物中了解智慧。因为

《圣经》说过,**智慧**造了万物,并不断地在改造它们。① 祂是万物连续不断的顺应与秩序的原因,而且祂还总是在把一类事物的目标与另一类事物的泉源联结起来,并从而创造出统一之美与整体之和谐。

4.《圣经》把上帝称颂为"道"(说),这不仅因为上帝是言说、心智和智慧的首领,而且因为祂一开始就在自己的统一体之中带有万物的原因,因为祂穿透万物,并远及万物的终端,正如《圣经》上所言。② 之所以用这一称号,尤其是因为神圣之道比任何单纯性还要单纯,并且在其完全的超越性当中独立于万物,这道是单纯的总体真理。圣洁的信仰围绕着祂,因为祂是一切纯粹的、不动摇的知识。祂是那些信仰的人唯一确实的基础,祂将他们带向真理,将真理坚不可摧地建立于他们心中,使他们对自己所相信的真理有一种单纯而不复杂的认识。如果知识统一着认知者和被知者,无知总是变化和无知者不能前后一贯的原因,那么,正像《圣经》告诉我们的,③没有任何东西可以将信仰真理的人与真正信仰的基础隔绝开来,正是在此基础中,信仰者将能获得永久的、不变的自身统一性。与真理统一的人清楚地知道他一切都很好,即使所有其它人都以为昏了头。别人所不能看到的,乃是他已摆脱了错误之路,并在自己的真实信仰之中到达了真理。他知道他远非他们所想象的是"疯了",④相反,他已经被从那使他犯各种错

---

① 《诗篇》一〇四篇 28 节;《箴言》八章 30 节。
② 《希伯来书》四章 12 节。"道"或"逻各斯"(Logos)有几种含义:"语词"、"理智"、"言说"等等。
③ 《罗马书》八章 39 节,十一章 20 节?
④ 《使徒行传》廿六章 24 节。

误的心智不稳和不断变化之中解救出来,已经由于那单纯不变的稳固真理而获得自由。这就是为什么我们神圣智慧的主要首领每天都在为真理而牺牲。他们的一言一行都在为基督徒拥有的真理的唯一知识作见证。① 他们证明了真理比一切其它东西都更单纯、更神圣。或者说,他们所显示的乃是:这里有关于上帝的唯一真正的、独一无二的、单纯的知识。

八、论"大能"、"公义"、"拯救"、"救赎",以及不平等

1. 神学家还把神圣的**真理**和超越的**智慧**称颂为**大能**和**公义**、**拯救和救赎**。② 下面我将试图解释这些圣名。在我看来,一切熟读《圣经》的人都不会忽视这一事实:上帝超越并超过所有实在的和可以理解的力量。③ 神学有规律地谈论着上帝的"主宰",并在它与天界力量之间作出区分。那么,既然上帝实际上高于力量,神学家在何种意义上把上帝称颂为力量呢?在何种意义上我们把"大能力"之名用于上帝呢?

2. 我要回答的就是这个问题。上帝之所以是大能,就在于一切力量最初都被包容于祂自身之中。祂在超出一切力量的意义上是大能。祂是所有力量的原因。祂通过总体的和不受阻扰的力量把存在给予万物。祂是全部力量和个别力量的原因。祂的

---

① 也许源于《罗马书》八章36节(诗44:22)。

② "大能":《历代志下》二十章6节;《诗篇》廿四篇8节;《哥林多前书》一章18节;《启示录》十九章1节。"公义":《哥林多前书》一章30节。"拯救":《出埃及记》十五章2节;《马太福音》一章21节;《启示录》十九章1节。"救赎":《哥林多前书》一章30节。

③ "力量"又可译作"权能"或"大能"。——译注

力量是无限的,因为一切力量都来源于祂,而祂却超越一切力量,甚至超越绝对力量。祂拥有着无止境地产生着无数其它力量的超充沛的力量。被造的力量从来没有阻遏祂产生力量的无边无界的工作。祂的超越力量不可表达、不可认知、不可思议地巨大;祂在流溢之中加强着虚弱者,保护和指导它那最不起眼的回声。这一切可以用感觉领域之中的力量作比较。灿烂的光芒可以直达最昏暗的视域,巨响之音可以穿透一聋了的耳朵;因为无疑地,绝对不能听的耳朵就不是耳朵,绝对不能看的眼睛也就不是眼睛。

3. 上帝的无限力量被分配于万物之中,世上无物会完全缺乏力量。总会显示一点力量的,不管是通过直觉、理智、知觉、生活,还是存在。确实,如此说来,"存在"的力量是来自于超出存在的大能。

4. 天使一级的与上帝相像的力量当然是由此产生的。他们从这里获取了它们本质的不变性和它们的理性的永恒运动与不朽。他们的稳定与对至善的无止境欲求来自于那无限地善的大能,这大能赋予了他们以他们自己的力量和存在,在他们之中激起对存在的无止境欲求,给予他们渴望无止境力量的力量。

5. 这不可穷竭的大能的福泽遍及人、动物、植物以及自然中的一切事物,使万物总体达到互相和谐与交往,使杰出者按自然规律和各自品性而一一突出,不乱不混。这大能确保宇宙的秩序与方向达到其合宜的善,并将天使的未受损害的生命维系于永恒之中。祂使天空群星保持于闪耀、不变的秩序中。祂给予了它们永恒的力量、祂把时间的周转从其进程中区分出来,使之有规律地回归其基础。祂塑造了火的不可熄灭性与水的永久潮湿性。祂使大气流动,在虚空中建立大地,使大地的工作永远丰盛结果。祂使互相联结的元素既明白地区分开,又保持在相互的和谐与混合之中。祂加强着灵与身的结合。祂发动着养育和生长植物的力量。祂引导着使一切生物存在的力量。祂确立着世界的不可动摇的持续存有。对那些与上帝相像者,祂给予祂们圣洁化的力量。总之,世上万物都靠上帝的强大力量支持和环抱,因为完全没有力量者既没有存在,也没有个体性,甚至在世上没有任何位置。

6. 方术士尤里玛斯(Elymas)[①]曾说:"如果上帝是全能的;你们神学家怎么能宣称他有不能为者?"他这么说是在批评圣保罗所说的上帝"不能背乎自己"。[②] 这便是他的反诘。我如果去拉倒玩游戏小孩在沙滩上竖起的摇晃房子,人必笑我太蠢;我如果去讨论这一神学问题,人必笑我在追求一个达不到的目的。不过我还是做了以下回答:对真实自我的否定("背离")是从真理中堕落。真理乃是一种存在,从真理的堕落乃是从存在的堕落。既然真理是一种存在,而对真理的否定是从存在中堕落,所以上帝不能从存在堕落。我们可以说祂不缺存在,祂不能缺力量,祂不知道如何缺知识。那聪明的方术士显然不知道这一点。他有点像那些无能的运动员,幻想自己的对手软弱无能。他用自己的标准评判对手,结果他向对手的影子每击出狠狠的一拳都落了个空,

---

① 《使徒行传》十三章 8 节。
② 《提摩太后书》二章 13 节。

他是在豪迈地与空气搏斗。① 他自吹自擂的能力,对别人的力量一无所知。想象自己是赢家。不过我想我还是达到了神学家立下的目标;我赞颂超强大的上帝的全能与至福,祂是唯一的和强而有力的统治者,主宰着永恒国度。祂决不从存在背离。相反,祂在自己超越的力量中高于万物,预先拥有万物。是祂给予了万物以存在的力量。这存在的恩赐来自于祂压倒一切的力量的无限奔涌。

7. "公义"的称号也被赋予上帝,因为祂按万物所应得而给予它们东西;祂根据最公正的和正当的决定分配了它们应有的体积、美、等级、秩序、合宜的处所和关系。祂是它们具体行为的原因。正是上帝的公义在安排万物、设立边界、令事物分别不淆,给予每样事物它内在应得的东西。所以,那些批评上帝的公义的人不自觉地落入了全然不义的可诅咒状态之中。这种人说什么不朽应给予有死者、完善应给予不完善者、自我运动应给予由外部推动者、不变性应给予变化者、力量应给予弱者、永恒应给予时间限制者、不动性应被给予运动者、持久性应给予易逝的快乐。总之,他们希望一切事情都完全变个样。他们真正应该知道的乃是:上帝的公义是真正的公义,因为祂给予万物以合宜的和应得的品性,并将每样事物都保存在它的恰当秩序和力量之中。

8. 有人或许会说,公义就不应使虔诚的人在受恶人压迫时孤立无援。对此必须回答:如果那些你们称作虔诚的人实际上喜爱的是尘世中的人所低贱地追逐的东西,那么他们已经从对上帝的

---

① 这一主题可见《哥林多前书》九章26节。

渴望之中堕落了。我无法理解为什么当他们对真正可爱和神圣的东西做出如此不义之举时,当他们如此恶劣地抛弃这些东西,以换取那些不值得他们追求与渴望的东西时,怎么还能被称作是"虔诚的"?如果他们渴望的是真正真实的东西,如果他们的欲望在于此,那么,当他们获得时应当欢喜。如果他们在对上帝的事物的渴求中舍弃自己对物质东西的执著,并且在追求真美者时勇敢地训练自己这一品性,他们难道不会与天使的美德更为接近吗?如果上帝通过给予高贵者以物质东西来避免毁掉他们的勇气,如果祂当他们受诱惑时帮助他们,如果祂加强他们的可钦佩的和坚决的稳定性,如果祂给他们一切与他们的天职相称者,那么,这将是真正的公义。

9. 这一神圣的**公义**也被称颂为"世界的拯救",因为祂保证每种存在者都被保存与维系在它们的合适存在和秩序中,各各有别。祂有此称号还因为祂是世上一切活动的事物的纯粹原因。如果人称颂**拯救**是从恶的影响之中解救世界的拯救之力的话,我当然是同意的,因为事实上**拯救**有许许多多的形式。我只想补充一点:**拯救**主要地是将万物保存于其合宜的位置之中,使其不变、不冲突、不瓦解为恶;祂使它们平和无忧地服从统治它们的规律,祂将一切不平等和干涉逐出世界,祂还给予万物以合适比例,使它们不至于转变成自己的对立面,或出现任何状态变化。有人或许会说——并非与神学的动机无关——这一拯救在仁慈地保存世界的工作中,按万物应该被救的能力而救赎它们,并由此而令万物保持自己合宜的品性。这就是为什么神学家称其为"**救赎**",因为祂不容许真正的真实者堕入虚无,并从激情、无能和缺陷之中救赎一切迷失于错误,或无序,或无力于获得自己合宜的品德的事物。**救赎**就像一位慈爱的父亲,补足遗失者并宽恕疏忘者。祂把一件事物从恶的状况中提升出,把它稳固地立于它应该在的地方;把失去的品德补上,在无序和不齐之中重建秩序与整齐,使其完善和免于缺陷。

这就是**公义**的主旨,事物的平等由祂衡量和界定,影响具体事物的不平等或平等之阙失由于祂而被消除。甚至连事物的不平等或整体之中万物间的差别,也是由**公义**所维护的;祂不容许事物中出现混淆和动乱,祂将万物安排在与各自相称的具体形式之中。

九、论大与小、同与异、相似与不似、静止、运动、平等

1. 大与小、同与异、相似与不似、静止、运动——这些也是被用于万物的**原因**的名称。它们是被神圣地命名的形象,我们现在将在它们所被启示给我们的最大限度内,对它们进行思考。

《圣经》赞颂上帝为"伟大的",在"大"之中,[1] 又称颂祂是启示神圣的"小"的"宁静的、微小的轻风"[2]。"同"也在《圣经》中用来描述上帝:"你是(永远)相同的"[3];"异"则见于《圣经》对祂的诸多形式和性质的讨论之中。至于祂的相似性则可以见于祂是相似事物的实体和祂产生了它们的这一相似性的事实。但祂对于一

---

① 《诗篇》八十六篇 10 节,一四五篇 3 节,一四七篇 5 节。
② 《列王纪上》十九章 12 节。
③ 《诗篇》一○二篇 21 节;《哥林多前书》十二章 6 节;《希伯来书》十三章 8 节。

切来说又是不相似的,因为"无物可以与祂相比"。① 还有论到祂的稳固、②不动,"永远坐着为王"③,但又运动并来到万物之中。这些以及其它相似的名字,在《圣经》中被用于描写上帝。

2. 上帝被称作伟大的,因为祂特有的"大"被给予一切大的事物,被倾倒于一切的"巨大"之中,而且还远远超出其上。祂的"大"包容一切空间,超出一切数量,在其富足中远远越过了无限性,满溢着伟大的工作和喷发着无尽恩赐。这些恩赐无论如何广泛地被万物所分有,也不会有任何减少,仍然保持同样的超富足性。它们不会由于被分有而减损。真的,它们只会更为慷慨丰盛地喷发出。这"大"是无限的,既无大小也没数量,在无法理解的宏大者的绝对超越的喷发下波涛汹涌。

3. "微小"或微妙被用于描述上帝的本性,因为祂不是笨重、远处之物,因为祂轻松无阻地穿遍万物。④ 实际上,"小"是万物最基本的原因,世上没有一部分不分有"小",故而我们在这个意义上把此词用于上帝。因为这是某种无碍地渗透万物、振奋它们的东西,"祂刺入、剖开甚至魂与灵、骨节与骨髓,辨明心中的思念与打算"以及一切东西,既然"被造的没有一样在祂面前不是显然的"。⑤ 这"小"既无量也无范围。祂是不可征服的、无限的、无界的,理解万物而自身永不被理解。

---

① 《历代志下》六章 14 节;《诗篇》八十三篇 1 节,八十六篇 8 节。
② 《诗篇》八十二篇 1 节。
③ 《诗篇》廿九篇 10 节。
④ 《所罗门智训》七章 24 节。
⑤ 《希伯来书》四章 12 节。

4. 上帝是超越地、永恒地、不可改变地和从不变换地"相同"。祂永远是如此,永远对万物是同样的,永远确实不变地处于祂自己超本质的同一性的精妙疆域之中。在祂之中没有变化、衰退、恶化或变换。祂是非合成的、非物质性的、全然单纯的、自足的,既不会增大,也不会减小。祂是非产生的,即,祂没有一个尚未出生的时期,祂在任何意义上都不是不完善的,祂不会从这种或那种泉源生出来。祂不会曾有不存在之时。应当明白:上帝是完全地、充分地非生出的,祂是永恒的、绝对完善的、永远是同样的。祂由自己的独一性与相同性所界定。祂在一切能分有祂的事物中都是同一个启明者。祂用富足的"同"的原因安排世上的诸般差异。祂在自身中预先包容了一切对立面,把它们包容于全然的"同"的独一的、普遍的原因之中。

5. "异"也被用于上帝,因为祂是万物之中的主宰,并为了万物而成为万物中的万物。① 不过祂同时还是在自身之中,祂在祂的独一的不停息的作为中,从未放弃过自己的真正同一性。祂以自己不会偏差的力量将自己给出去,以便使向祂回归者得到圣洁化。"异"是说上帝的诸多意象表面上各不相同,而且这种不同必须被看成是标示着与外面表现出来的东西不同的事物。想象一下用形体化语言谈论灵魂的情况,此时实际上无法区分的东西似乎被认为具有身体的部分了。我们于是给予身体每个部分以一种与灵魂的不可分的特征相对应的意义。我们会说头意味着理性,脖子意味着意见——因为它处于理性部分与非理性部分的中

---

① 《哥林多前书》十五章 28 节。

间。我们会说胸膛意味着激情,胃意味着欲望,腿与脚意味着自然。这么一来,我们就去用身体各部分的名字象征各种官能。因此,当我们在谈及那超越万物的上帝时,十分重要的是用圣洁的、令上帝喜爱的和神秘的解释去澄清被归于上帝的不同形式与形状。如果你愿意的话,你可以用三维形体的语言描述不可能触摸的与无形状的上帝,说祂的广度是祂向万物进展的巨大性、祂的长度是祂超出宇宙的力量、祂的深度是祂的隐秘和一切被造物无法理解的不可知性。① 不过,在解释这些不同的形式与形状时,我们不应犯把无形神圣之名与那些可感觉物符号混为一谈的错误。后者我会在我的《象征神学》中加以讨论,现在我要强调的是:上帝的差异决不可被看作是指祂完全不变的同一性中有任何变化。这里说的乃是祂在诸多形式之中的统一,以及祂丰盛地产生万物的同一个进展过程。

6. 上帝被称作"同"以指出祂完全地、独一地和不分别地与自己相同;祂也被称为"相似的",这一圣名我们也不应反对。神学家说:超越之上帝不与任何其它存在者相似,但祂给予了那些向祂回归的一切人以一种"与祂相似性",使他们能尽最大可能模仿那超出一切定义与理解的事物。正是神圣相似性的力量将一切被造物向它们的**原因**回转,它们通过作上帝的形象和相似者而可以看作是与上帝相似的。② 可是我们不能说上帝是与它们相似的,正像我们不能说一个人与他的肖像画相似一样。同一层级的

---

① 《以弗所书》三章 18 节。
② 《创世记》一章 26 节。

事物可以说是互相相似的,从而可以说它们之中的任何一个具有"相似性"。它们也可以由于一个它们所分有的在先的、相似性的原型的工作而相互相似。但是这类相互换位不可能出现在**原因**与结果之间,因为上帝并不仅仅把相似性给予某些物体。事实上,祂是一切具有相似性的事物的原因。祂是绝对相似性的实体,世界上的所有相似性都与那神圣相似性的一点踪迹相似,故而一切被造之物都被形成于一个统一体之中。

7. 当然我们不必停留于此,因为《圣经》自己肯定了上帝是不相似的,不可与任何事物相比拟,祂与万物不同,而且更奇特的是:没有任何东西与祂相像。不过,这些话并不与事物与祂相似的话矛盾,因为同一样事物既与上帝相似,又不相似。它们与祂相似是指它们分有不能分有的事物。它们与祂不相似,是因为它们远远不及自己的**原因**,并且无限地、无法比拟地从属于祂。

8. 关于"静止"与"稳坐"的神圣属性又如何呢?应当这么说,上帝保持着祂在自身中的本质,祂唯一地建立于祂自己的不动的同一性和明显的基础之上,祂的作为永远是一种方式,一种目的,源于同一个不变的中心,祂的稳定性全然从祂自身中得出,祂是绝对不变和不动的,祂以超越的方式拥有所有这些品性。祂是万物的静止与稳定的**原因**,祂自己又超出所有的稳定与所有的静止之上。"万物立于祂之中"①并受到保护,从而不至于被从自己的其它品德之中拖开。

---

① 《哥林多前书》一章17节。

9. 可是为什么神学家又说,平静的上帝在运动并"出到"万物之中?这当然应当以与上帝相称的方式加以理解。我们出于对上帝的敬畏,必须认定祂的运动决不意味地点的变化、变异、转化、转弯,在空间中或直线或圆形地或混合式地运动。也不可想象这种运动发生于心智中、灵魂中,或上帝的本性中。事实只是:上帝将万物带入存有,维系它们,对它们实施种种主宰,临在于所有的它们之中,以一种任何心智都无法把握的方式包容它们,而且从祂向万物发出了无数进程与作为。不过,一个人也可以用适宜于上帝和理智的某种方式描述不动之上帝的运动。应当明白:上帝的直线运动意味着祂的作为,意味着万物从祂生成的坚定不移的进程。祂的螺旋式运动意指自祂而出的连续进程与祂的宁静的丰饶之结合。至于祂的圆形运动则指祂的同一、祂对秩序的中间和外缘部分的掌握,从而使万物为一,使一切自祂而出者能再度回归祂。

10. 有人会从《圣经》中指出"同"、"公义"和"同等"的称号。上帝被称为"同等的",这不仅是因为祂没有部分和坚定不移,而且因为祂通过万物而同等地达于万物,因为祂是"同等"的绝对实体,由此祂产生了万物的同等混合,与万物领受能力相称的性质,万物按自己的应得而拥有的恩赐。一切同等性,无论是理性的还是可理解的、理性的还是可感的、本质的还是自然的或是意欲的,都作为统一的东西而超越地事先包容于它之中,成为产生一切同等事物的超级充沛的力量。

十、论"全能"、"先于时间以及永恒和时间"

1. 我们现在应当赞颂我们那拥有众多名字的上帝的"全能"①和"先于时间"②。前面这个名字主要是指上帝作为万物的全能基础维系和拥抱着整个世界。祂建立它,使它稳固,将它保存。祂令整个世界完全朝向祂。祂从自身之中像从某个全能之根之中那样产生万物,祂将万物回归祂自己,就像回转到某种全能的宝库中一样。祂由于是万物的全能基础而将万物立于一起。这样,祂就把它们保持在一个超越的结合体之中,不许它们从祂之中堕离或由于离开它们的完美家园而被毁掉。

上帝被描述作全能的,因为祂有全部的力量,并完全控制着世界。这么说还因为祂是一切渴求的目的,因为祂使所有欲望着祂的人都戴上幸福的轭,在对祂善的圣洁的、全能的和不可摧毁的渴求中甜蜜地工作着。

2. 他们称祂为"时间之先者",因为祂是永恒和万物的时间,因为祂先于日子、永恒和时间。这些名字都需要一个适当的意义:"时间"、"日子"、"季节"、"永恒",所有这些名字都被用来说到那个完全免于变化或运动,在其永久运动中保持在自身之中,是永恒和时间和日子的原因的上帝。所以祂在那些神秘的异象的神圣启示中,祂被描写为古老的和常新的,即祂是最初的和"太初

---

① 《撒母耳记下》七章 8 节;《启示录》一章 8 节,十一章 17 节;《哥林多后书》六章 18 节。

② 《申命记》七章 9、13、22 节。

的"①,祂又从不变老。"古老"与"新的"这两个名字显示了祂从世界的开始起,经历了所有事,直至最终。正如我圣洁的神圣导师说的,每个名字都传达着上帝的存在的第一性的概念,"古老的"意味着从时间角度讲祂是最初者;"年轻的"意味着从数字角度讲祂是第一位的,因为第一个数目及靠近的数目比那些走得更远的数目要更具有优先性。

3. 我们现在应当弄清楚《圣经》中说的时间与永恒的本质。《圣经》在描述"永久的"事物时,并不总是要说它们是绝对非造的、永久的、不会毁坏的、不朽的、不变的和不变动的,比如像这样的话:"敞开吧,你永久的门户"。② "永恒"一词常常被用于非常古老的事物,或是尘世中全部时间历程,既然永恒的特点是非常古老、不变,是存在的量度。另一方面,时间总与表现出来的变化过程有关,例如产生、死亡和多样性。所以《圣经》告诉我们,我们这些被限制在时间之中的人必然会分有一定的永恒,这也就是当我们最后获得不朽坏的、不变化的**永恒**之时。③《圣经》有时也谈到时间性的永恒和永恒的时间的辉煌。④ 但是很清楚,严格地说,《圣经》所讨论和指明的乃是:永恒是存在的家园,时间是生成者的家园。所以,不应当想象被称作永恒的东西可以与在永恒之先的上帝一道永久。我们在此最好是仔细弄清《圣经》中的神圣话语,并按"永恒的"和"时间的"二词的恰当意义使用它们。我们应

---

① 《约翰一书》一章 1 节。
② 《诗篇》廿四篇 7、9 节。
③ 《哥林多前书》十五章 53 节。
④ 《诗篇》七十七篇 5 节;《罗马书》十六章 25 节;《提摩太后书》一章 9 节。

当把那些部分地分有永恒与部分地分有时间的事物看作某种处于存在的事物与生成的事物之间的东西。人可以用永恒和时间来描述上帝,因为作为"先于时间者",祂是一切时间和永恒的原因。然而祂又先于时间、超出时间,并且是时间与季节的变化的泉源。或者说,祂先于永久的时代,因为祂在永恒之前并高于永恒便已存在,"祂的国是永远的国"。①

十一、论"和睦"、"存在自身"、"生命自身"、"力量自身"以及从这个角度所论及者

1. 我们现在向上帝的和睦唱上敬畏的、和睦的赞美诗,②为了祂把万物聚合在一起。祂统一着万物,产生着万物的和谐与一致。所以万物皆欲求祂,祂把多重者与区分者带回到总体统一之中;一切内战都被改变成统一的家园。由于分有了神圣的和睦,高级存在者的汇聚之力便向自己收回,相互间吸引,并且被吸入统一体,与整个世界的和睦之源汇合为一。低于它们的层级则与它们统一,相互吸引,并被吸入那唯一的普遍和睦之完美的**根源和原因**。这一原因在其完整不分的统一之中遍及万物,好像是钉住了分裂了的部分,给予万物以确定性、界限以及支持保证,阻止任何东西从上帝的临在和它们自己的统一体中被扯开并离散于某种无穷尽的无序混沌之中,或某种完全混杂的纷乱之中。

神圣的犹士都(Justus)③用"不可言说的"和"不动的"之名称

---

① 《诗篇》一四五篇 13 节。
② 《以弗所书》二章 14 节。
③ 《使徒行传》一章 23 节,十八章 7 节。

呼那神圣的和睦与宁静,以与任何已知的进程作比较。这些名字是描述上帝的方式:宁静无扰,在绝对超越的自我统一体之中保持自身,转向自身并且在增加自身时从不离开自己的统一,走向万物而又总在自身之中,所以是超丰沛之"一"。任何被造物似乎都没有权利为这样的事物构造语词与概念。这根本不可能。所以在谈到那超出万物的和睦时,让我们用"不可言说"和"不可知的"来称呼祂。不过就许多人和我(我比许多好人要差)的力所能及的范围而言,我们也可以对其概念的和言说中的分有加以考查。

2. 首先要说的乃是:上帝是绝对和睦、一般和睦,以及具体的和睦的实体。祂将万物带入整齐划一的统一体之中,带入没有分割的共同体中,同时又使每种事物继续表现自己独特的形式而决不会由于与对立面联系而混杂不堪,统一之精确性与纯洁性也不会受到任何减损。因此让我们思考那和睦统一体的唯一本性,祂将万物相联并与祂联系,将它们保存于它们的清晰差别之中,又将它们联结于一个普遍的和毫不混乱的同盟之中。正是由于这一事实,理性活动的工作和对象才与神圣理性为一体,才向上接近那超出知识与心智者。灵魂也是如此。它们把不同的推理能力汇聚于一起,将其集中在纯粹理性的单一活动之中。它们以自己的方式和自己的秩序,通过非物质的和不可分的概念,上升到超出一切概念的统一体。所以万物之中有一不可动摇的联系、神圣的和谐、完美的一致、心智与性情的一体、整齐划一而牢不可破的联盟。完善的和睦彻底地遍布于万物之中,处处都有祂单一完整的统一力量。祂统一万物,将两终极与中间者联结在一起,把一切都束缚于那唯一的、同本质的架构之中。祂令宇宙最遥远的地方也能享受祂的临在。祂给予事物统一、同一性、联合、沟通以及互相吸引，从而保证它们的亲近关系，因为神圣的**和睦**不可分割地并整个地启示于单一的作为之中，祂渗透全世界而又从未离开自己的同一性。祂来到万物之中。祂按事物的接受能力而将自己给予它们，祂在自己和睦的丰茂过剩之中满溢着。同时，由于祂是超越的"一"，祂又永在自己完全彻底的统一体之中。

3. "为什么万物都希望和睦？"有人也许会问"许多东西都喜欢成为别的、不同的、有区分的东西，它们决不会自愿地选择安宁"。这话没错，如果这里说的"成为别的和不同的东西"是指每个事物都有自己的独特性，而且没有事物会丢失掉自己的独特性，我将指出，这种情况本身即是由于对和睦的愿望。因为万物皆喜爱与自己和睦、合为一体，从来都不从自己的存在和自己所具有者移开或堕离。完美的**和睦**作为一种恩赐，正是卫护着每种事物毫无混淆的独特性，神圣地确保万物皆宁静，而免于内外混乱，毫不动摇地保持自己的本质，和睦而宁静。

4. 如果一切运动的事物从不希望安静，而总是追求自己的合宜运动，这也是出于对那神圣的**宇宙和睦**的冀望，因为祂将万物稳定地立于自己之中，并确保独特性和一切运动者的沸腾生活不会变动和毁坏。内在的和睦使得运动的事物能进行与自己相宜的活动。

5. 在明显的相反情况下——当出现了从和睦堕离时——或许可以想象和睦并没有被万物所渴求。然而，不存在完全从和睦堕离的东西。完全不稳、无束约、非建立的和无界定的东西，既没有存在,也没有在存在者之中的位置。如果有人反对说可以在那些喜欢斗架、发怒、变化和不稳的人中看到对和睦及和睦好处的仇视,我的回答是:无论多么不清晰,这些品性也受到对和睦的渴望的影响。这些人受到了自己不理解的激情的扰动,努力想平伏它们。他们想象过量的易逝快乐会带给他们宁静和睦,因为他们被压倒他们的未满足的冲动所扰乱着。

我们虽然没有必要讨论那沐浴在和睦之中的基督的厚爱和善,但我们必须向它学习,止住我们之中的争斗,无论是相互之间的还是与天使的争斗。我们必须一起,并与天使一道,做上帝的事情,服从那"在众人里面运行一切的事"①的耶稣的主宰,接受那不可言说的和永恒安排好的**和睦**,与耶稣和解,并通过祂而与圣父和解。

关于这些超自然的恩赐,我在自己的《神学论》中已经借助《圣经》的神圣启示的见证说了很多。

6. 你在给我的一封信中问我,我讲的"存在自身、生命自身和智慧自身"的意思是什么。你说你不能理解为什么我有时称呼上帝为"生命自身",有时又称为"生命自身的实体"。因此,上帝的圣洁的人啊,我想有必要来解决你的问题。

我重复一下已经多次肯定的话:称呼上帝为"生命自身"和"力量自身",然后又称祂为"生命自身的实体"、"和睦自身的实体"、"力量自身的实体",这里并没有什么矛盾。前面的名字从存在者尤其是主要存在者而来,之所以被用于上帝,是因为上帝是

---

① 《哥林多前书》十二章6节。

一切存在者的原因。后几种名字之所以被采纳,是因为上帝超越地高于万物、包括主要的存在者。你或许会说:"所谓存在自身、生命自身,以及所有这类我们把一种最终来自于上帝的绝对和首要的存在给予它们的事物,究竟是什么意思?"我的回答是:此事无误,实际上很清楚,对此有一个简单的解释。存在于存在的各个表现之后,作为它们原因的那个绝对存在,并非一个神圣的或天使性的存在,因为唯有超越存在自身才能成为存在者存在的泉源、存在和原因。同样,所有生物和生命自身得以产生的原因并非任何一种产生生命的神,而是超神圣的生命。上帝不应当被看作是事物产生与创造的存在者和实体,就像愚蠢的人们所称的诸神或世界创造者。这些人和他们的父辈,对这种存在者没有真正的或恰当的知识,而且实际上根本就没有这类存在者。我所说的是些完全不同的东西。"存在自身"、"生命自身"、"神性自身"是用来表征泉源、神圣性、原因的名字,它们是描述那超出万物泉源之上的唯一的、超越的原因和泉源。不过我们也在派生的意义上使用这些词语,用它们描述从无物分有的上帝发出的神力作为。我是指存在自身、生命自身和神性自身,它们塑造万物,使其可以各按自己的能力而分有它们。由于这些分有的事实,才有了这类属性与名字:"存有"、"生活"、"为神性充满"等等。所以,善被称为是最早的存在者的实体,然后又是整个存在者的实体,接着又是部分的实体,然后又是那些分有整体者的事物的实体,而且也是那些只是部分地分有整体的事物的实体。不过我圣洁而神圣的老师已经论述过所有这些事,我没有必要再多说什么。正是他们把"善自身和绝对神性(自身)的实体"这一称号用于高于善和神性的太一。他们还把"善自身"和"神性自身"的名字用于那把善与神性施予被造者的恩赐。他们把"美自身"的名字给予那产生美自身的满溢;在同一个意义上他们还用"全美"和"部分美"来谈论整个地美或部分地美的事物。他们还以同样方式谈论那些其它属性,那些展示了上帝的统治和善,为存在者所分有,如奔涌大潮般从不被分有的上帝流溢出的品性。万物的原因当然超出所有的万物之上,上帝的本质当然超越地和超自然地远远高于被造物,高于它们的存在和它们的本质。

十二、论"万圣之圣"、"万王之王"、"万主之主"、"万神之神"

1. 看来我对这些主题已经说了应当说的话。我们应当都向拥有无数名字的上帝献上赞美颂歌,称祂为"万圣之圣"①和"万王之王"②;"祂永远统治、直到永恒的尽头而且超出"③,祂是"万主之主"④和"万神之神"⑤。但我首先最好说明我用这些"圣洁自身"、"王"、"主"、"神圣"等名字的意思是什么,以及这些称号在《圣经》中的双重含意。

2. 我说的"圣洁"乃是指没有一点点污染。这是全体的、完全没有脏污的纯洁。"王"是指安排一切界限、领域、法律和秩序的权力。"主"不仅是指比在下者高,而且是一种对所有美好事物的完全拥有,是一种真实的和坚定不移的稳固性。这个词来自"做主人"、"有能力做主人"和"实际上做主人"等观念。"神性"是看

---

① 《但以理书》九章 24 节,亦可译为"至圣者"。
② 《提摩太前书》六章 15 节;《启示录》十七章 14 节,十九章 16 节。
③ 《出埃及记》十五章 18 节;参看《诗篇》十篇 16 节。
④ 《申命记》十章 17 节;《诗篇》一三六篇 3 节;《提摩太前书》六章 15 节;《启示录》十七章 14 节,十九章 16 节。
⑤ 《申命记》十章 17 节;《诗篇》一三六篇 2 节,五十篇 1 节。

见万物①的**主宰**,祂在自己的完全的善当中创造一批批存在物,使它们结合在一起,祂既充满又超越所有享受其福泽的事物。

3. 我们必须在那个超越万物的原因的绝对意义上称颂这些名字。此处,我们必须说这一原因是最高的圣洁与主,最高的王和全然单纯的神圣性。从这一原因之中出现了某种遍布开去的东西,这是一种统一体和一种集合,一种完全纯洁性的毫不混杂的完满。从祂之中产生了万物的所有规律与层级;祂没有任何不和谐、不平等和不对称,祂享受着秩序井然的一致与正确,祂包容着一切配得上分有祂的事物。从祂之中还产生了一切美和一切善的主宰的全部进程,它观照和维系着祂用神命塑造的所有事物。从祂之中还产生了神性自身的慷慨赐予,以便使向上帝回归者能得到圣洁。

4. 由于万物的**原因**在超越地胜过万物之中与它们一起满溢,祂被称作"万圣之圣"和其它这类名字。你们可以说祂是满溢的原因和最高的超越。正像许多事物被存在、圣洁、神性、主的身份和王的身份所超过一样,正像分有这些品性的事物比这些品性本身要低一样,拥有存在的事物也被高于它们的太一所超过。那些分有这些品性的事物与这些品性本身一道,都远远被不为它们所分有的**原因**所远远地超过。《圣经》把"圣者"、"众王"、"主"、"众神"②等名字用在首要级别身上,二等的人通过他们接受上帝的恩

---

① 在神圣性(theos)与看(thea)两词之间,已有人试图找出联系。参看 Plato,《克拉底鲁》,293。

② 《利未记》十一章 44 节;《民数记》十一章 28 节;《诗篇》八十二篇 6 节。

赐,根据自己的分化程度再把他们的那份恩赐多样化。最首要的等级则在他们的服从神意的、与上帝相像的行动中,把这些多样变化收拢于他们自己存在的统一体之中。

十三、论"完全"和"一"

1. 关于这些名字就谈到这里;如果你愿意,我们现在就讨论它们中最持久的名字。神学在把一切品性归于万物之因时,称祂为"完全"①和"太一"②。祂是完全的,这不仅因为祂是绝对的完满,祂在自身中并从祂的单一存在和彻底完满界定"完全",而且因为祂还远远超出此之上。祂为无界限者立下了界限,并且在祂的整个统一体之中超出了所有限制。祂不为任何事物所包容或理解。祂遍及万物而又超出万物,并且以永远有保证的宽厚充沛和毫无限制的作为进行着这一切。

所谓上帝是"完全的"也就说上帝不可能增加或减少,因为祂是永远完满的,祂预先就在祂自身之中包容万物,祂在永无止息地、同一地、满溢地和从不减少地涌流着,令完全者得以完全,并用自己的完全充满万物。

2. "太一"之名的含意是:上帝通过超越的唯一统一体而与万物有一种独特的同一,祂是万物的原因但又不曾离开那个"一"。世上没有任何东西不分有太一。正如一切数字都分有统一体——如我们提到一对、一打、一半、三分之一、十分之一——万

---

① 《马太福音》五章48节;《希伯来书》二章10节,五章9节,七章28节。
② "太一",亦可译为"一"。

物以及万物的所有部分也都分有太一。通过分有太一，万物方能出现。产生万物的太一本身并非世上许多东西中的一个，祂实际上先于"一"与复多，并且界定着一与多。因为"多"也必须分有一定的"太一"才能存在。拥有许多部分的事物从其整体看仍是一。拥有众多属性的事物从其主体看仍是一。数量或能力上众多者从种类上看仍是一。种类众多者从总属上讲仍是一。进程上是多者在泉源上仍是一。故无物可以全然不分有太一；太一则在祂完全包容的统一体中奇妙地包含了所有的事物，甚至对立的东西。没有太一就不会有复多；但是没有复多却仍然可以有太一，正像"一"先于所有的复多的数字一样。而且，如果把万物思考为在万物之中的统一的话，那么事物之总体必须被视为一。

3. 还有一些事也应当记住。当说到事物是统一之时，这都是根据事先领悟的与各种事物相宜的"一"的形式。从这个方面讲，太一可以被称为是万物的基础元素。如果你取走了太一，那么无论整体还是部分，或是任何创造的东西，都不会剩下了。事实乃是：万物皆预先被包容于太一之中，并且被作为内在统一者的太一环抱着。所以《圣经》把整个上帝之统治即万物之**因**描写为太一。而且，"只有一位上帝，就是父；只有一位主，就是耶稣基督"①；"只有同一个圣灵"②；这些又都以彻底的不可分性处于上帝的"一"之中，在祂之中，万物皆被结合于一个超越的统一体的进程之中，和它们预先存在的超越性之中，而成为一。故而万物被

---

① 《哥林多前书》八章 6 节；《以弗所书》四章 4-6 节。
② 《哥林多前书》十二章 11 节。

归之于上帝是十分正确的，因为正是通过祂、在祂中和为了祂，万物才存在、共同安排、持存、成立、"完全"并被回转。世上无物不在太一之中，太一是超越之上帝的名字。万物皆由于太一而具有自己的独特存在和据以"完全"与保存的过程。在上帝的统一体的这一力量面前，我们必须从多回到太一；我们独特的赞美颂歌应当献给那唯一的、完全的上帝，祂是万物的唯一原因，祂在杂多之中的所有"一"之前就已存在，祂先于所有的部分与全体、有限与无限、确定的与不确定的。祂确定了所有存在着的东西，也确定了存在本身。祂是事物的原因，也是事物总体的原因。祂同时与事物同在，又先于它们、超出它们。祂超出了"一"本身，而且确定了这"一"。被造物中的统一是一种数字的统一，而数字也分有存在。

但是超越的统一体确定着"一"自身和所有数字，因为祂是"一"、数字以及一切存在的泉源、原因、数字和秩序。超越之上帝既是"一"又是"三"这一事实，不能以我们的任何常用意义来理解。存在着上帝的超越统一体和上帝的丰茂多产性，当我们准备赞美这一真理时，我们用"三位一体"和"统一体"的名字来称呼那事实上超出一切名字的上帝，把祂称为万物之上的超越存在。但是**没有**任何"统一体"或"三位一体"、数字或"一"、"丰茂多产"等等名字，以及一切存在的或已知的名字，能用来称呼那超出所有心智和理智的奥秘，那超越万物的超越的上帝。对于祂，没有任何名字或表述。我们无法追随祂进入祂远远高于我们之上的、无法接近的居所，我们甚至不能用"善"这个名字来称呼祂。我们在努力寻找与那无法言说的本质相宜的概念与语言时，我们首先把最为人敬重的名字保留给祂。在这个方面,我当然与《圣经》著述者一致。但是这些事的真正真理,事实上远远超出我们。这就是为什么灵魂们宁愿取通过否定而上升的道路,因为这使灵魂站出到一切与它自己的有限本质相关的东西之外。① 这条道路引导灵魂经历所有的神圣概念,这些概念本身被那远远地超出一切名字、一切理智和一切知识的上帝所超越。在世界的最远边界之上,灵魂在我们能力所容许的最大范围中,被带入与上帝的合一之中。

4. 这些就是圣名。它们都是概念性名字。我已尽我最大努力阐释了它们。不过我当然远远没有把握它们的真实含意。甚至连天使也会承认这种失败,而我哪能与他们作的赞美比呢?甚至连我们当中最伟大的神学家也比天使中最小者要差。不过我不仅不幸地比不上神学家和他们的听众与追随者,而且甚至不如我的伙伴。所以,如果我所说的是正确的,如果我多少也正确地理解和解释了上帝的名字的某些问题,那么,这工作必须归功于一切善美的事物的原因,是祂给了我言说的话语和恰当使用它们的力量。我可能漏了一些相似力量的名字,如果确实漏了,这也必须用同样的方法加以解释。也许我所做的当中有些不对的或不完善的,也许我完全或部分地偏离了真理。如果确实如此,请

---

① 肯定神学最终是达不到目的的。甚至连最尊贵的名字"善"也不能表达上帝的本质。所以《圣经》更愿走否定之路——否定使灵魂站出自己之外("出神")。用于上帝时,指神圣的超越和"向下"的创造、给予进程;用于人身上,指正确地解释神圣的表现,尤其是由"通过否定而上升"的道路来解释。所以进程与回归分别讲的是神圣的"出神"和人的"出神"。

你为我好而改掉我无意的无知之处,给需要教导的人以一个论证,帮助我不稳固的力量,并治疗我所想去掉的软弱性。我请求你告诉我你自己和别人所发现的一切,它们都来自于**至善**。请不要让对朋友的好心成为你的负担。① 我从未把恩赐于我的天国话语秘而不宣。我已经把它们一<u>丝</u>不变地转告于你和其它圣洁的人,只要我还有说话的力量,你还有倾听之力,我就将继续这么做。只有当理解和说出这些真理的力量离我而去时,我才会背离传统。愿我所做和所说的能令上帝欢喜。

这样,我就结束我关于上帝的概念名称的著作,并且在上帝的指引下,进入到《象征神学》。②

---

① 《帖撒罗尼迦后书》三章 13 节。
② 从顺序上说,下一部著作应是《象征神学》,因为整个论证是追随上帝的"降临":从概念领域中的名称向下进入到从感知觉象征符号中得到的名称。

第二章　神秘的神学[①]

一、什么是神圣的幽暗

1. 高于任何存在、任何神明、
   任何善的三位一体啊！
   基督徒在智慧天国中的向导啊！
   引导我们向上越过无知与光,
   上升到神秘的《圣经》的最远、最高的巅峰,
   在那儿有上帝之道的奥秘,
   它们单纯、绝对而不可更易,
   处于隐秘的寂静的辉煌黑暗之中。
   它们在至深的幽暗之中
   把淹没一切的光撒遍在最清楚者之上。
   它们在完全感觉不到和看不见的事物中
   用超越一切美的宝藏
   充满我们无视力的心灵。

   这就是我的祈祷。提摩太,我的朋友,我对你寻求观照那神

[①] 这篇小义是理解狄奥尼修斯的方法及全部著作的结构的关键。"神学"在此通常是用其原意:(在《圣经》中的)"上帝之道论"(Theo-logy),但也可以表示"关于"上帝话语的言论。

秘的①事物时的忠告乃是：丢掉一切感知到的和理解到的东西，丢掉一切可以知觉的和可以理解的事物及一切存在物与非存在物；把你的理解力也放在一边；然后，尽你的一切力量向上努力，争取与那超出一切存在和知识者合一。通过对你自身和万物的全部彻底的抛弃：扔掉一切并从一切之中解放出来，你将被提升到那在一切存在物之上的神圣幽暗者的光芒之中。

2. 不过注意别把这些告诉那些未入门者，即那些被尘世的事物缠牢的人。这些人以为除了个别的存在物之外，没有任何东西；他们以为靠自己的理性力量就可获得对那隐于幽暗之中者的直接知识。② 如果说对神圣者的了解远非此辈所能及，那么就更不用说那些其它的更无知的人了。那些人用获自最低级存在物的词语来描绘万物的超越**原因**，他们宣称说上帝决不比他们自己造出来的、渎神的、各种各样的形体更高明。关于万物之**因**的真理应是如此：既然祂是全部存在者的**原因**，我们应当提出所有有关存在者的肯定，并将其赋予上帝；更为恰当的是，我们应当否定所有这些肯定，因为祂超出万物。我们不要认为否定只是肯定的相反，而应认为万物之因远远优先于此，祂超出缺乏，超出所有的否定，超出所有的断定。

3. 这至少是福佑的巴多罗买（Bartholomew）的教导。③ 他说上帝之道至大又至小，福音既遍布天下又有限制。在我看来，他

---

① "神秘的"在此的主要意思是秘密的或隐藏着的。
② 《诗篇》十八篇11节。
③ 《马太福音》十章3节；《马可福音》三章18节；《使徒行传》一章13节。后世一些著作也托名于这位使徒。

这么说是十分聪明的,因为他已经掌握这一道理:万物的善因既雄辩善言又沉默不语——甚至一言不发。祂既无话语又无理解行动,因为祂处于高出这一切的层面上。只有当一个人经历了各种考验,越过了每次圣洁上升的峰顶,越过了所有的神圣光芒、所有天国的声音和话语,进入到那黑暗——如《圣经》上说的,超出万物的太一便在这里①——之中时,他方能明白这一切。福佑的摩西听从召唤,先洁净了自己,然后离开尚未洁净的人。这么做不是毫无理由的。当他完成所有的洁净后,听到了号角声大作。他看到了许多光芒,纯洁而奔涌的光。然后,他离开人群,在被选出的祭司的陪同之下,向圣洁上升的顶峰攀登。但并没遇到上帝自己,而是观照——不是那不可见者——上帝的居处。我以为这里的意思是说:肉眼或心智所知道的最圣洁、最高的事物是象征语言所表达的属上帝的事物。上帝无法想象的临在通过这些原则而展现出来,在这些圣洁之地的高峰走向心灵可升之处。然后,摩西冲破了它们,离开了看与被看者,进入到不知(无知)之真正神秘的黑暗之中。这时,他放弃了一切心智可理解者,完全被包容在不可触及和不可见者之中,他完全隶属于那超出万物者。在此,人不再是自己,也不再是任何别的东西,被一个全然不知(无知)的所有知识的终止而最高地统一起来,通过什么也不知而超出心智地认知。

---

① 《出埃及记》二十章21节。

二、人应当如何被统一，向超出万物的万物之因献上赞颂

我祈祷我们能来到这远远高于光之上的黑暗！我希望我们能没有视力和知识，以便在不看不知之中，观看和认知那超出一切视觉和知识之上者。这才是真正的看和知：用超越的方式，即通过否定万物，来赞颂那超越的太一。我们应当像打算雕刻一具塑像的雕塑家。他们移去一切障碍以获得对隐藏的形象的纯粹观照，他们仅仅通过这种清除行动①便展现了隐秘之美。

在我看来，我们对否定的称颂应当与对肯定的称颂方式不同。当我们肯定时，我们从最先的事物开始，通过居中事物向下移动，直到我们到达最后的事物。但是当我们从最末了的事物攀向最先的事物时，我们否定万物②以便毫无隐藏地认识那不知者——祂自己对存在者之中一切拥有知识的人都是隐秘不见的，以便在存在之上观照那黑暗——祂隐藏于存在者之中的所有光线之外。

三、什么是肯定式神学，什么是否定式神学？

我在《神学论》中已经赞颂了最适合于肯定式神学的概念。我已说明了那神圣和善的本性在何种意义上被说成是"一"以及"三"，如何能用"父"和"子"来称呼祂，在圣灵神学的意义上，这些善的内在光芒如何从无形体的和不可见的善之中生发出，以及它

---

① "清除"；亦可作"否定"解。

② 这一对下降的肯定与上升的否定的含意深远的论断，在下一章中得到了解释。

们在这生发中如何在祂中、在自己中，以及在相互之中与它们的共同永恒的基础保持紧密不分。① 我已论及超出个别存在的耶稣如何成为一个具有真正的人的本性的存在者。《神学论》中还赞颂了《圣经》中的其它启示。

在《圣名论》中我说明了把上帝称为善、存在、生命、智慧与力量的意义，以及其它与上帝的概念名称有关之事。② 在《象征神学》中我讨论了用从我们的感知物得出的东西对上帝做的类比。我谈了我们对于祂具有的意象、形式、模样，与祂相称的手段、祂的居所，以及祂的衣着。我谈了祂的愤怒、悲哀和盛怒，祂如何被说成醉酒与酒后不适、祂的发誓与诅咒、祂的睡与醒，以及我们对于祂的所有这一类意象，这一类被上帝的象征表现的工作所塑造的意象。我敢肯定你已经注意到，这类东西比前两部书中所讨论的要多得多，因为《神学论》和对上帝合宜的名字的讨论当然要比《象征神学》中所能谈的要简短。事实是：我们飞升得越高，我们的词语越局限于我们所能形成的观念；所以当我们进入到超出理智的黑暗之中时，我们将发现自己不仅词语不够用，而且实际上是无言与不知。在先前的书中，我的论证从最崇高的范畴向最低下的范畴进发，在这下降的跑道上包容进越来越多的、随着下降的每个阶段而增加的观念。但是现在我的论证从在下者向超越者上升，它攀登得越高，语言便越力不从心；当它登顶之后，将会完全沉默，因为祂将最终与那不可描状者合为一体。

---

① 在《圣名论》第二章中，光与植物的象征也用于圣子与圣父的描述。
② 《圣经》中这五个用于上帝的名称是《圣名论》中最先讨论的（第四到第八章）。

现在你或许会疑问：为什么当我们的方法是关于肯定时，我们从最高的范畴开始；而当我们的方法是关于否定时，现在却要从最低范畴开始？原因是这样的：当我们肯定那超出一切肯定的事物时，我们必须从与祂最接近的事物开始，这么做，我们便肯定了所有其它事物所倚靠的事物。但是当我们否定那超出一切的否定的事物时，我们必须开始于否定那些与我们期望达到的目标最不相像的事物。难道说上帝是"生命"和"善"不是比说祂是"石头"或"空气"更加真实些吗？否定祂会"醉"或"怒"，不比否定祂有语言或思想更正确吗？

四、一切可感物的最高原因本身是不可感觉的

这些就是我要说的。万物原因超于万物之上，祂并非不存在的、无生命的、无言的、无心智的。祂不是一个物质体，所以没有形状或形式，也没有质、量或重量。祂不在任何地方，也不能被看见或碰到。祂既非被感知的，也非能被感知的。祂既不会感到骚乱，也不会感到不适，也不会被尘世情感所压倒。祂不会软弱无力而受到感知觉的扰乱。祂不会被夺去光辉。祂不会经受变迁、衰退、分裂、损失、流动等所有感觉能察知的过程。这一切既不可看作与祂等同，也不可用来描述祂。

五、一切概念性事物的最高原因本身并非概念性的

当我们攀登到更高处时，我们便会看到这一点。祂不是灵魂和心智，也不拥有想象、信念、言语或理解。祂本身也非言语或理解。祂不能被论及，也不能被理解。祂不是数字或秩序、大或小、

平等或不平等、相似或不相似。祂不是不动的、不是动或静的。祂没有力量,祂不是力量,也不是光。祂并不活着,也不是生命。祂不是实体,也不是永恒或时间。祂不能为理解力所把握,因为祂既非知识也非真理。祂不是王。祂不是智慧。祂既非"一"也非"一性"、神性或善。祂也不是灵——在我们理解的那个意义上。祂既非子也非父,祂不是我们或其它存在者所认识的事物。祂既不可被"不存在",也不可被"存在"所描述。存在者并不知道祂的真实存在,祂也不按它们的存在认知它们。关于祂,既没有言说,也没有名字或知识。黑暗与光明、错误与真理——祂一样也不是。祂超出肯定与否定。我们只能对次于祂的事物作肯定与否定,但不可对祂这么做,因为祂作为万物完全的和独特的原因,超出所有的肯定;同时由于祂高超地单纯和绝对的本性,祂不受任何限制,超出所有局限;祂也超出一切否定之上。

第三章 天阶体系

一、狄奥尼修斯长老致提摩太长老：尽管从祂的善之中有种种神圣的启示向受惠泽者进发，祂还是不仅单纯地驻持于自身之中，而且还统一那些被祂启明照亮者

1."各样美善的恩赐和各样全备的赏赐都是徒上头来的，从众光之父那里降下来的。"①不仅如此，在圣父的感发下，圣光的每一进程都丰厚无比地撒遍我们，并且在祂统一之力的作用下，祂振作我们，把我们向上提升。祂使我们向聚合我们的圣父的"一"和神圣化的单纯性回归。因为正像神圣的道所说的："万有都是本于祂，归于祂。"②

2. 所以让我们朝向耶稣——那圣父之光，"那照亮一切生在世上的人的真光，"③"我们借着祂而得以靠近"④圣父，这光是一切光芒的泉源。我们应当尽我们最大能力抬起眼，观照从《圣经》中来的、圣父传送给我们的启示；我们应当尽可能注视天界的理性阶层体系，这么做时我们应当根据《圣经》以象征的和提升的方式

---

① 《雅各书》一章17节。
② 《罗马书》十一章36节。
③ 《约翰福音》一章9节。
④ 《罗马书》五章2节；参看《以弗所书》二章18节，三章12节。

所启示于我们的原则。我们应当把我们心智的非物质性的和稳定不移的眼睛抬向那圣光的倾注,这光是最首要的,而且甚至还远远高于首要,祂来自于那神性的泉源,也即圣父。这圣光通过象征符号使我们知道了天使之中最有福的阶层体系。不过我们应当从这光明的倾注继续上升,以便到达那圣光本身的单纯光芒。

这光芒当然从没放弃过自己的特有本性,或是自己内在的统一。尽管祂向外进发到复多性,并且由于慷慨厚施而行进到自身之外,去提升和统一那些由祂的神命所管理的存在者,祂仍然保持着内在的稳定,并且永远与自己不变的同一性为一。祂还给予了被造物以与之相宜的向祂上升的能力,祂还用自己单纯的统一性统一它们。不过这一神圣光芒对我们的启明照亮只有通过上升地隐藏于各种神圣的帷幕之后来进行,圣父的统辖使这些帷幕适应于我们作为人的本性。①

3. 所有这一切说明了为什么神圣的机构和完善之源建立了我们最为虔诚的阶层体系。祂根据天界的阶层体系塑造了它,然后把这些非物质性的阶层体系包裹在许多物质的形式和模样中,以便我们可以以与我们的本性相宜的方式被从这些最可敬的形象中提升到那单纯和不可表述的解释②与同化之中。因为我们人类不可能在没有那些可以根据我们的本性引导我们的物质性手段的帮助下,以非物质性的方式上升到模仿和玄观③天界的阶层

---

① "上升地隐藏"的帷幕是《圣经》与礼拜式。
② "提升"可指"解释"。
③ 译为"玄观"。盖老子《道德经》第十章讲"玄览",在古代有"观照"之义,即玄妙直观;不宜译为"思"或"想"。

体系。所以，一切思考者须意识到，美之外表乃是一种不可见的美好者的象征。影响感觉的美味是一种概念性弥散状态的表象。物质性的光是非物质性的光的满溢的形象。圣洁使徒的完全性表征着心智的巨大玄观力量。在此之下的秩序与级别是朝向神圣领域的和谐秩序排列的符号。领受极圣洁的圣餐乃是分有耶稣的一个象征。如此等等，适用于一切由天界的存在者所超越地领受的恩赐，这些恩赐在给予我们时取的是象征的方式。①

灵性完全的泉源给我们提供了这些天界心智的可感形象。祂是出于对我们的关心，希望我们成为与上帝相像者才这么做的。祂使我们知道天界阶层体系。祂使我们自己的阶层体系成为这些神圣的阶层体系的一个服事同工，使我们在人力量容许的范围之内，同化于天界的与上帝相像的祭司职份之中。祂在《圣经》的神圣图景中向我们启示了这一切，以便把我们在灵性中从可感物提升到概念事物，从神圣的形体与象征提升至天阶体系的单纯顶峰。

二、神圣的和天界的事物甚至可以通过并不相似的象征恰当地启示出来

1. 我想首要的任务是立下所有阶层体系的目的，并指出这对于其成员的益处。然后，遵循《圣经》所启示于我们的，我们应当

---

① 这里对感觉所领会的圣餐以及美、时和光的论述，表明《天界层级体系》的开首处也介绍了"我们的"阶层体系——在《教会层级体系》中将作详细讨论。《天界阶层体系》的第三章将结束对两种阶层体系的介绍；第四章将开始对天使的阶层体系的专门讨论。

向天界的阶层体系献上赞美诗。我要描述《圣经》给予这些天界层级的神圣形式,因为我们只有通过这些形状才能被提升到那全然单纯者。

我们可不能像渎神的人那样把这些天界的和与上帝相像的理性,看成真的有许许多多的脚和脸。他们并没被塑造成与牛的野蛮和狮子的残暴相像。① 他们并没鹰的弯喙或鸟的翅膀与羽毛。我们不能真的相信那些景象:在天空中旋转的火轮②、迎接神灵的物质的宝座③、各种颜色的马④、拿刀的元帅⑤,或是任何这类在各种《圣经》的启示象征中传给我们的形状。上帝之道在讨论这些无形的理智时运用了诗性想象,但是如我已说的,祂这么做不是为了艺术,而是为了适应我们人的心智的天性。祂用提升的方式运用《圣经》段落,作为从最初者给予我们的一种道路,以便以适宜于我们天性的方法提升我们的心智。

2. 这些图景与我们无法认识和玄观的单纯存在者有关。如果有人因此认为《圣经》中的想象与这些心智并不一致,给予天使的名字有冒称之嫌,那又如何?确实,人可以争论说,如果神学家打算赋予纯然无形体者以形体的形式,他们应该找那些更合宜、更相关的形式,他们应该从我们认为是最高贵的、非物质的和超越的存在者那里找,而不是诉诸一大堆尘世中的形式,并把它们

---

① 《以西结书》一章 10 节。
② 《申命记》七章 9 节。
③ 《申命记》七章 9 节,《启示录》四章 2 节。
④ 《启示录》六章 1—9 节。
⑤ 《约书亚记》五章 13 节。

用于全然单纯和天上的与上帝相像的实在物。或许这是为了把我们向上提升,并且不把天界的形象向下引入不一致的不相似之中。但是事实上,它违法地抗拒了神圣的力量并误导我们的心智,使其缠扰于渎神的图像构造中。人可能会想象上天之中真的遍布成群的狮子和马、想象圣洁的赞美真的是大鹿、想象鸟群在那儿振翅、想象那儿有其它种类的被造物,甚或更为不堪设想的物质性事物,想象那些《圣经》所描绘的趋向荒谬、虚假的和激情化的事物的完全不相似的相似者。

但是如果去看事情的真理,那么《圣经》的神圣智慧便很清楚了,因为当天界理性被用形式来表现时,神意很关注不去伤害神圣的力量,也不让我们对那些低贱与粗俗的意象有热情的依赖。为无形式者创造形式、给予实际上无形状者以形状,是出于两种原因。首先,我们缺乏被直接地提升至概念性的玄观的能力。我们需要的是对于我们来说自然而然的提升,它可以把奇妙而无形的景象的容许形式提至我们面前。其次,对于《圣经》的神秘段落来说,关于天界理性的神圣的和隐秘的真理,通过不可言说者和神圣者而隐藏起来,不为大众所得知,这是非常合宜的。并非人人皆是圣洁的,正如《圣经》所说的,并非每个人都有这等知识。[①]

至于说《圣经》想象的不合宜性或用卑下的形式表现神圣的与圣洁的等级的不适当性,对此批评我们只能回答:神圣的启示以双重的方式工作。

---

① 《哥林多前书》八章 7 节;参看《马太福音》十三章 11 节;《路加福音》八章 10 节。

3. 启示的工作首先是自然地从神圣的形象开始进行的,在此,相像者表现相像者,同时也运用不相似的和甚至完全不恰当与可笑的造型。有时,《圣经》的神秘传统用"道"、"心智"、"存在"的形式表现超越之上帝的神圣福泽,由此表明理性与智慧必然是上帝的属性,上帝也须被看作一种真正的实存和万有的实存的真正原因,祂也可以被表现为光与生命。① 这些神圣的形状当然表现出更多的敬意,而且比那些从尘世中取来的意象要高无数倍。然而它们实际上与后者同样是残缺不足的,因为上帝远远超出于一切存在和生命的表现之上;"光"的说法无法描述上帝,一切理智或理性均不能与祂相似。

《圣经》还用完全不相像的启示的表现来赞美上帝。祂被描绘成不可见的②、无限的、无法把握的,以及其它并不表达祂所是而表达祂实际所不是的东西。这一对他言说的第二种方式在我看来是更为合适的,因为正如奥秘圣洁的传统教导我们的,上帝决不与存在者有任何相像,我们对祂无法理解的和不可言说的超越性,及不可见性根本就没有任何知识。

既然否定的方式看来更合宜于神圣的领域,既然正面的肯定对于不可表述的奥秘总是不合适,那么通过不相似的形状来进行表现,对于那不可见者便是更为确当的了。所以《圣经》著作远远没有贬低天界的等级,相反是尊崇了他们。由于他们被描绘成与他们实际本质全然相背的形状,我们便明白了这些离我们如此之

---

① "道":《约翰福音》一章1节;"心":《以赛亚书》四十章13节;"存在":《出埃及记》三章14节;"光":《约翰一书》一章5节;"生命":《约翰福音》十一章25节。

② 《哥林多前书》一章15节;《提摩太前书》一章17节;《希伯来书》十一章27节。

远的等级是如何地超出了一切物质性之上。而且,我想没有人会反对这一事实:不和宜性比相似性更适合于将我们的心智提升至灵性物的国度。高高飞翔的模样很可能会误使人以为天界的存在者是金光灿烂的人,富有魅力的、穿着华丽服饰、发出无害的火焰,或是其它类似的美好品性——上帝之道用来塑造天界心智的品性。① 正是为了在那些无力超升到可见之美之上的人当中避免出现这类误解,虔敬的神学家才聪明地和"提升地下降"到不合宜的非相似性的象征物之中,这么做正是考虑到我们朝向物质事物的内在天性和我们易于偷懒地满于低下的形象的习惯。同时,他们也加强了渴求真正在上者那部分灵魂上升的力量。实际上,这些象征的全然粗鄙性正是一种刺激,甚至使倾向于物质事物的人也无法接受说天界的或圣洁的景象可以由这类鄙劣的东西表达。而且,不要忘了无物会缺乏自己所分有的那份美,因为正如《圣经》正确地指出的那样:"万物都是美善的。"②

4. 因此,万物皆可有助于玄观;从世界中得来的不似的相似性可以被用于描述那些可理解的和理性的存在者,这点我已经讲了。当然我们必须总是记住,在典型的理性领域中的事物,和感觉领域中的事物之间存在着巨大的差异,故而在缺乏理性的人中,愤怒是一种发火的、激动的和非理性的冲动;但是在那些具有理智的人中,它又是一种不同的东西,并且应当这么来理解。我认为,对于理性存在者来说,愤怒是理智在他们当中强而有力的工作,

---

① 《申命记》十章 15 节;参看《马太福音》廿八章 3 节。
② 《创世记》一章 31 节。

是他们得以被牢固地建立于圣洁的和不变的基础之上的能力。

欲望也是如此。对于缺乏理智的生物来说,欲望是对物质的东西无止境的贪求,是产生于与易逝者共存的紧张驱策的冲动,是停留于感觉和喜爱的领域中的活生生的、专横的热望。当我们将不似的相似物用于理性存在者时,我们也说他们感受着欲望,但是这必须被解释为是一种对于超出一切理智和一切理性的非物质实在的圣洁渴慕。这是对于清晰不动情地玄观超越者的强烈而确定的欲望。这是对于与纯洁至高的光和清晰灿烂的美作永无止境的、概念性的和真正的沟通的渴求。从纯洁不变地渴求圣洁的美和完全把自己交付给一切欲望的真正对象的角度看,"欲望无度"变成为确定而正当的力量了。

我们说的动物中与物体中缺乏理性和知觉,事实上是说它们在理智与知觉上有缺陷。但是当我们这么说到非物质的和理性的存在者时,我们是说这正是合宜于圣洁存在者的。他们作为超越的存在者,远远地超出了我们散漫的和身体性的理智,正如物质性知觉远远低于那些理性的和非身体性的事物一样。

所以,即使是得自于最低级的物质的形式,也可以毫无不当地用于天界存在者。物质最终是由于绝对之美而获得自己的实存,并在它的所有尘世等级中保存了可理解之美的某些回声。借助于物质,人可以被提升到非物质的原型。当然人必须小心地运用我们讨论过的"不似的相似性",避免做一一对应,根据所记得的理解物和可感物之间的巨大差别而做出合宜的调整。

5. 我们将会发现,神秘神学家运用这些东西不仅使我们了解天界的层级,而且启示了上帝本身的一些情况。他们有时用最崇高想象,把祂称作比如公义的日头①、在心里出现的晨星②、清晰的概念之光③;有时他们用更为中间的、近于尘世的想象。他们称祂为不会毁坏东西的闪耀之火④、充满生命的水、流入腹中形成永不枯竭的江河⑤。有时意象属于最低级事物,如馨香的膏油⑥和房角石⑦。有时那些意象甚至得自于动物,于是上帝被描写为一头狮子或一头豹子,或是一头猛冲的熊⑧。这些意象当中,看上去最低下和不相宜的,乃是神圣事物的专家给予祂的"虫"之形式。⑨

　　正是以这种方式,上帝智慧即隐秘启示的宣讲者将"万圣之圣"与不完善的或世俗的领域中东西的亵渎区分开来。他们荣耀不相似的形状,以使神圣的事物不为世俗不敬的人所接近,并使所有真正希望看到神圣意象的人不至于守着这些形式,以为它们是真的。所以真正的否定和与它们的最远回音的不相像的比拟,正是对神圣的事物致以应有的崇敬。因此,用不相似的相似物来表现天界的存在者,并没任何可笑之处。我自己如果不是由于《圣经》用于天使的那些不雅形象困扰了我,还不会从这一困难奋起搞现在这个研究,通过对这些神圣真理的精确解释而上升。我

---

① 《玛拉基书》四章 2 节。
② 《彼得后书》一章 19 节;《启示录》廿二章 16 节。
③ 《约翰一书》一章 5 节;《马太福音》五章 14 - 16 节。
④ 《出埃及记》三章 2 节;《所罗门智训》十八章 3 节。
⑤ 《约翰福音》七章 38 节,四章 14 节。
⑥ 《雅歌》一章 3 节。
⑦ 《以赛亚书》廿八章 16 节;《以弗所书》二章 20 节。
⑧ 《以赛亚书》卅一章 4 节;《何西阿书》五章 14 节,十三章 7 节;《马太福音》三章 16 节;《申命记》卅二章 11 节。
⑨ 《诗篇》廿二章 6 节。

的心智不会停留在如此不充分的想象之上,而被促动去超出到物质表象之后,去熟悉跨过现象进入那些不属于这个世界的上升。

不过,我们关于《圣经》中说到的天使的这些物质的和不相宜的意象的讨论已经够了。我现在必须做的是解释我所谓的"阶层体系"是什么意思,这种阶层体系对它的成员有什么益处。所以,我希望我的话将受到基督的指引——我或许可以说是"受我基督的指引",祂是关于阶层体系的知识的泉源。我的孩子,你必须听从我们阶层体系的传统的忠告,仔细倾听圣洁地说出的东西,受到它们的灵性激发,进入到对灵性事物的了解。在你的内心深处保守这些圣洁真理的秘密。卫护它们的统一性,使之不受世俗杂多事物的侵害,①因为正像《圣经》上说的,不要把那概念的珍珠的纯洁的、闪亮美好的和谐丢在猪前面。②

三、什么是阶层体系,其益处何在

1. 在我看来,一个阶层体系是一个神圣的秩序、一种理解状态和一种与神圣者尽量近似的行动。它与所受到的神圣启示相称地被提升至对上帝的模仿。上帝的美——如此单纯、如此美好、如此丰盛地是完满的泉源——是完全不受不相似的东西侵染的。祂向外伸展,根据每个存在物的功德而给予它们一份光,并且通过神圣的圣事而在和谐与宁静中给予每个已经完全的存在者祂自己的形式。

---

① 《提摩太前书》六章 20 节。
② 《马太福音》七章 6 节。

2. 所以，阶层体系的目的在于使存在物能够尽可能地与上帝相像，并与祂合一。上帝在阶层体系中是所有理解和行动的首领。阶层体系永远直接地面对上帝的美，因而在自身中具有上帝的标记。阶层体系使自己的成员在一切方面成为上帝的形象、成为反射原初之光，和上帝本身的闪耀光芒的清晰无瑕的镜子。① 它确保它的成员在接受了这充沛和神圣的光辉之后，能慷慨地和根据上帝的意志把这光传递给下一级别的存在者。

那些引人进入神圣事物的人，以及被引入神圣事物的人都决不应该做任何事反对那一切"完全"的泉源的上帝的神圣安排。否则就错了，尤其是如果他们自己欲求上帝的辉煌荣耀，如果他们永远以与祂的神圣本质相称的方式观照着这一荣耀，如果他们各按自己心智的能力而服从这一荣光。

所以说到阶层体系，就是指某种完满的安排，上帝的至美的形象；上帝之美把自己启明的奥秘神圣地向外安排成阶层体系的理解力的秩序与层次，阶层体系在所容许的最大范围内与自己的泉源相像。确实，对于阶层体系中的每个成员来说，"完全化"都在于被提升去尽最大可能模仿上帝，并且更奇妙的是，成为《圣经》所说的"上帝的同工"②和上帝的工作的一个反映。所以，当阶层体系命令一些人受洁净，另一些人作洁净工作，一些人光照，另一些人带来"完全"，每个人都要按适于自己角色的方式去真实地模仿上帝。

---

① 《所罗门智训》七章 26 节。
② 《哥林多前书》三章 9 节；《帖撒罗尼迦前书》三章 2 节。

我们人所称呼的上帝的至福从未受不相似者（性）的侵染。祂充满源源不断的光，祂是完全的，祂不缺乏任何一种完全。祂是洁净、光照和完全化；祂也是被洁净、光明和完全。祂超出了洁净、超出了光；祂是超出"完全"的完善的泉源本身。祂也是所有阶层体系的原因，然而祂又远远超出神圣的事物。

3. 在我看来，被洁净的人应当是完全不受污染的，他们应当免于所有不相似物之瑕疵。我认为那些接受了圣洁的光明的人应当充分地接受圣光，他们应该被提升到他们心智的圣洁视力水平，从而完全能从事玄观。我认为那些被完全了的人应远离不完善，而与那些用完全的理解力观照神圣事物的人为友。而且那些洁净别人的人应当把他们的极丰沛的纯洁给予别人。那些给出光明的人——他们的心智比别人的清晰，欢喜地充满着圣洁的光芒，明显既能接受光又能把所得的光传下去——应当在所有配受光照的人中间遍撒他们满溢的光。最后，那些负有创造"完满"使命的人，和那些理解"完满"之分发的人，应当通过引导正在完善的人去理解被如此崇敬的神圣事物，从而获得本质。这样，阶层体系中的每一个级别都尽最大可能而被提升向与上帝同工。由于恩典和上帝赐给的力量，它做着自然地和超自然地属于上帝的事情。上帝超越地做这些事，并将它们启示给阶层体系中爱上帝的心智，使其能进行被容许的模仿工作。

四、"天使"之名意味着甚么

1. 我想我已经解释了我说的"阶层体系"是什么意思。下面我应该对天使的阶层体系献上一曲赞美歌。我以超越此世界的目光凝视《圣经》所归属于它的圣洁形式,以便我可借助这些神秘的表现而被提升至它们神圣的单纯性。然后我们将用应有的敬拜和感恩来荣耀上帝,祂是我们关于阶层体系所理解的一切事情的来源。

有一个真理必须远在一切之上得到确认,即超越之上帝已经由于善而建立了万物的存在,并使其生成。**普遍**之因即超越之至善的特征是祂召唤万物尽其可能地与祂交通。故而万物总以某种方式分有那超越的上帝中流出的神命,上帝是一切存有者的发源地。确实,无物可以不分有万物的存在和泉源而能存在。甚至没生命的事物也分有祂,因为超越的上帝是一切存有者的存在。生物进一步分有那给予生命并超出一切生命的力量。拥有理智和理性的存在者分有那超出一切理智和一切理性的绝对完善的、最先完善的智慧。很明显,这些后面说到的存在者离上帝更近,因为他们以如此多的形式分有上帝。

2. 与仅仅存在着的事物比、与非理性的生命形式,甚至与我们的理性存在者比,天界存在者的圣洁等级很明显地在他们所领受的上帝的恩赐上高超得多。他们的思想过程模仿着神圣者的,又用超越的眼观照着神圣的相同性。他们根据祂来塑造自己的理性。故而很自然,他们进入到与上帝的更为丰厚的交通之中,因为他们永远向高峰行进、因为他们在上帝容许下汇聚于对上帝的永远热爱之上、因为他们非物质地接受那未稀释的、原初的启明光照,而且因为他们的生活在这光照的命令下,是一种完全理性的生活。他们最先和最多样地分有神圣者,又提出对于神圣奥秘的最先和最多样的启示。所以,他们才最有权被称作天使或传信者,因为他们最先被给予了神圣的启示,并把这些远远超出我们的启示转达给我们。确实,上帝之道教导我们:天使将律法交给了我们。① 在律法的时代之前,以及律法来到之后,正是天使把我们光荣的祖先向神圣者提升:通过颁布行为守则而把他们从迷失流浪和罪过转向真理的正道,或通过宣布与解释神圣秩序、隐秘异象、超越的奥秘或神圣的预言。

3. 有人或许会说上帝自己不用中介者便向一些圣者显现过。但是事实上我们必须明白,《圣经》已清楚说了:"从来没有人看见"②或将看见处于自己的全然隐秘之中的上帝的存在。当然,上帝以与自己的神圣性一致的方式向某些虔敬的人显现过。神曾以某些与看见者相宜的神圣异象出现过。这类异象,即用形状表现无形之上帝,被神学正确地描述为"神显"。这种异象的接受者被提升至神圣者。他们被给予了神圣的启示,并在某种意义上可以说是进入到神圣事物本身中了。但是,实际上,还是由天界的力量引导我们可敬的祖先知晓这些神圣的异象的。

人还可以争论说,在《圣经》传统中,律法的神圣规则是由上帝自己直接授给摩西的,以便使他可以真正地教导我们:这些规则本身乃是那神圣的和圣洁的事物的复本。然而神学很清楚地指出,这些规则是经由天使的中介而传给我们的,以便使上帝的命令可以告诉我们:二级存在者须通过一级存在者得到提升。③

---

① 《使徒行传》七章 38、53 节;《希伯来书》二章 2 节。
② 《约翰福音》一章 18 节;《出埃及记》卅三章 20-23 节。
③ 律法是给予摩西的还是通过天使给的?(徒 7∶38)一种可能的回答是说,摩西本人是一位天使("传信者")。

一切秩序的超越的泉源所立下的律法中的规定,不仅影响最高和最低的理性存在者,而且还影响那些同一等级者;律法还确立:在所有阶层体系之中,必须在最先者、居中者和最下层中分配适当的秩序与力量;那些与上帝接近的存在者应当成为那些较远者的引路人,引导他们接近神圣的启示与交通。

4. 我注意到耶稣厚爱人类的奥秘最先是启示给天使的,然后由天使把这一知识的恩赐转交给我们。正是最圣洁的加百列引导撒迦利亚大祭司知道了那个秘密:与他的所有期待相反,由于上帝的恩典,他将会有个儿子,作耶稣神圣的和人世的工作的先知,耶稣将为了拯救世界而仁慈地降生。① 加百列告诉了马利亚她将受孕那不可言说的上帝的神圣奥秘。② 另一位天使向约瑟预告了上帝向他的祖先大卫作的神圣应许的真正应验。③ 还有一位天使把福音告知了牧人,他们由于从人群中隐退的安静生活而得到了一定的洁净。与天使一道还有"一大队天兵",把那著名的欢颂庆贺之歌传给了地上的人。④

但是现在让我们举目凝视《圣经》中最崇高的启示。耶稣自己,那在世界之上生活的存在者的超越**原因**,化身为人形,但却丝毫没有改变他自己的根本本质。但我看到他从未放弃他所建立和选择的人的形式,他温顺地服从着由天使所传达的圣父之上帝

---

① 《路加福音》一章 11 - 20 节。
② 《路加福音》一章 26 - 39 节。
③ 《马太福音》一章 20 - 25 节;《撒母耳记下》七章 12 - 17 节。
④ 《路加福音》二章 8 - 14 节。

的意愿。正是天使向约瑟宣布了圣父的安排,逃向埃及和回到犹太。① 圣父的命令还通过天使而传达给耶稣本人。我不用提醒你有关天使安慰鼓励耶稣的神圣传统,②或是由于他为我们的拯救所做的宏大工作而本人列位启示者中,并被称为"大忠告之天使"③。真的,当他宣布他所知道的圣父的事时,他不正是一位天使吗?④

五、为何天界存在者都被称为"天使"

1. 所以,这就是我所知道的《圣经》使用"天使"一词的原因。

不过我想我必须问一下,为什么一方面神学家毫无区别地把天使的称号给予所有天界存在者,另一方面在讨论这些超越的等级时,又用"天使级"专指圣洁的天界等级中最下者,他们低于天使长、首领、权威、力量,以及一切被《圣经》传统视为高级别者。在一切神圣等级中,高级别者拥有在下者的所有光明与力量,下级者却丝毫没有上级者所拥有的东西。神学家⑤之所以把"天使"之名也给予天界存在者中最高、最圣洁的级别,是因为他们也得知来自上帝的启示。但是如果人在谈论天界存在者中的最末一

---

① 《马太福音》二章 13、19 - 22 节。
② 《路加福音》廿二章 43 节;《马太福音》四章 11 节。
③ 《以赛亚书》九章 6 节。
④ 《约翰福音》十五章 15 节。
⑤ 在此,"神学"多指上帝在《圣经》中之道说,"神学家"多指《圣经》著述者。《诗篇》一〇三篇 20 节;《马太福音》廿五章 31 节。

级时，那么称其成员为首领，或宝座，或天神就十分可笑了，因为他们并没分有这些高超力量。但是，正如这一等级把我们人当中受激励的大祭司提升至上帝传给这一等级的光，最高存在者的神圣力量也把天使阶层体系中的下级成员提升向神圣者。如果《圣经》给予所有天使以一个共同的名字，那么原因就在于一切天界力量都共同地拥有或高或低的一种能力，使他们能遵循神圣者，并进入与来自上帝的光的交通中。

不过为了把这一切弄明白，让我们清晰地注视每一天界等级的圣洁属性，一如它们在《圣经》中所启示出来的那样。

六、什么是天界存在者中的最先级别；
什么是中间级别，什么是最后级别

1. 天界存在者中有多少级别？有哪几类？各级阶层是怎样达到"完全"的？

唯有他们的完全之神圣泉源才能真正地回答这些问题，不过至少他们根据自己所得的力量与启示是知道自己拥有什么，以及在此圣洁而超越的秩序中位于何处。至于我们，那是不可能知道这些天界心智的奥秘或理解他们如何达到最圣洁的完全的。我们只能知道上帝通过他们而神秘地告知我们的事物，因为他们很清楚自己的拥有物。因此我对于这一切没有任何自己的东西可说，我将满足于尽我最大能力写下神圣的神学家对天使景象所玄观的结果，以及神学家让我们分享的有关知识。

2. 上帝之道为天界存在者提出了九个解释性的称号，我自己的神圣引路人把它们又分成三个三元组。① 根据他的分法，第一组永远环绕着上帝而且先于一切其它存在毫无中介地与上帝统一。这当中有最圣洁的"宝座"和据说有许多眼睛、许多翅膀的，在希伯来语中称为"基路伯"和"撒拉弗"的天使。他根据《圣经》传统说他们直接环绕着上帝，享有别物没有的最大亲近。我的著名老师说，这一三元组构成了一个真正最先的、成员之间平等的单独阶层体系。没有任何存在者比他们更与神圣者相像，或更直接地从上帝接受最初的启示。②

他说，第二个三元组由"权能"、"主"、"力量"构成。在天界阶层体系的最末处的第二组，则由"天使"、"天使长"和"首领"构成。③

七、关于撒拉弗、基路伯、宝座以及他们作为第一级阶层

1. 我们接受造就是神圣的阶层体系的组成方式，我们同意这些大界理性的称号标示着他们领受上帝之印迹的方式。有希伯来语知识的人知道，圣名"撒拉弗"意思是"造火者"，即"传热者"。④ 圣名"基路伯"意思是"充满了知识"或"满是知识"。⑤ 阶层

---

① 作者承认，对九个《圣经》中的名字进行三组安排本身并非《圣经》的说法，而是由哈尔罗修斯先做出的。

② 第一组是下面这章（七）讨论的主题。作者这儿把"多目"（结1：18）和"多翼"（赛6：2）用于基路伯和撒拉弗二者。

③ 第二、第三组分别在第八、第九章讨论。

④ 《以赛亚书》六章2－6节。

⑤ 《创世记》三章24节，《出埃及记》廿五章18－22节，卅七章6－9节；《民数记》七章89节；《诗篇》十八篇10节，八十篇1节，九十九篇16节。

体系中的这最初一级是由真正的最高存在者按阶层等级构建的,因为这一阶层体系级别最高,是上帝的近邻,被立于上帝的四周,接受最初的"神显"与"完全"。"传热者"、"宝座"、"满有智慧者"等等称号都表明他们与上帝的本质的相近之处。

因为"撒拉弗"之名确实表示一种永恒地环绕神圣者的运行,渗透暖热,一种从不出错、从不中止的运动的满溢热量,一种通过在下属者中唤起并提升相同的火焰和相同的温暖而把自己的形象印在下属者心中的能力。它还表明通过闪亮火焰洁净事物的力量。它还意味着他们公开而无减损地保有他们得到的光和给出光明的能力。它意味着驱逐与消除昏暗阴影的能力。

"基路伯"之名意味着认知和看见上帝的力量,接受祂的光的最大恩赐和观照原初力量之中的神圣荣光的力量,充满带来智慧的恩赐,拥有与下属者慷慨地分享这部分仁慈地溢出的智慧的力量。

"最崇高的宝座"这一称号表明在他们之中有一种对一切尘世缺陷的超越,这表现在:他们朝向极项上升,又总是从低下者分别开,并全然专注地、永远地保留在真正的最高者的面前。由于他们毫无激情和没有对物质的关怀而完全适宜于接受神圣的巡视,他们事奉上帝并且像仆人一样总是准备好了迎接上帝。①

2. 这些就是我们所具有的知识对他们为何有这些称号的解释。我现在要谈谈我是怎样理解存在于他们当中的阶层体系的。

---

① 虽然基路伯可担任宝座(诗 80:1,99:1),《歌罗西书》一章 16 节把"宝座"(亦译"有位的")描写成天界存在者之一种。

我想我已经充分说明了每一阶层体系的目的都在于模仿上帝,以便得其形式;每一阶层体系的任务是接受并传送未稀释的纯净、圣光,以及带来"完全"的理解。现在我要做的是,用我冀望能与那些高超理性相称的话语去讨论《圣经》关于他们的阶层体系的启示。

最先的存在者紧靠着上帝,他们的存在即由上帝而出。他们可以说居于上帝的前殿之中。他们超过一切有生成的可见与不可见的力量。他们构成了一个完全一致的阶层体系。必须把他们认作是彻底"洁净的",这不仅是因为他们没有任何尘世缺点和一切污染,或者因为他们没有尘世的想象,而且因为他们完全超出了一切弱点和一切较低的神圣级别。由于他们的至高纯洁性,他们被建立在所有最像上帝的力量之上,并且坚守自己永远根据对上帝的不变之爱而自我推动的秩序。他们不知道任何趋向低下事物的减损,因为在他们的、与上帝相像的属性中,他们拥有永不动摇、永不变动和全无侵染的基础。

他们也是"观照的",这不是因为他们观照感觉的或心智的象征符号,也不是因为他们通过对神圣著述的复合的观照而被提升至上帝;相反,是因为他们充满着超出任何知识的超级光芒,因为他们充满了对一切美的原因和泉源的太一的超越的和三倍明亮的观照。他们是观照的,还因为他们被容许与耶稣交通,不是通过在形式中反映上帝的工作的神圣形象,而是通过真正地靠近祂,最先分有从祂发出的圣光的知识。他们具有与上帝相像这一特别的恩赐,并且在所容许的范围内,他们以最初的力量分有祂的神圣作为和祂的慈爱美德。

他们是"完全的",这并不是因为他们有一个使他们能分析许多神圣事物的启明的理解力,而是因为他们有最先和最高的圣洁化,有对于上帝的工作的超越的和天使式的理解。从阶层体系安排上讲,他们不是通过其它圣洁存在者,而是直接从上帝本身受指导。他们达到这一步是由于他们有被直接提升至上帝的能力,这一能力标志着他们与众不同的高级力量与高级等级。所以他们仅次于完全和永久的纯净,并在可能范围内被引入对非物质和理性的荣光的观照。与那些环绕上帝最近的,并在阶层等级上被最高方式指导的存在者一样,他们也被"完全"的泉源本身引入对神圣工作的可理解的解释之中。

3. 神学家已经清楚说明了:天界存在者中的低等级和谐地从他们的上级那儿接受他们拥有的所有对上帝的运作的理解,而高级等级则在被容许的范围内被上帝本身引入光明中。有些人知道"荣耀的王"即以人的形式而被提升入天界者是"天界力量的主"。① 其它人则在惊讶于耶稣的本性时,对祂为我们而做的神圣工作有了一定理解;正是耶稣自己作了他们的教师,直接教导了他们有关他由于对人的爱而做的仁善工作。"我所说的是公义与拯救人的审判。"②

不过我还是觉得这儿有些令人吃惊的东西。那些远远高于其它存在者的第一级天界存在者当欲求关于上帝的光照时,却与更为居中的等级相像了。他们不是一上来就问:"你的衣服为何

---

① 《诗篇》廿四篇 10 节。
② 《以赛亚书》六十三章 1 节。

有红色?"①他们首先相互询问,显示出他们渴望了解、想要知道上帝是如何运作的。他们并不是简单地跃出上帝所提供的光照洪流之外。

所以,天界心智的第一等级从阶层体系上说,是由一切完善之泉源直接指导的,因为他们自己有被直接地提升向这一泉源的能力。他们以自己应有的能力充满了彻底的洁净、无限的光和全然的完满。他们被洁净、照亮和完全,因为他们不与任何弱点混合,充满最初的光芒,并作为最先的知识与理解的分有者而达至完善。

总之,我们可以合理地说:洁净、光明和完全三者都是对上帝的理解的接受,即,被更完善的传授者的相称知识完全清洁掉无知,被这同一神圣知识所照亮(通过这知识它还洁净一切以前没见过而现在通过更崇高的光照所启示的东西),而且由这光而完善化于对最明亮的认知的理解之中。②

4. 就我所知,这就是天界存在者中的第一等级。他们直接环侍着上帝。③他们单纯地和永远地环舞在祂的永恒知识四周,永远地、彻底地持续下去,因为这是合宜于天使的。在纯洁的视野中,他们不仅能观照许多有福的景象,而且也能被照亮于单纯、直接的光芒之中。他们充满了丰盛的神圣营养,因为他们来自最初的溪流,并且保持为一;因为上帝的养育恩赐统一无分地带来了"一"。

---

① 《以赛亚书》六十三章 2 节,狄奥尼修斯把这段话看成耶稣与最高天使之间的谈话。

② 注意,在此"洁净、光明和完全"不是三种不同的主体,而是灵性知识的三个层次。

③ 《以赛亚书》六章 2 节。

这第一级别特别配得上与上帝交通和分有祂的工作。他们尽最大可能模仿上帝的本性与作为的美。由于以如此高超的方式知道众多神圣的事情，他们能够恰当地分有一份神圣的知识与理解。所以，神学向地上的人传达了这一级天使所唱的赞美歌，他们荣耀地超越的光明也由此而彰显出来。如果用可感物的意象说，这些赞美歌中有一些像"大水的声音"①，当他们宣布"从主的所在显出来的荣耀是该称颂的！"②有些则震天响地唱出那著名的、可敬的颂歌，赞颂上帝："圣哉！圣哉！圣哉！万军之主。祂的荣光充满全地。"③

我在我的"神圣赞美歌"中已经尽我最大能力解释了那些住在天上的圣洁理性所唱的最高的赞颂。④ 我想我在那儿已写下一切该说的东西。为了眼前的目的，我将简单重复一下。当第一等级直接地和合宜地从圣善自身接受了他们对上帝之道应有的理解后，便按一个仁慈的等级应当做的那样把这传递给下一个等级。简而言之，事情是这样的：事实上超出一切赞颂而又配受一切赞颂的可敬的上帝受到那些尽可能接受上帝的心智的认识和赞美，这是正当而美好的。就他们服从上帝而说，他们是上帝休止之圣洁处所，如《圣经》上所说的那样。⑤ 第一等级传下"道"来：

---

① 《以西结书》一章 24 节；《启示录》十四章 2 节，十九章 6 节。
② 《以西结书》三章 12 节。
③ 《以赛亚书》六章 3 节；参看《启示录》四章 8 节。
④ 这是一篇或佚失或未写的文章。
⑤ 这可能指《圣经》中的"约"的约柜。《以赛亚书》六十六章 1 节，《民数记》十章 36 节，《历代志上》六章 31 节，《历代志下》六章 41 节，《出埃及记》卅七章 7-9 节，《诗篇》八十篇 1 节，九十九篇 1 节。

上帝是一个单一者，是三个位格中的一，祂荣耀的天命统治万物，从天上最崇高的存在者到地上最低级的被造物。祂是万物的所有泉源之上的**原因**与根源，祂超越地将万物吸引入祂的永恒怀抱之中。

八、论"主治者"、"掌权者"、"执政者"，以及这一组中间阶层

1. 我现在必须讨论天界理性的中间等级，并且以超出此世的目光，尽我最大可能观照主治者，以及圣洁的掌权者和执政者的惊人景象。① 每个远远高于我们的存在者的名称都表示着上帝被模仿和服从的方式。

富于启示的名称"主治者"在我看来表示着一种上升；他们自由、不为尘世倾向所束缚、不向往任何属于粗鄙统治的暴君的不相似的品性。因为他们不被任何缺陷所侵染，他们超出任何奴隶的悲惨造物之上，它没有任何不相似物（可与之比拟），他们永远大力地争取真正的主治，和朝向所有主治的真正泉源。他们仁慈地、与自己能力一致地——如其下属者所做的——接受那主治者的相似物。他们拒绝空洞的外表，彻底回归向真正的主，并尽最大可能分有一切主治的永久和神圣的泉源。

至于圣洁的"掌权者"的称号，指的是在他们一切与上帝相像的行动中的一种豪迈而不可撼动的勇气。这是在接受给予自己的神圣光照时抛弃一切疏懒与软弱的勇气，他们有力地提升自己去模仿上帝。它决不会由于胆小而放弃自己与上帝相像的运动，

---

① 关于第二组三元组，见《以弗所书》一章 21 节，三章 10 节；《歌罗西书》一章 16 节，二章 10 节；《彼得前书》三章 22 节。

他们毫不偏离地注视着那一切权力之源的超越的权能。真的,这一勇气尽其最大可能成为他们所遵循的权能的形象本身,由于这权能是一切权力之源,这勇气有力地向祂回归。同时,他们向自己的属下者传送自己强而有力的和圣洁化的力量。

圣洁的"执政者"正如这名称所表示的,与圣洁的主治者和掌权者在同等层级上。他们被置于此位之上,使他们能以和谐不乱的方式接受上帝,并表明天界的和理性的权威的有序本性。他们决不会用他们的权力对下级做出暴君式的伤害;相反,他们被和谐地、永远地提升至上帝的事物之前,并且充满善心地把低于他们的等级与他们一道向上提升。他们还尽自己的最大可能与那是一切权威之源并创造了一切权威的权威相像;他们还尽天使的最大力量使那个权威在他们的权威力量的和谐秩序中得到彰显。

因此,天界理性的中间等级表现了自己对上帝的服从。正如已经说的,这就是他们如何通过第一天使等级的中介而间接地从神圣的光照那里接受洁净、光明和完全。

2. 这一从天使到天使的传递对我们来说可以象征那"完全",祂从极远处来,当祂从第一等级到达第二等级时,祂变得越来越暗。我们关于圣事的圣洁老师教导我们说,神圣实在的直接启示的实现比分有从别人那里来的神圣景象要高超得多。同样地,在我看来,那些被最先提升至上帝的天使对上帝的直接分有比那些通过中介者而完善的天使的分有要更为近于上帝一些。因此,用传给我们的术语说,最先的理性完善、照亮、洁净较低级别者,使后者通过他们而被提升至普遍的和超越的泉源,并从而分有那一切完满之源的太一的纯净、光明和完全。

一切等级的神圣泉源立下了这一统括一切的原则:第二级的存在者通过第一级的存在者而从上帝接受启示。你可以发现,这已经多次为《圣经》著述者所肯定。

上帝出于对人类慈父般的爱而责罚以色列,以便使她回到圣洁的拯救之道上。为了引起内心的改变,祂把以色列交到了野蛮国家的复仇之手中。这是为了确保在祂特别的统领下,人改正自己。后来,祂由于仁善而把以色列从被囚之中释放出来,①并恢复了他们先前的满意状态。神学家撒迦利亚对此有一个异象。有一位第一等级中的、紧紧环绕上帝的天使从上帝本身获知了《圣经》称作"安慰话"的话。②(顺便说一下,正如前面已讲的,"天使"在此不加区分地指任何天界存在者)一个低等级的天使遇着前面那个天使,并从他那儿接受了上帝的启示。这样,他受了指教,就像受了一位大祭司在上帝意愿之事上所做的指教一样,然后又被派去告知那位神学家:"耶路撒冷必然再次住满众多的人民。"③

另一位神学家以西结说,这一切都是在自己的至高荣耀中立于基路伯之上的上帝自己神圣地决定的。④上帝出于对人类慈父般的爱而决定为了以色列的改进而矫正她,祂还在圣洁的公义行为中命令将无罪者从有罪者中区分出来。在基路伯之后被最先告知此事者是那腰间带着墨盒子、身披长袍以象征大祭司的人。⑤

---

① 《以赛亚书》六十一章 1 节;《路加福音》四章 18 节。
② 《撒迦利亚书》一章 13 节。
③ 《撒迦利亚书》二章 4 节。
④ 《以西结书》十章 18 节。
⑤ 《以西结书》九章 2 节,十章 6-8 节。

他又再把神圣的决定告诉其它带斧天使,他这么做是根据作为命令之源的上帝的指示。(上帝)对那个天使命令:走遍耶路撒冷全城,画记号于无罪者的额上。(上帝)对其他天使说:"要跟随他走遍全城,以行击杀。你们的眼不要顾惜。只是凡有记号的人不要挨近他。"①

想想更多的例子:那对但以理说"就发出命令"②的天使,那从基路伯之中取火的第一位天使,那把火交给穿着"圣洁之衣"的天使手中的基路伯,③这些不是集中地说明了天使之中所存在的美善秩序?再如那呼叫最圣洁的加百列并说:"要使此人明白这异象"的天使的事。④ 圣洁的神学家还给出了其它例子,说明适宜于天界阶层体系的圣洁与和谐的秩序。我们自己的秩序照搬这天上秩序,因为我们的秩序试图尽最大可能模仿天使之美,为它所塑造,作它的形象,并被提升至一切秩序和一切阶层体系的超越之源。

九、论首领、天使长和天使,以及他们作为最后等级

1. 最后我们要思考天使阶层体系中的最末等级,即与上帝相像的首领、天使长和天使。不过我想应当尽我所能解释这些圣洁的名称的含意。"天界首领"指那些拥有与上帝相像的君主般的领导权,以及一个最适合这王权的圣洁等级的天使,他们有能力

---

① 《以西结书》九章 5 节。
② 《但以理书》九章 23 节。
③ 《以西结书》十章 6-8 节。
④ 《但以理书》八章 16 节。

被完全转向那高于一切原则之上的原则,并像王一样领导其它人朝向祂;他们有力量充分接受众原则的**原则**的标记,并且通过和谐地发挥其王权而显示这——一切等级的超越原则。

2. 圣洁的天使长与天界首领的级别相同,而且如我已指出的,他们与天使一起,共同构成了一个阶层体系和等级。不过,每个阶层体系总有最先的、居中的和最后的力量,而天使长这一圣洁级别拥有另两级的一些东西,因为这是两极端的中项。他们与最圣洁的首领级和圣洁的天使级交通着,而与前者的关系是由于他们与首领一样,也向自己的超越原则(泉源)回归,尽可能地在自己身上领受这一原则的印迹,并且还通过从那原则接受的命令的不可见力量而统一天使。他们与天使的关系是由于他们共同属于对由前面的力量所得到的神圣启示进行解说的级别。他们大方地把这些告诉天使,并通过天使而告诉我们,使我们在能被神圣地照亮的范围中有所领悟。

正如我已说的,天使结束了天界理性的全部等级排列。在所有天界存在者中,他们拥有的天使品性最少。他们与我们最近,所以称他们为"天使",比称前面的级别为天使更合适些,因为这一等级更专注于启示工作,而且与世界更近。我已说过,高等级——所谓高级也就是与奥秘者更近——在阶层体系上指导次等级。这由圣洁的主治者、掌权者和执政者组成的第二等级又掌管由首领、天使长和天使构成的等级。他们的启示比第一等级的要清楚,比在他们后面的等级要隐晦。首领、天使长和天使的启示等级在他们自身中统治着人的阶层体系,以便使向上帝的提升与回归、交通与统一能根据合宜的秩序而发生,使上帝可以把"进程"仁慈地给予一切阶层体系,并在圣洁的和谐之中以分有的方式而遍达每个人。所以,正是天使照管着我们人的阶层体系,正如上帝之道告诉我们的。米迦勒被称为犹太人的统治者,其它天使则被称作别的国家的统治者,因为"至高者就照祂的天使的数目;立定万国的疆界"。①

3. 有人或许会问:为什么只有希伯来人被提升到圣洁的光明之中?对此的回答是:天使已经完全做了自己的卫护者工作,如果其它国家迷失于假神崇拜的歧途之上,那可不是天使的错。实际上是这些其它国家主动抛弃了向神圣者的美善提升。他们对他们以为取悦上帝的无理性祭拜表明了他们的自私与傲慢,这可以通过希伯来人的遭遇得到证明。"你拒绝上帝的知识",而且只听从你自己心的召唤。② 我们的生活道路并没有事先决定,那些受惠于圣光之恩赐者的自由意志并没有从这光中取走其成为启明之神圣泉源的特征。真正发生的事是:理性目光的不相似者,或是使圣父之善的光的满溢恩赐完全不被分有和给出,因为他们抵抗着;或是对这些恩赐有不等同的分有,有的多、有的少、有的清楚、有的昏暗。同时,这一切闪光夺目的泉源永久是单一的与单纯的,永远相同、永远满溢。

所有这一切也适用于其它国家,我们的祖先使我们能举目凝视那无限丰足的圣光海洋,那圣光永远放射,并把自己的恩赐给予万物。这儿没有任何其它的诸神。这儿唯有一个普遍的泉源,

---

① 《申命记》卅二章 8 节;《但以理书》十章 13-21 节,十二章 1 节。
② 《何西阿书》四章 6 节;五章 11 节;《耶利米书》七章 24 节。

负有指导各国神圣的与阶层的任务的天使,引导一切愿意跟着他们的人朝向这一泉源而去。想想麦基洗德吧。他充满对上帝的爱,他不是假神的,而是真正的至高上帝的大祭司。神圣知识的专家并不满足于把麦基洗德描写成一位上帝的朋友,他们把他描写成一位祭司,①以便有头脑的人看清楚:他的职责不仅是向真神回归,而且更加是作为大祭司而引导其他人向唯一真神提升。

4. 还有一件事可帮助你理解大祭司。统治埃及人的天使向法老显示出一个道理——巴比伦人的天使也向巴比伦统治者启示了——在万物之上有一关切的、权威的神命和主(宰)。真神的仆人被立为这些国家的领袖,天使所见之事由上帝通过天使向某些与天使相近的圣洁的人启明,如约瑟夫和但以理。② 因为世界只有一个统治泉源和神圣主宰,我们不能想象上帝只管理犹太人,而天使或诸神与上帝平等地或甚至敌视上帝地管着其它民族。可能有此含意的那段话必须在此神圣意义上加以理解,③这不可能意味着上帝与其它诸神或天使共同掌管人类,或是上帝像一个地方君主或首领那样统治着以色列。统治一切的**至高**、唯一神圣主宰者命令天使把万民带入拯救,但是唯有以色列向圣光回转并称颂真正的主。故而上帝的话表明了以色列决定把自己奉献给真神:"他成了主的产业。"④ 但是神学家也说米迦勒(Michael)统治着犹太人的政府,这是为了表明以色列与其它国家

---

① 《创世记》十四章 18-22 节;《诗篇》一一〇篇 4 节;《希伯来书》七章 1 节。
② 《创世记》四十一章 1-32 节;《但以理书》二章 1-45 节,四章 1-27 节。
③ 《申命记》卅二章 8 节。
④ 《申命记》卅二章 9 节。

一样,都由一位天使负责掌管,并通过该天使而服从唯一的、普遍的统治源头。因为一切世界之上只有唯一的一个神圣主宰,祂是超越一切可见与不可见的权力的超-存在;每个国家都有一位天使管着,他负责提升一切愿意追随者,并尽最大可能将他们提升向天使自身的泉源——神圣主宰。

十、论天使之间的协调关系的重述与总结

1. 所以,这些伴随着上帝的理性存在者中的最先等级,根据来自一切完善之源的光照而排列成一阶层体系,他们不用中介者便向上帝上升。由于上帝的隐秘而辉煌的光芒的恩赐,他们有了洁净、光明和完全。这些光芒非常隐秘,因为它们与十分概念性的事物有关,而且带来了极大的单纯与统一。它们也非常灿烂,因为它们是直接地、最先地和完全地接受到的。当它们倾泻而出时,它们闪耀着与源头更近的光芒。

这一级(天使)然后提升第二级,第二级又提升第三级,第三级则提升我们的阶层体系——各按合宜的比例和圣洁的协调关系,并根据秩序和谐的泉源的安排——一级一级地朝向那超出一切泉源的、为一切和谐之顶峰的源头。

2. 所有天使皆从自己的上级之处获得启示与消息。第一级从激励自己灵性的上帝那儿得到"道",其它级别则根据自己所处的位置而转达由上帝激发的道。因为整个世界的超越和谐神圣地照看着所有具有理智和理性的存在者,确保他们被正当地排列着和圣洁地提升着。这一和谐以与自己的神圣特征相宜的方式安排阶层体系中各个等级,按各自特点而给予他们应有的一份关

注;正如我们所见的,把他们安排成最先的、居中的和较低的力量;最后,和谐地管理着他们,其方式与他们对神圣者的不同分有程度相称。而且,神学家还告诉我们,最圣洁的撒拉弗"彼此呼喊"①,在我看来,这表明第一级天使在把他们对上帝的了解传递给第二级。

3. 我还可以合理地补充一点:每一位理性存在者,无论是天界的还是人间的,都有自己的一套上、中、下秩序和力量;与其能力一致,这套体系标示着前面说到的提升,这与每一存在者所得到的光照等级是直接对应的。与此安排一致,每一理性存在者——尽其所能并在其最大范围内——都分有那洁净之上的洁净、那超丰足的光、那在一切完全之先的完全。无物能由自己而完全、无物彻底不需要完全;只除了那真正地在自身中完善的,和真正地先于一切完善的**存在**。

十一、为何所有天界存在者都同样被称作"天界军队"

1. 在做了这一切区分后,我们现在应当讨论为何我们有一个把所有天使存在者称为"天界军队"的习惯。② 因为人在用"天使"一词时可能不会像我们那么用。也就是说,人可能不会肯定圣洁军队等级是最后一个级别,而高级存在者级别分有下级者能得到的神圣光照,下级者却不得分有他们的上面级别的光照。因此,"天兵"之称号不能被扩展开来,包括一切圣洁的心智,就像不能

---

① 《以赛亚书》六章 3 节。
② 《诗篇》廿四篇 10 节,四十六篇 11 节。"万军之主"("力量"、"军队")。

这样对待撒拉弗、宝座和主治者等名字一样。因为最末一级不分有高级者的属性。

这样天使以及其前面所说的天使长、首领和执政者等被神学看成低于"军队"的天使，都被我们称为"天界军队"，正如其它圣洁存在者一样。

2. 我认为，当我们用"天界军队"之称号作为对所有这些存在者的一个集合名词时，这不会引起各级别独特属性之间的混乱。由于超出这个世界的原因，所以圣洁心智中都有一个存在、力量和行动的三重区分。如果我们不严格地把一些或全部心智称作"天界存在者"或"天界力量"（天界军队），那么必须看到，我们在这么谈存在者和力量时，是十分累赘多余的，因为"存在者"和"力量"内在于相互之中。无疑，可以对下级存在者用一个总括性的圣洁力量的杰出特征加以描述，正如我已指明的。这么做会打乱控制着天使等级并排除一切混乱的秩序原则。由于我常常并正确地阐明的理由，高级别者大幅度地拥有着比他们低级别的圣洁属性，但最末等级却不具有更荣耀者超越的富足，虽然最初的光照也通过前面的等级而部分地传到了他们，与他们自己相称。

十二、为什么人间大祭司被称为"天使"

1. 对于那些专心理解《圣经》的人来说，还有另外一个问题。如果说低级者不分有高级者能得到的东西，那么，为什么《圣经》中我们人的祭司被称作"万军之主的使者"？[①]

---

① 《玛拉基书》二章 7 节，三章 1 节。

2. 在我看来,这一表述实际上与我们已经讲的并不矛盾。我们肯定后面的级别缺乏更前面级别的充分、完全的力量。但是他们也部分地、按一定比例地分有那力量,作为那唯一的、和谐的、相互交织的总体的一个部分。因此,即使圣洁的基路伯级别拥有更高的智慧与知识,其下面之级别的存在者也分有一些智慧与知识,尽管这与他们的比起来是部分和低下的。确实,一切与上帝相像的理性存在者均分有智慧与知识,他们之间的区别在于这一方面是直接与原初的,还是间接与次级的,各与各自能力对应。这完全适用于所有圣洁的理性存在者;正如前面的级别以完全的方式拥有其下属者的圣洁属性一样,后者也拥有前者的,当然不是以同一种方式,而是以低微的方式。因此,我认为**上帝之道**甚至称呼我们的祭司为"天使",这事没什么不对,因为祭司的特征便是与天使一样,尽其可能作一名传信使者,而且他还在人能达到的范围内,被提升至天使的传达启示的能力水平。

3. 你也会注意到上帝之道如何把"众神"的称号不仅给予那些天界存在者,那些超于我们之上的,①而且给予我们当中的以爱上帝而著称的人。② 上帝的奥秘是超越的"一"。祂远远在万物之上。没有任何存在者可以,或有权被称作与祂相像者。然而,一切具有理性和理智的存在者、一切彻底地并尽最大可能地向上帝统一回归的、一切被祂的神圣光照的、一切可以说是在奋力模仿上帝的存在者当然都可以被称作神圣的。

---

① 《诗篇》八十二篇 1 节,九十五篇 3 节;参看《创世记》卅二章 28—30 节。
② 《出埃及记》四章 16 节,七章 1 节;《诗篇》四十五篇 6 节,八十二篇 6 节。

十三、为什么先知以赛亚被说成是已经被撒拉弗洁净了的

1. 我们还应当尽我们所能考虑一下这个问题。为什么有位神学家据说受到撒拉弗的访问?① 而且令人惊讶的是,这撒拉弗不是一位低级别天使,而是最高级的、来洁净解说者的天使。②

2. 有人会说:从先前对这些理性存在者的共同本性的解释看,《圣经》那一段落并没说那降临洁净神学家的理性心智属于那些离上帝最近的高级别天使。只不过是被派给我们的一位天使。他有洁净先知的神圣使命。他之所以被叫做撒拉弗,是因为他必须用火洗去所提到的罪过,而且在被洁净的人心中重新燃起对上帝的顺服。如此解释之后,那么那一段中提到的撒拉弗并不意味着就是位于上帝近旁的天使,而是被指派洁净我们的一种力量。

3. 有人还给了我一个不是完全不当的解答。他说这个强大的天使不管是谁,是他制造了一个异象使那位神学家得以知道神圣的事情,然后他把自己圣洁的洁净工作归功于上帝,归功于上帝后面的高级别天使。这种说法能成立吗?这么说的人是在讲上帝的力量遍布一切地方,不可抗拒地穿透万物,但又同时令万物无法看见,③这不仅是因为祂超越地高于万物,而且因为祂以人无法把握的方式进行着祂主宰一切的活动。但是,祂还是以合宜的分寸向一切理性存在者显明自己。祂把自己的光的恩赐给予最高级存在者,并且还用这首要级别作中介,和谐地把同一光芒

---

① 《以赛亚书》六章 6 节。
② "解说者"一词被用于《圣经》著述者、大祭司以及众祭司。
③ 《所罗门智训》七章 24 节。

传到低等级存在者，当然与每一级别观照神圣者的能力相称。让我用合适的例子说明我的看法。这些例子在我们看来一清二楚，尽管缺少绝对神圣的超越性。太阳光芒很容易穿透物质的前沿，因为这里是最透明的地方。太阳的真实光线通过那部分物质时辉煌地闪射着自己的光芒。但是当它遇上不透明物质时，便越来越昏暗和散漫，因为这种物质不那么适于光线倾射的通过。这一不适宜性越来越大，直至最终完全终止了光的行程。相似地，火的热量更易穿进入那些易燃物体，这种物质更易接受火，事实上与火很相像。但是当火的燃烧遇上了抵抗的，甚至是反对的物质时，便失去效力或只能留下很少痕迹。这一点，见过火穿过与它相宜的东西后遇上与它相背的东西时所发生的情况的人都会明白，比如火先遇到易燃物，这些易燃物就达到火的热度而燃烧，遇到水，以及其它不易燃的东西，效力便减小。

与那在自然中处处起作用的同一个和谐规律一致，一切可见与不可见秩序和和谐的奇妙泉源，在灿烂无比的启示中，超自然地向高级存在者倾注祂惊人光明的充分的、原初的辉煌，下面一级级存在者通过他们的上级的中介，而依次接受自己的一份圣洁光芒。最先知上帝并最欲求圣洁美德的存在者最值得做尽最大可能模仿上帝的力量与作为的首要工人。他们充满善意地把他们下级别者尽量提升为自己的平辈。他们毫无怨言地告知下级他们自己领受到的荣光，使下级能向更下一级者传递这光。这样，在每一层次上，在先者都向后来者传送他接受到的一切圣光，圣光便按上帝所意愿的比例传遍一切存在者。

当然上帝自己是一切被照亮者的真正的光明源头，因为祂真实地是**光自身**。祂是存有与观看的**原因**。但是,在模仿上帝当中,每个存在者的都比自己要向他传递圣光的存在者要高。故而,所有别的天使存在者都追循天上的第一级理性存在者,以其为上帝之后的一切关于上帝的圣洁知识和对上帝的一切模仿的泉源,因为正是第一级天使中介着对其它所有存在者,包括我们自己的神圣光照。所有这些为模仿上帝而做的圣洁行为都首先以上帝为最终**原因**,然后归功于那些顺服上帝而生活的、是神圣事物的最初使者与教师的高级理性存在者。第一等级的天使比别的天使更多地拥有火的力量和圣洁智慧。在神圣光照之下对最高者的知识,以及总结于"宝座"一词中的表明他们接受上帝的特别力量的那种能力。低级别的存在者也拥有自己的一份火、智慧、知识,以及接受上帝的力量,但是这一切都是以较弱的方式,而且他们必须向上注视第一级别的理性存在者,他们必须通过这些首先配得上模仿上帝的存在者才能被提升至上帝的可能的相像。既然二级存在者通过首级存在者的中介而分有这些神圣的属性,他们便把这些属性归之于这些首要存在者,这些在上帝之后对于他们像祭司一样的存在者。

4. 说了上面这一切的人宣称到,启示给那位神学家的异象来自于被指派照管我们的圣洁有福的天使。在这位天使的光明引导下,他被提升至如此圣洁的玄观,如果我用象征方式说,他已能观照在上帝之下,环绕上帝和与上帝一道的最高级存在者。他已能超出那些存在者观照那超越一切泉源的顶峰,上帝立于下属的力量之中而又极为不可言说地超越它们和万物。在这一异象中,那神学家了解了上帝超出一切可见与不可见之力量,超出得太多太多。祂完全与万物有别，甚至不像存在者中最杰出者。祂是一切存在物的**原因**与存在之源又是万物的稳定性的不变基础。甚至是最崇高的力量的存在及良好存在的创造者。

然后，他又得知了最圣洁的撒拉弗自己与上帝相像的力量。"撒拉弗"这名字意味着"与火一样"；我将尽我可能简短地解释一下火的力量如何引起向与上帝相像者的提升。他们的六翼之神圣意象表明着通过最初的、中间的和低下的概念向上帝的无止境的、奇妙的前进。神学家看见其无数的脚和脸，向上掩其脸之玄观与在下遮其脚的翅膀，以及中间翅膀的不停振动，于是便被提升至对所见事物的概念性认识。他被显示了最崇高的理性心智的许多面，以及其多种异象的能力。他明白了他们以非尘世的方式所保持的神圣警告，诫防对最高和最深事物的任何轻率的、大胆的和未经许可的探寻。他看见当他们在一个无止境的、崇高的和永远的振兴中追求与上帝相像时，他们当中充满了和谐。

他还被引导了解那圣洁的和十分荣耀的圣诗学的奥秘，因为在他的异象中，天使尽可能多地把自己所知道的圣洁知识教给这位神学家。他还教导他，对于任何人来说，洁净在于分有上帝的透明的清晰。由于这个世界中的原因，上帝自己将所有圣洁的和理性的存在者神秘地和超越地引入这一清晰。这一清晰对于那些居于上帝近旁者（比对于我们）是更明白、更清楚和更易知，因为他们是高级力量。对于第二级和最后一级的力量，以及对我们自己的理性力量，祂根据各自与上帝符合的程度远近而进行祂清晰的光照，使大家都能进入与祂的奥秘的未知的统一。祂在每一级上都用第一级来启迪第二级。总之，上帝正是通过那些最先力量的中介而从隐秘中进入启示的。

这就是那位神学家从那个被送来领他进入光的天使那里所学到的。他所发现的乃是:"洁净"以及所有那些通过最高级存在者而反映出来的上帝的作为,也遍布于所有其它存在者中,与他们所分有的上帝之道成比例。所以他才合理地把带来洁净之火这一属性归于上帝边上的撒拉弗。所以说撒拉弗洁净了那位神学家,这话没什么不对的。上帝在一切洁净之源的意义上可以说洁净着一切存在者。或者我可以用一个更熟悉的例子:我们有祭司。祭司通过他的执事和助祭而带来洁净之光。但是他自己也被说成是在洁净与照亮,因为那些由他任命的等级把自己所从事的活动归因于他。以同样的方式,对那位神学家进行神圣的洁净工作的天使,也把自己进行洁净的理解与力量先归因于作为**原因**的上帝,然后归之于作为起始祭司的撒拉弗。

天使好像在通告一位他所洁净的人时审慎地说:"我在你心里所做的神圣洁净工作是以那超越的太一为泉源、存在、创造者和原因的,祂使第一级别存在并不动不变地持存于自己旁边的基础上,鼓舞他们最先分有上帝的神圣主宰作为。"(这是我从我的教师那儿得知有关撒拉弗的使命。)"在上帝之后,祭司与统治者是最先存在者的级别,他如此圣洁地传授我洁净工作,我正是用这一工作洁净你。通过他们中间的努力,那**原因**和一切洁净之创造者就从隐秘的领域中把自己的神圣天命带出来,带下到我们可以领受的地点。"

这就是我从他那儿得知的,我现在将它传给你。你应当用自己的理性和批评的理解力决定这一问题的哪个解答更可能、更合理,从而更近于真理。当然,除非你自己有一个更接近真理的解答，或从别人那儿了解了什么答案——主已经给出了"道"①，天使已经解释了上帝所言道之事。那样的话，你将能向我，一个爱天使的人启示更清晰，并从而更为我所喜爱的玄观。

十四、传统的天使数目意味着什么

我想我们还应当思考这一《圣经》传统：说天使的数目是"千千万万"。② 这些庞大的数字会自乘自增，从而清楚地表明天界存在者的等级是无数的。有福的超越的理性存在者大军是如此之多，远远超过了我们物质数目脆弱有限的领域。只有他们自己种类的概念与理解——超越的和天界的，上帝和智慧的全知创造者给他们的恩赐——才能知道他们与规定他们。因为这超越的真正的上帝是万物之源。祂是给出存在的原因，又是立住万物的力量和包容万物的目标。

十五、什么是天使的有形意象？如火的品性，与人相像，眼、鼻、耳、嘴、触觉、眼睑、眉、手指、牙、肩、肘与手、心、胸、背、足、翼、裸身、衣着、光彩的服装、圣职的服装、带、节杖、矛、斧、垂绳、风、云、钢、电、圣歌团、轰隆声、不同石头的颜色，与狮、牛、鹰、马的相像，马的各种颜色，河、战车、轮，前面讲到的天使欢喜

1. 现在，如果你愿意的话，我们可以休息一下我们的理性目

---

① 《诗篇》六十八篇 11 节。
② 《但以理书》七章 10 节。

光,不再努力到达那合宜于天使的玄观的孤独峰顶。我们要下到区分与杂多的平原,下到天使所采用的各种各样的形式和模样。然后我们将再一次从这些意象起升,通过回溯而又一次升至天界心智的单纯。

不过,首先请记住:对神圣意象的解释表明了同一级别的天界存在者,有时在神圣事物方面充当指导者,有时却被指导;在先的等级指导,在后的等级被指导;而且我已经说了,每一等级中有高级、居中和在下的力量。这种解释方式并没有任何愚蠢之处。如果断言说某个等级在神圣事物上被上一等级指导,同时,后者本身又受前者指导;或反过来说上级者指导下级者,又反过来被自己所指导者指导,这才是愚不堪言的混杂与混乱呢。当我说同一个存在者既指导又被指导时,我的意思并不是指导者又被他所指导者指导。我想说的只不过是:每一等级都在神圣事物上受自己的前面等级指导,然后又指导那些在其之后者。所以,说《圣经》中描述的圣洁形式有时可以被合宜而正确地归于上级力量,有时归于居中者,有时归于在下者,没什么不妥之处。在永远回归的运动中向上提升的力量,在握紧自己的特别力量的同时不断回转自己的能力,在一个进程中分有神圣主宰者的力量,并依次与较低级别者共同分有他的能力——这当然是所有天界存在者的特点;正如我多次说的,有些天界存在者以超越的和完全的方式具有这些特点,有些则以部分和低级的方式具有之。

2. 现在应当讨论这个问题,我们必须首先解释为什么看上去上帝之言道最推崇"火"这一形象。你将发现它不仅描写火轮①，而且描写火焰动物②，甚至燃火的人③。它将大量火炭置于这些天界存在者四周，④还描写了无尽火焰之河。⑤ 它谈到火的宝座⑥并运用了"撒拉弗"的字源学。它把撒拉弗写成是燃着火的，具有火的特征和行动。⑦ 总的说来，不管提到的是阶层体系中高级的还是低级的，上帝之道总是荣耀火的表现。确实，在我看来，火的形象是表达了天界理性存在者与上帝相像的最佳方式。

实际上，这也是为什么圣洁的神学家常常把超越的和无形的**存在**描写为火的原因。⑧ 作为从可见事物中引出的一个意象，"**火**"**确实**可以说是反映了上帝许多特征。可见的火可说是内在于万物之中。它毫不稀释地穿过万物而又一直是完全在万物之上。它点亮万物而又同时保持在隐暗中。它自己是无法探知的，它只有通过在物质上的工作而被显明。它是无法终止的。它是无法被看见。然而它又是万物的主人。无论在哪里，它总是使事物向自己的作为变化。它将自己置于一切靠近者身上。它用燃火的温暖造成更新。它以无遮掩的照明给出光亮，但同时保持纯净与丰足。它做出区分而又从不变化。它向上升腾而又深深穿透。它是崇高的和从不向下降低的。它总在运动中，运动自己和别的事物。它朝各个方向扩展而又从不固定在任何地方。它

---

① 《但以理书》七章 9 节。
② 《以西结书》一章 13 节；《列王纪下》二章八节。
③ 《马太福音》廿八章 3 节；《路加福音》廿四章 4 节。
④ 《以西结书》一章 13 节，十章 2 节。
⑤ 《但以理书》七章 10 节。
⑥ 《但以理书》七章 9 节。
⑦ 《以赛亚书》六章 6 节。
⑧ 《申命记》四章 24 节。

不需要任何东西。它不为人所见,而又在一切接受它的地方显明自己的伟大。它是有力的、强大的、不为人见地出现于万物之中。如果不注意,它就似乎不存在,但是如果摩擦发生了,它便会抓住东西;它突然地、自然地和通过自身地出现,很快就不可抵抗地烧大起来,而且它丝毫不损自己地与万物欢快地交流。

人还可以发现火的许多其它属性与从可见物中得出的意象一样,能用于描述上帝的作为。神圣事物的专家在把天界存在者描写为火一样的时候,也表明了他们的这一理解。他们用这一描写来显示天界存在者如何近似于神圣者、如何尽最大可能地模仿上帝。

3. 但是他们还用从人的领域中得到的形式来描写这些存在者。① 因为人确乎是理性的,而且能注视高级的事物。从本性上说,人便是坚定正直的领导人和统治者;甚至与非理性动物相比,人在感知觉能力上的本领也最差,但是人还是用其理性之高超力量统治万物,因为人有着从理性的理解力中来的控制能力,有灵性的本然自由与独立。

我还认为人体诸多部分的每一个都能为我们提供与天界力量合宜的意象。可以说视觉能力表明他们有直接凝视上帝之光芒的能力,同时不动激情地、轻柔地、清楚地、顺柔地、纯净地和开放地接受来自上帝的光照。分辨气味②的力量表明他们充分领受理解力不能把握的香味以及分辨出相反的、必须完全回避的气味

---

① 《但以理书》十章 5 节和《以西结书》一章 5 - 10 节是最常被援引的"身形"段落。其它还见《马可福音》十六章 5 节;《启示录》四章 7 节,十章 1 节。
② 《多比书》六章 17 节,八章 3 节。

的能力。听觉力①表明他们有能力分有对神圣启示的知识。味觉②表明他们领受概念性营养和易于接受圣洁的和富于营养的河流。触觉③是区分有益的与有害的事物的理解力。眼睑与眉④表明对心智所知的上帝的事情的卫护。青春年华⑤表现了活生生的力量的永久精力。牙⑥与区分摄入的营养性"完全"的技艺有关,因为一切理性存在者在从更圣洁者那儿接受了统一概念的惠赐之后,便会对之加以区分,使之传播开来,以便使下级者能尽量地被向上提升。肩、臂⑦以及手⑧表明行动与获得。心象征着与上帝一致的生活,并仁慈地把产生生命的力量分配给自己照管的生物。胸表示卫护着从里面的心中倾流出生命的不可征服的勇气。背⑨显示了把给予生命的力量带到一起。脚⑩是向神圣事物的永恒行程的迅捷行动与速度。(所以上帝之道在理智存在者的脚上安了翅膀⑪——因为翅膀表明他们飞升的迅速,向天上的攀援,永远向上的行程——他们不断向上的冲动远远高出任何尘世的渴

---

① 《诗篇》一〇三篇 20 节。
② 《创世记》十九章 3 节,十八章 1-8 节。
③ 《创世记》卅二章 35 节。
④ 这些词没在《圣经》中出现。
⑤ 《马可福音》十六章 5 节。
⑥ 《约翰福音》一章 9 节。
⑦ 《但以理书》十章 6 节;《撒母耳记下》廿四章 16 节。
⑧ 《诗篇》九十一篇 12 节;《雅歌》六章 21 节;《以西结书》一章 8 节,八章 3 节,十章 8 节,十章 21 节。
⑨ 《以西结书》一章 18 节,十章 12 节。
⑩ 《以赛亚书》六章 2 节;《以西结书》一章 7 节;《但以理书》十章 5 节。
⑪ 《以赛亚书》六章 2 节;《以西结书》一章 6、22 节,十章 5-16 节。

求。翅膀的轻巧象征着不受一切尘世的吸引和他们朝向峰顶的纯净无阻的升举。)赤足与裸体①表示着不受束缚、自由和独立,未受任何外在物的侵染,与神圣单纯性的最大可能的符合。

4. 单一而又"百般的智慧"②包裹着赤身者,并说明了他们所配备者为何。所以我必须试着解释神圣的神职服装与天界理性存在者的神圣器具。我想闪闪发光与火一样的袍子③象征着神圣的形式。这与火的意象是一致的。照明的力量来自于他们的天上住所,那儿是光的家园。它使万物在心灵中被照亮,并且自己也在心灵中闪亮。

圣袍④标志着灵性上引导人知道神圣的与奥秘的景象,和使人一生圣洁化的能力。环带⑤标志那些理性存在者对自己的创造力的控制。它们还标志着他们的聚拢行动,他们统一事物的吸引活动,以及他们毫不疲倦地环绕自己的同一性的和谐宁静。

5. 节杖⑥标志着王权和主权,天使运用这一权力引导万物的成就。矛与斧⑦表现了他们在事物的不相同之中进行区分的技艺,以及他们分辨力的敏锐清晰和卓有成效。量度与建筑用具⑧与他们的奠基、建造和完工的作为有关;实际上它们与一切和提

---

① 《创世记》十八章4节,十九章2节。
② 《以弗所书》三章10节。
③ 《启示录》九章17节,十五章6节。
④ 《以西结书》九章2节,十章6-8节;《启示录》一章13节。
⑤ 《以西结书》九章2节。
⑥ 《士师记》六章21节。
⑦ 《以西结书》九章2节;《创世记》三章24节;《民数记》廿二章23节;《约书亚记》五章13节。
⑧ 《以西结书》四十章3节;《启示录》廿一章15节。

升、回转下属者的神圣天意联系的事情有关。

圣洁天使的号①恰好与上帝对我们的审判有关,有的代表对信徒的改正和对傲慢者的惩罚,有的指出对危险的摆脱、使徒身份的完全、回归以前的幸福,或给出新恩赐——无论是大是小,是能见到的还是属于理性的。总而言之,一个敏于分辨的心智不会在发现可见意象与不可见实在之间的相关性上感到困难。

6. 他们还被称作"风"②以表明他们极快的速度。他们刹那间便在一切地方行动,从上面降下又从下面升上,把他们的下属者提升至极顶,劝使他们的上级下来与那些在他们之下者交往、关怀他们。我们还可以补充说,"风"表明一种空气的品格以及圣洁和理性的存在者与上帝一致的生活方式。这个字也是上帝的作为的一种意象与象征符号。它自然地运动着,赋予生命,急速前进,径直而不受约束,所凭借的乃是我们无法认识与看见的,它的运动的隐秘泉源与目的。"你不晓得"《圣经》上说:"它(风)从哪里来,往哪里去。"③我在《象征神学》中解释四元素时更为详尽地讨论过这一切。

上帝之道还把他们描写为云。④ 这是为了表明圣洁和理性的存在者被以超越的方式充满了隐秘之光。他们直接地、毫无高傲之心地第一批接受这光,并且作为中介者而大方地尽量把光传送给次于他们的存在者。他们具有一种产生之力、一种带来生命的

---

① 《启示录》八章 6 节,十四章 14-17 节,二十章 1 节。
② 《诗篇》一〇四篇 4 节;《希伯来书》一章 7 节。
③ 《约翰福音》三章 8 节。
④ 《以西结书》一章 4 节,十章 3 节;《启示录》十章 1 节。

力量、一种带来增长与完成的力量,因为他们向下倾注理解力并召集接受者,结果产生了一个活生生的大潮。

7. 上帝之道还赋予了天界存在者其它形式:铜、精金、五彩宝石;这么做的理由在于,含有金、银①的精金②既象征着金子的不会朽坏、无价、永存和无污染的闪光,如象征着银子的柔光、平滑、美丽和天国般的绚烂光亮。铜则如我们说过的那样,象征火或金子。至于五彩宝石③,应当是起这样的象征作用:白象征光,红象征火,黄象征金子,绿象征青春活力。

确实,你会发现每种形式都具有一种对象征表象的提升式的解释。不过既然我想我已经对此谈了我能谈的一切,我觉得我们现在应当进而讨论《圣经》归于天界理性存在者的那些动物形象了。

8. 想一下狮子的形式。④ 这主要是用来显示他们强而有力的、不可征服的统治。天界存在者遮盖自己理性的行程,尽力接近那不可言说的上帝的奥秘。他们谦卑而神秘地在圣洁启明的上升行程上盖上一道帷幕。

牛⑤的形象象征着力量与强大,象征着能够深犁知识之畦,迎接天上丰饶雨水的降临。牛角是保卫与不可战胜的力量的标志。

鹰⑥标志着皇家威严;向峰顶的进发,迅捷的翅膀,敏捷、迅

---

① 《以西结书》一章 7 节,四十章 3 节;《但以理书》十章 6 节。
② 《以西结书》一章 4 节,一章 27 节,八章 2 节。
③ 《启示录》四章 3 节,廿一章 19-21 节。
④ 《以西结书》一章 10 节,十章 14 节;《启示录》四章 7 节,十章 3 节。
⑤ 《以西结书》一章 10 节,十章 14 节;《启示录》四章 7 节,十章 3 节。
⑥ 《以西结书》一章 10 节,十章 14 节;《但以理书》七章 4 节。

速、速度,以及找到营养物的聪明,标志着自由、直接,在坚决超出视觉力当中毫不动摇地向上玄观那些神圣阳光的丰足光芒。

马①意味着服从与温顺。它们的白色是它们与上帝之光的内在关系的表现,它们的青色象征着隐秘,红色表示火的力量与迅捷;杂色表明对立面的联合;从一处向另一处的跑动则表征着上级者去适应下级者,以及下级者由于神命而回归上级者。②

如果我心里不对我的讨论保持着一种比例分寸感,我便会思考我提到的这些动物的具体部位和形体细节。人可以在"不相似的相似性"③的意义上把它们正当地用于描述天界力量。这么一来,野兽的愤怒是理性的英勇的一个形象;对于这种英勇来说,愤怒只是最外在的回声。它们的欲求是天使在上帝面前感受到的那种渴望。④ 简而言之,非理性动物的所有情感和不同部分都把我们提升到非物质的概念和天界存在者的统一力量。

这些事对于有智慧的人已经够清楚了,况且对于一个不协和的意象的解释也足以说明对相类似者的同样方式的解说。

9. 我现在必须考察称天界存在者为"河"、"轮"和"战车"的理由。火河⑤标志着那些圣洁的渠道,它们永远分发着它们富足大方和毫无阻遏的养育之流,以及它们产生生命的丰饶。战车⑥标志着把同一等级的存在者团结在一起的友谊。至于不偏不扭地

---

① 《启示录》六章 1-8 节,十九章 14 节;《列王纪下》二章 11 节与六章 17 节。
② 《撒迦利亚书》一章 8 节,六章 2 节,不过"青色"近于黑色。
③ 分题二。
④ 同上。
⑤ 《但以理书》七章 10 节;《以西结书》四十七章 1 节。
⑥ 《诗篇》一○四篇 3 节;《列王纪下》二章 11 节,六章 17 节。

运行的有翼之轮,①则标志着保持在笔直大道上直行的力量,直接而不迷失;这都是因为天使的理性之轮受到一种完全不同于此世界的方式的引导。不过,心轮的符号意义也可以用另一种"提升"②来解释。因为正如神学家所指出的,它们被称为旋转轮,③这在希伯来语中既表示"旋转",也表示"启示"。这些与上帝相像的火轮在它们环绕至善的不停运动中环绕自己"旋转着"并"启示着",因为它们展示隐藏的事物,把心智从下向上提升,而且把最为崇高的光明带到最低之处。

最后,我必须对《圣经》说到天界等级欢喜的目的做些解释。这些等级决不会感受我们从激情中得到的快乐。所以《圣经》中说到的乃是他们分有由于失者复得④而产生的圣洁欢喜。他们经历着真正圣洁意义上的幸福,对神圣主宰和回归上帝的人得拯救感到的良善和心胸宽广的快乐。他们的不可言说的幸福就像圣洁的人被上帝安排的圣洁光明所访问时感到的幸福一样。

这些就是我关于圣洁表象要说的。可能它远远没说清楚所有东西。然而我相信它会使我们免于固执于虚构的现象的可怜境地。或许有人会批评我没提到所有的力量、所有的行为和所有的意象——《圣经》中关于天使所说的这一切事。这确是如此。但是我之所以舍弃一些事,是为了表示我在理解它们的超越实在

---

① 《以西结书》一章 15—21 节,十章 1—13 节;《但以理书》七章 9 节。

② "提升"也可表示"解释"。(这是俄里根式术语)在此指把心智从可感意象向理性的意义提升。

③ 《以西结书》十章 13 节。

④ 《路加福音》十五章 7—10 节。

时感到困惑。我真正需要的乃是这方面的引导之光。省略与我已讨论过的主题相似的一些事,还可以由我的一个双重关切得到解释:不要使我的讨论拖得太长和在充满敬意的静默中荣耀那超出我之上的奥秘。

第四章　教阶体系

一、狄奥尼修斯长老致提摩太长老：什么是教会阶层体系，其目的是什么

1. 圣洁子孙中的最圣洁者啊：我们的教阶体系是由一个圣灵感召的、神圣的和神圣地造出的理解、作为、完全。我将在超越的和最圣洁的《圣经》的帮助下，把这一点向那些已经被我们教阶体系的神秘与传统引入到圣洁的神秘的导引圣事中的人做一个证明。

不过请注意不要背离那至圣者。让你对隐秘之上帝的敬畏显示在来自理性的和看不见的知识之中。不要让未入门者分享和侵染这些上帝的事情。让你对神圣者的分有与神圣事物相称：让它只通过神圣的光照而到达圣洁的人。上帝之道确实教导我们当中是祂门徒的人说：正是以这种方式——虽然更清楚与更理性地——耶稣启迪了我们有福的上级者，而耶稣自己却是超越的心智，完全神圣的心智；祂是一切阶层体系的泉源与存在，是一切神圣化、上帝的一切工作，是神圣力量中的最终极者。祂尽他最大的可能把他们同化到自己的光中。对于我们来说，祂运用那把我们向祂提升的对美的渴望（这本身也被提升至祂），把我们许多不同区分合拢来。祂使我们的生命、性格和行为成为某种统一和

圣洁的东西,祂还赐予我们与作圣洁的祭司相称的力量。

因此,在接近圣职的圣洁行为中,我们便离那高于我们的存在者靠近了。我们尽最大可能模仿他们永久的、不动摇的和圣洁的稳定,并从而向上观照耶稣本身的福佑的和最为神圣的光芒。然后,在圣洁地观照了一切可以看到的事物后,在被我们所见之知识照亮之后,我们将被祝圣,并将成为这一神秘理解的祝圣者。我们将由光构成,将成为上帝的工作中的门徒,从而将被完全化而且给别人带来完全。

2. 你会发现我已经着文讨论了天使、天使长,以及超越的首领、执政者、掌权者,以及主治者、宝座和在希伯来文中称作基路伯与撒拉弗的存在者——他们与宝座属于同一等级,而且上帝之道说他们总是而且永远是离上帝最近,与上帝一起的。我写了有关他们的等级与他们的阶层体系的圣洁秩序与区分。我还写了对这一天界阶层体系的赞美,并没写出他们应得的,只是尽我最大可能并遵循上帝之道在最圣洁的著作中所指引的道路写了。

不过,还是有必要讨论那个阶层体系以及一切的、包括我们现在正在赞美的这个阶层体系如何通过整个阶层体系式的努力,可以具有同一种力量,即祭司本身;以及阶层体系的存在、比例和秩序如何在他当中得到圣洁的完全和神圣化,并被根据下属者的功德而给予他们圣洁和神圣化,而他自身中的圣洁的神圣化则直接来自于上帝。下属者然后追随自己的上级者,并推动在自己之下的级别进步,而他们在前进时又是被别的级别引导的。这样,由于这个圣灵激发的、阶层体系中的和谐,每一位都能尽最大可能分有那是真正美好的、智慧的与善的上帝。

当然，正如我已经说的，这些高于我们的存在者与等级都是非形体的。他们的阶层体系属于概念的、此世界之外的领域。然而，我们在我们的本性容许的范围内看见我们人的阶层体系，它多种多样，成为许多不同的可感象征；这会等级式地向上提升我们，直到我们被最大限度地带入到圣洁化的统一体之中。天界存在者由于有他们的理性而拥有他们自己被准许的对上帝的概念。至于我们，必须通过可感意象而被提升到我们能力可达至的对神圣者的玄观。实际上，所有与"一"相像的存在者所渴求的是同一个（神），但是他们并非以同样的方式分有这同一个存在。相反，对神圣者的分有与各个存在者的美德成正比。

这一切我在《概念的与可感知的》的一文中有更清晰的论述。① 所以现在我将只描写我们自己的阶层体系，讨论其泉源与存在；首先，我们向一切阶层体系的泉源和"完全"的耶稣祈祷。

3. 我们有一个可敬的圣洁传统，它肯定每个阶层体系都是它当中的圣洁组成要素的完全表达。它是它的所有圣洁成分的完满整体。所以我们的阶层体系也包容了它的圣洁成分中的每一个。正由于此，圣洁的祭司在被祝圣后便要专心于他所有的圣洁活动。实际上这就是为什么称他为"祭司"②的原因。如果你谈论"阶层体系"，你实际上便是谈到了所有圣洁的实在的秩序安排。如果谈到"祭司"，那么便是谈到了一位圣洁的和圣灵感召的人，他理解一切神圣知识，在他之中整个阶层体系都得到完全的完善

---

① 此文或佚失或未写。
② 又译[大]祭司。

化,并被认知。

　　这一阶层体系的泉源是圣水盆,①是善之存在、万物的唯一原因,即在其善之中赋予万物以存在和幸福的**三位一体**。这超越万物、是一又是三的上帝由于我们不明白(但对祂自己却十分明白)的理由,决定一定要拯救理性存在者,包括我们自己以及比我们高的那些存在者。这必须伴之以对被拯救者的祝圣。成圣就在于尽可能与上帝相像以及与上帝统一。

　　所有阶层体系的共同目标就在于对上帝和神圣事物的连续不断的爱,这爱是以圣灵充满的独特方式而圣洁地产生的,而且在它之前还要对一切与它相背离者彻底地和不动摇地加以回避。它由对存在者的真正本性的知识所构成;它由对神圣真理的观照与理解所构成;它由尽最大可能对与"一"相像的完全和"一"本身的圣灵鼓舞的分有所构成;它由享有那养育理性和祝圣一切向它上升的圣洁异象所构成。

　　4. 我们必须说的乃是:神圣的至福、完满的上帝、成圣的泉源,由于自己神圣的宽宏丰沛而给予被祝圣者祝圣。祂赐予人阶层体系,以确保具有理智和理性的存在者都能得到拯救与圣洁。祂还把这一体系赐给了那些有福地高于这个世界之上者,但是是以更为非物质的和理性的方式。(因为上帝并非无所借助地激励他们朝向神圣者。上帝是通过理性从内心中做成此事的;祂还用纯净和非物质的光芒主动去照亮他们。)对我们来说,天界存在者以独特方式统一地领受的这一恩赐,以一种适宜于我们的方式,

---

　　① 《诗篇》卅六篇9节。

被圣洁地传下来的《圣经》传递给我们,也就是说是通过各种各样的大量的集成的象征符号传给我们的。所以,我们的阶层体系的存在是由圣洁地传下来的《圣经》所建立的。而且,不管我们那充满圣灵召唤的圣洁引路人在《圣经》文字的圣洁书板中为我们立下了什么,我们都应当荣耀这些著述。而且,这些圣洁的人在更为非物质性的引导中所给出的那些已经通过心智之间的传递,而给予了我们天界阶层体系的邻居的事物,我们的领路人也将其启示给了我们;这固然也是通过语言表达的、从而是用了一种形体性的手段,但同时是更为非物质性的,因为已经不借助于文字。不过,充满圣灵的祭司并没在圣洁行为的共同部分中用公开的概念传递这些事物,而是用了圣洁的象征。① 因为并非人人皆圣洁,而且如《圣经》上肯定的,人不都有这等知识。②

5. 我们阶层体系的首要领导者从超越之上帝那里领受了他们的、充分的圣洁恩赐。然后神圣的至善又派他们去领导其它人走向同一恩赐。他们像众神一样具有确保自己的下属者得到提升和圣洁的强烈的、仁厚的冲动。所以他们用得自于感觉的形象谈说那超越者。

他们用杂多之物传递统一的事物。他们只能令人成为圣洁者。他们将物质的东西置于非物质的东西之上。在他们文字的和非文字的引导中,他们把超越者带到我们的一层。他们是按命令而为我们这么做的,不仅因为不得接触象征物的世俗者,而且

---

① 《教会阶层体系》的真正主题是这一与礼拜式的象征有关的、未著文字的、"更为非物质性的引导",尤其在礼仪和解散的"共同部分"之后的。

② 《哥林多前书》八章7节。

因为如我早已说过的：我们自己的阶层体系本身是象征性的，与我们的本性相称的。它以一种圣洁的方式需要可感物来把我们提升入概念的领域。

使用这种象征法的理由已经启示给神圣的圣洁-引导师，他们不可以将其完全解释给尚有待入门者。他们很明白那些由上帝授权建立神圣规范的人，着手把阶层体系组织成固定不乱的秩序，给予每一级应有的、合宜的一份恩赐。

我现在给你上帝的这一恩赐，以及其它与祭司有关之事。我这么做是因为你向我做了庄严的保证；我现在提醒你：你保证除了对你自己级别的圣洁-引导师之外，不向任何人转告祭司的高绝的圣洁话语。我很高兴你按照阶层体系的安排而保证只在洁净之中处理纯洁之事、只与上帝的人一起做圣洁的事、只与确实已被完善的人分有完善、只与圣洁者分有至圣者。

二

I 启明照亮的仪式①

我曾严肃地说过，我们与上帝的最大相像与统一，是我们的阶层体系的目标。② 但是神圣的《圣经》教导我们，这只有通过充满爱心地守威严的诫命和做圣洁的事才能达到。"人若爱我，就

---

① 启明照亮的形式与洗礼有关。自此以下，每章都将遵循同一个模式：一个介绍，一个对所讨论的礼仪的描述，一个对此仪式的解说或"玄观"。

② 参看《天界阶层体系》，第三章。

必遵守我的道,我父也必爱他,并且我们要到他那里去,与他同住。"① 那么,什么是最为可敬的诫命的圣洁制订的出发点呢? 这就是:使我们的灵魂准备好倾听圣洁的言道,尽可能多地做好接受它的准备,向上帝的神圣工作开放自己,清理干净通向那在天堂等待我们的住所的上升之路,并接受我们最为神圣和圣洁的再生。

在理性的领域中,正如我们的著名教师②说的,正是对上帝的爱最先推动我们向神圣者前进;实际上,这种朝向神圣诫命的圣诚制订的爱的第一进程便以不可言说的方式带来了我们圣洁的存在。圣洁化就是有一个圣洁的诞生。没有人能理解——更不用说实行——从上帝那里接受的真理,如果它没有一个圣洁的起源的话。难道在人的层次上我们不是必须先存在,然后才能做与我们相宜的事? 不存在者既不运动,甚至也没开始存在;而具有一定方式的存在的事物只制造或经受与其本性相宜的东西。在我看来,这是十分清楚的事。所以,让我们注视与圣洁诞生有关的神圣象征,不要让任何未入门者接近这一景象。③ 因为眼睛虚弱者决不可能安全地直视太阳光芒,我们在处理高于我们的事物时,总会有危险。律法时代的阶层体制很正确地阻挡乌西雅(Uzziah),因为他想参与神事;惩罚可拉党(Korah),因为他们超

---

① 《约翰福音》十四章 23 节。
② 即哈尔罗修斯。
③ 作者总是用"圣洁的诞生"指洗礼圣事。

过了自己的职分;惩罚拿答(Nadab),因为他在尽职时渎神。①

Ⅱ 启明照亮的奥秘

1. 那"愿意万人得救,明白真道"②的祭司使人与上帝相像以达到这一目的。他向所有人宣告福音:上帝由于自己的本然善性而对世上居住者十分仁慈;他出于对人类的爱而决定降临我们当中;他像火一样使一切能被圣洁化的人都与他合为一体。"凡接待他的,就是信他名的人,他就赐他们权柄,作上帝的儿女。这等人不是从血气生的,不是从情欲生的,也不是从人意生的,乃是从上帝生的。"③

2. 一个人如果心里燃起了对超越实在的热爱并欲求分有祂的圣洁,便会来找一个已入门者,让他带了去见祭司,保证对一切吩咐他的事都完全服从。他请他照料他的训练和所有与他将来生活有关的事。受托人为拯救此人的愿望所动,但当他把人的境遇与所要做的事的高(难)度一比,便感到害怕与不确定。但是他的善心最终压倒了他,于是他同意做被托之事,把他带到有教阶等级头衔的人那里。

3. 祭司很高兴看见这两个人。这就像迷失之羊又被找到扛回。④ 他向上帝谢恩并赞美。他心怀感恩,全身俯伏,敬拜那唯一

---

① 乌西雅:《历代志下》廿六章16-21节;可拉党:《民数记》十六章;拿答:《利未记》十章1节及下。
② 《提摩太前书》二章4节。
③ 《约翰福音》一章12节及下。
④ 《路加福音》十五章5节。

的善之源头,由于祂,被召者受到召唤①、被救者受到拯救。

4. 然后,他把所有的圣洁等级都召到神圣的教堂中,庆祝这个人的得救,并向神圣至善献上感恩。作为开头,他与在场的会众一起唱一首从《圣经》中选的赞美歌。然后他吻一下圣桌,走向那站在那儿等候的人,问他为什么而来的。

5. 那人充满对上帝的热爱,按他的引荐人教他的话回答。他弃绝自己的不虔敬、自己对真正美好者的知识的缺乏、自己对分有上帝的生活的隔绝。他请求(祭司)圣洁的中介,以达到与上帝和神圣事物的相遇。祭司告诉他:如果他要接近那全然完善和全然无过失的上帝,他就必须彻底交出自己。他教导他神意的生活道路,并问他是否愿意这么生活。当被问者答道:"是的",他就把手按在他头上划十字记号。他然后指示助祭为那个人和他的引荐人登记。

6. 当他们登记之后,他便作圣洁的祈祷。聚会的人都一起祷告。他解开(那人的鞋)并让执事解掉他的衣服。然后让他面朝西,双手张开作憎恨状,命令他三次发誓拒绝撒旦、放弃自己。他说三遍,那人重复三遍。然后把他转向东方,眼向上看,手向上举,对着天上;他命令他服从基督和所有被圣洁地给予的圣道。

7. 做完了这个之后,他要求他三遍表白自己的信仰;当那人做了后,他便为他祷告,祝福他,把手按在他头上。执事完全解去那人的衣服,助祭拿来涂油的圣膏。祭司以一个三重的十字记号开始涂油的过程,然后由助祭用油涂满那个人全身;祭司走向那

---

① 《马太福音》廿二章3节。

一切圣洁领养的母亲。他以圣洁的祷告祝圣了水,最后三次把最圣洁的油膏倒入水中,每次都按照十字架的形状倾倒。他每次倾倒圣油时都唱神激发先知所唱的圣歌。① 他命令把那人带过来。一位祭司便从登记册上大声喊出那人以及他的引荐者的名字。然后助祭便领那人到水边,交给祭司。祭司站在高出的地方,将那人三次浸入水中,每次助祭都要从水这边向那边的祭司喊出那人的名字。受洗人每次都下水并浸没,祭司则向三位被神圣地祝福的人求告。助祭然后把那人引回到他的引荐人、那位带他来受洗的人那里,与他一起给那人穿好衣服,再带回到祭司面前。祭司用最有力量的圣油在他身上划十字,宣布他已经可以参加圣洁入门者的圣餐了。②

8. 这一切都合宜地完成后,祭司便又一次在做了次级的事之后回到对首要的事的玄观之中,这是为了他在任何时候都不会以任何方式转向自己职责之外的东西,都不会停止从一种圣洁的实在向另一种的前进,使他永远接受圣灵的指导。

Ⅲ 玄观

1. 这一象征神圣的圣洁重生的圣事在其感性形象中没有任何不适宜的或亵渎的东西。相反,它反映了对上帝的玄观过程的谜,而且这是通过与人类理性相合适的自然反思的方式进行的。③ 即使不考虑有关这些仪式的更为真正神圣的理由,这儿也没什么

---

① 即"哈利路亚"。
② 以圣油膏人来结束洗礼,后来在西方教会被称为"坚振礼"。
③ 《哥林多前书》十三章 12 节。

错的东西：它用神圣的指示教导受洗者过一种圣人式的生活，用水进行身体清洗来教导受洗者——以一种通过身体的方式——洁净一切恶，过一种德性的、献给上帝的生活。即使它没有其它的、更神圣的含意，这一象征地进行的事情的传统在我看来也毫无亵渎之处，因为它教导的是一种圣洁的生活方式，而且它在用水清洗整个身体时，提示了对邪恶生活方式的完全清除。

2. 让这成为对于未入门者的介绍性的导引吧！因为它把属于大众的东西与联合和统一一个教阶体系的东西区分开，而且它还分配给每一等级其应有的和合宜的一份提升。但是我们已经充满敬畏地举目注视这些仪式的源头，并已被圣洁地引入其中，所以我们将认出这些印迹之事背后的印章本身、这些形象背后的不可见之事。我已经在我的书——《概念的与感性的事物》——中清楚说明了圣洁的象征物实际上是概念事物的感性符号。它们指明了通向概念事物的路，并引向这些事物；概念事物是在阶层体系的感性表现之下的泉源与理解。

3. 故而我们说神圣福泽之中的"善"虽然永远与自己相似与相同，却慷慨宽厚地把自己仁慈的光芒给予一切用理性之眼观照祂的人。但是理性存在者由于有自己的自由意志，便可能从那心智之光背离，并会过多欲求邪恶之事，以至于泯灭了那异象、消灭了接受光明的天赋。他们把自己从这光移开，这光却永不止息地来到他们中；它不仅不抛弃他们，而且还照耀着他们不视之目。由于善是光的本质，光即使在这些人从它转开时也紧追着他们。

这些存在者还有可能挤破他们视野的合理界限，斗胆去想象自己能真正地注视那超出其视觉力量之上的光芒。此时，光并不会与自己作为光的本性相悖,但不完善地接近绝对完善者的灵魂却不仅达不到那些与自己陌生的实在,而且会由于自己邪恶的傲慢而被剥夺本来可以得到的东西。不过,正如我已说的,圣光由于自己的慷慨宽厚,从不停止把自己给予心智之眼,后者应当能看到上帝,因为上帝永远在那儿,永远准备好把自己恩赐给人类。圣洁的祭司正是按这个模式塑造自己:他慷慨宽厚地把他充满圣灵的教导的闪耀光芒倾撒给一切人,他在模仿上帝时总是准备好把光给予来寻求的人,而且他对过去的背叛与过错既不抱怨也不发世俗的怒火。他以与上帝相似的和教阶体系的方式给予一切来寻求者以引导之光,他这么做都是以和谐的和有序的方式,而且与每人对于神圣事物的禀赋性情相称。

4. 但是既然上帝是这一圣洁安排的源头,圣洁存在者的理性根据这安排而获得了自我意识,那么任何着手思考自己本性的人都会一开始就发现自己是什么,而且他获得这第一个神圣恩赐是他向上观照那光的一个结果。在不偏不倚地、合宜地审视过自己是什么之后,他将避开无知之境。他尚未被充分地引入与上帝的完全统一和分有上帝,他对此的渴求也并非发自他内心。只有逐渐地,他才会被提升至更高状态,这须借助于比他更进步的人为中介。在那些更高水平的人的帮助下,甚至受第一级别的帮助,他遵守神圣的等级规则,并将被提升到上帝所在之顶峰。

这种和谐与圣洁的等级的一个形象便是候补者的敬畏,他的自我意识,他在自己的引荐人的帮助下走向祭司的路。神圣的至福把自己的一份给予被如此提升的人,用自己的光在他身上做了一个记号,接受他加入那些已经获得神圣化并形成了一个圣洁团体的人。这些事的圣洁象征就是祭司在候选者身上做的记号,以及助祭的登记入册,这样便把那入门者包括在得救者当中,并将他的名字与他引荐人的名字一道载入圣洁的名册之中。因为此人真正渴求通向真理的产生生命的旅程,并追循自己的圣洁领导;而后者无误地引导他的追随者沿着上帝交给的道路前进。

5. 人不可能同时分有相互矛盾的实在,故而进入到与太一交通的人就不能再过一种分裂的生活了,尤其是如果他希望真正地分有太一。他必然坚定地反对一切可能分裂这交通的事。这一切都神圣地体现在这样的象征系统之中:剥去候选者过去的生活,夺去这个世界对他的最后一点吸引,使他裸身赤足地面向西方站着,伸出双手宣布弃绝与邪恶的黑暗有关的一切交往,一切意味着差异的他的过去;使他"呼出"并彻底抛弃一切与顺从上帝相背的东西。在这么加强和解放了之后,他又被转向东方,并被告诉他既然已经抛弃了邪恶,便可以在完全的纯洁之中生活并看那圣光。同时,他还做了完全专心于太一的圣洁保证,此后那传统便接受这位由于对真理的爱而变得与"一"相像的人。

我认为这对于那些理解教阶体系的人来说是十分明显的:理性存在者在其所有达到太一的持续努力之中,通过相反事物的完全死亡与瓦解,便领受了完全根据神圣者的形式塑造自己不变的能力。仅仅不再干所有的错事还不够,还必须勇敢地下定决心,还必须无畏地面对任何灾难性的退步,在对真理的圣洁的爱中决不许有消减的时刻。人必须不停地和充满祈祷地被尽最大可能提升至真理,并且永远努力被以圣洁的方式向上帝的最高"完全"提升。

6. 你可以看到,教阶体系的仪式是这些实在本质的精确形象。与上帝相像的祭司开始圣洁的膏油式,但是助祭才真正地完成膏油的圣洁活动,并从而召唤入门者参加他必须与基督和他的训练者一道参加的神圣竞赛。① 因为基督作为上帝安排了比赛、作为圣贤定下了规则、作为美为得胜者提供了有价值的奖赏,而且更神圣地作为善而临在于运动员之中,保卫他们的自由,并保证他们对死亡和瓦解的力量的胜利。所以入门者将高兴地投身于他所知道的神圣竞赛,将遵循和严守比赛的智慧规则。他的坚定希望乃是将在由善美的主和比赛的领袖所统治的等级之中赢得一席地位,这是他的美好报偿。他将沿着运动员中最先者的善意所立下的跑道奔跑。在模仿神圣者的考验中,他将与一切拦在他成圣道路上的行为和存在作斗争。由于他在洗礼当中已在罪中死去,人可以神秘地说他分有了基督本人的死。②

7. 我们一道来看看象征物如何合宜地表达了神圣者。对我们来说,死并不像别人想象的那样是存在的完全消解。毋宁说它是联结在一起的两个部分的分开。它将灵魂带入一个对我们说来是无法看见的领域;在那儿由于没有身体,灵魂便没了形状。身体隐于地下并改变其形体的状况,不再有人形。正因为此,才可以十分合宜地把新入教者完全隐于水中,以象征这形体将消解的死亡与埋葬。

这一象征的教导就圣洁地引导受洗者进入那一奥秘:他通过

---

① 《哥林多前书》九章 24 节;《提摩太后书》二章 5 节。
② 《罗马书》六章 3 节;《歌罗西书》二章 12 节;《提摩太后书》二章 11 节。

三次浸入与露出水中,便在人所容许的对上帝模仿的最大范围内模仿了那曾给予生命者耶稣的死,祂在墓中呆了三天三夜,①但《圣经》的神秘的和隐秘的传统,这个世界中的统治者在墓中什么也没找到。②

8. 接着,他给受洗人披上鲜亮的衣服。他的勇气、他与上帝的相像、他向太一的坚定向往,使他对一切相反的东西毫无兴趣。秩序降临在他内心的混乱之上;形式战胜了无形式者;生命在他的所有生活当中闪耀发光。

膏油仪式给了被引入门者甜美的气味,因为完全圣洁的诞生使入门者与上帝的圣灵联合在一起。这倾倒(油)是无法描述的,因为它在心智的领域中做着令人甜美和使人完善的工作。如何理性地认出这一切,将由那些赢得了以圣洁的和神圣地安排的方式,并在心智的层次上与上帝的圣灵交通的权利的人去完成。做完一切之后,祭司便召唤已入门者去领最神圣的圣餐,并告知他将要完全他的奥秘的灵性交通。

三

I 圣餐仪式

既然我已经提到了它(交通),那么跳过它而去赞美教阶体系的其它功能就不合适了。因为正如我杰出的老师宣称的,这其实是圣事中的圣事;我必须借助于《圣经》的圣洁知识和教阶体系的

---

① 《马太福音》十二章 40 节;《约翰福音》一章 17 节。
② 《约翰福音》十二章 31 节,十四章 30 节,十六章 11 节。

理解来讨论对于它由圣灵所激发的解释,我必须在上帝的圣灵的激发下,提升到对它的圣洁的玄观。

作为开始,请先充满敬意地注意它——当然也是其它教阶体系的圣事的——的独特之处,即被特别说成是"交通"与"聚会"的。① 一切圣洁地引人入门的活动都是把我们破裂的生活聚拢在与"一"相像的圣洁之中。它令我们的分裂凝聚为一圣洁的统一体。它赋予我们与太一的灵性交通和统一。但是我认为其它教阶体系的象征的"完全"必须经由圣餐的完善恩赐方能到达。因为几乎一切教阶体系的圣事都以圣餐式为其仪式之高潮,给接受圣事的人带来与太一的灵性聚合,从上帝那儿赐予人以神秘的、完善人的能力,实际地完善他与上帝的灵性交通。每种教阶体系圣事在没有完全我们与太一的交通和"聚合"的意义上讲,都是未完成的,从而也都是不能给我们带来充分完善的。每一圣事的目的或基本目标就是将上帝之奥秘给予领圣事者。所以教阶体系知识立了一个很正确的名字,以便表达所达到的东西的本质特征。

这与圣洁诞生的圣事的情况是一样的。它首先引入光,并且是一切神圣光明的泉源。我们正因为此而赞美它,给予表示它的成果的名字,即"光明"(照亮)。当然所有教阶体系的活动都具有这一属性:把上帝之光传给入门者,但是这一圣事最先给予我观看的恩赐。从它最先来到的光引导我走向其它神圣事物的异象。

说了这些之后,现在让我们抬起双眼,根据教阶体系的顺序,

---

① 交通与聚会,此处指圣餐。

注视这一最圣洁的圣事的详细的圣洁活动,并对之加以玄观。

Ⅱ　"聚会"或圣餐的奥秘

祭司在神圣的祭坛前做了圣洁的祷告后,就开始敬香,然后他提香绕整个圣洁之地走一周,回到神圣的祭坛之前,便开始圣洁地吟唱赞美诗篇,所有会众也都一同唱。然后,执事开始读神圣的书板,此后慕道者便离开圣洁的前座,邪灵附体的和悔罪的人也离开,只有有权参与圣事和与神圣事物灵性交通的人才能留下。有些执事守着圣洁的处所,确保门一直关着。其他执事则进行他们等级应做的事。被选出的执事与助祭一道,把圣洁的面包和祝福的杯子放到神圣的祭坛之上。① 在这一切之前,所有聚会者都唱普世信仰的赞美诗。然后,圣洁的祭司做一个神圣的祷告,令大家保持圣洁的安静。其他人按仪式相互亲吻,神圣卷册的神秘诵读也结束了。② 祭司与助祭在水里洗手之后,祭司在圣祭坛中间坐下,四周站着一些执事和助祭。祭司赞颂上帝的神圣工作,开始最圣洁的行事,并用圣洁地展示的象征物把被赞美的事物举起。③ 展示了上帝的工作的美好恩赐之后,他自己便去与之作灵性交通,并鼓励其他人跟他行事。领受和分发了圣餐之后,他最后献上圣洁的感恩。一般会众满足于看到神圣的象征,他却不断被圣灵提升至圣事仪式的最神圣的源头,他的被提是在他有福的和概念的玄观之中,在标志着他与上帝一致的生活的纯

---

① 《哥林多前书》十章 16 节。
② 即读写在"代祷文"中的那些名字。
③ 赞颂是有关上帝的拯救活动的全部历史的。

洁之中。

Ⅲ 玄观

1. 我的好青年啊,现在我在谈了这有序地、圣洁地符合其神圣原本之真理的表象之后,要进一步给那些已入门者提供灵性的指导。

象征物的多样和圣洁的组合并不是表面地呈现给他们,对他们来说并不是没有灵性的沉思的。圣洁地唱《圣经》赞美诗和读经,教导他们有德生活的规则。最主要的是,它教导人欲求自我从摧毁人的邪恶中得到完全洁净。一块面包与一杯酒的共享,和平宁静的、最为圣洁的分发,立下了这样的规范:他们既已受同一食粮的养育,他们的生命就必须联结在对灵性食物的充分分有之中。它还神圣地提醒人最圣洁的晚餐,那是所有这一切仪式的原初象征。这一切象征的创立者很正当地把没有献身于他的人排除在那圣洁的晚餐之外。① 从而它以纯净和神圣的方式告诉人:当一个人适宜于接近这些神圣的事物时,他也就领受了与它们同一的、与它们灵性交通的恩典。

2. 不过,让我所说的那些画在内部圣所入口处的符号留给在玄观上未入门的人吧,这对他们是足够的了。② 但我们在想到圣洁的聚会时,却必须从结果向原因前进;我们在耶稣给我们的光之中将能玄观那清晰地反映了有福的原初之美的概念性事物。

---

① 犹大在最后晚餐上被分别出(约 13:21-30)。
② 也许,当时确在"内部圣所"外画了一些东西帮助未入门者。

啊,你这最圣洁、最神圣的圣事:揭开环绕你的谜底的象征外衣吧,向我们的注视清楚地展现吧,用统一而无遮掩的光充满我们心智之目吧。

3. 我想我们现在必须深入神圣的事物,并展示这些形象中的第一个的意义。我们必须仔细注意给予它如此圣洁形式的那个美,我们必须充满敬意地观看祭司的双重走动:先从圣洁的祭坛走到圣地最远处撒布香气,然后又转回到祭坛。至福的、超出一切存在者的上帝由于与一切分有祂的人交通的善意,而逐渐向外行出,但却从来没有真正从自己的本质稳定性和不动性中离开过。上帝照亮一切尽可能顺服祂的人,自己却彻底地、不可动摇地保持着内在同一性。同样,圣餐这一圣事既保持自己的本质:独一、单纯和不可区分,但同时又由于对人类的爱而多重化在各种圣洁象征物之中。它扩展自身以包容所有教阶体系的形象。然后它又把所有这些不同的象征物聚合在一个统一体之中,回归到其自己内在的"一",把统一性赋予所有那些被圣洁地提升至它的人。这对于圣洁的祭司也一样。他慷慨宽宏地把自己独有的、对教阶体系的独特理解传给低于自己的人。他运用许多神圣的谜。然后,自由地、不受任何低于他的东西的阻碍,毫无所失地回到自己的出发点。他在自己的心智中走向太一。他以清晰之眼观照在圣洁的仪式之下的那些实在物的基本统一体。他由于对人的爱而走向二级事物,但他又使对最初事物的圣洁回归成为最终目标。

4. 圣诗咏唱是教阶体系神秘的一个部分,当然应当伴随最具有教阶体系意义的行事。《圣经》书板教导那些能得到圣洁的人。它们教导说:上帝自己给予一切存有者以实体和秩序,包括法律上的阶层等级和社会。① 它们抽签分配与上帝的子民有关的祭品。② 它们教导在上帝当中生活的圣洁士师、智慧国王和祭司的知识。③ 它们表达了使我们祖先能承受各种各样的不幸灾难的坚强不屈的立场。④ 它们中有生活的智慧指导、⑤有荣耀地描绘对上帝的爱的歌、⑥有关于未来的先知预言,有作为人的耶稣的神圣工作,⑦有上帝所赐予的与模仿上帝的社团,⑧有祂的门徒的神圣教诲。⑨ 这里有门徒中最受眷顾的那位充满圣灵的人的隐秘和神秘的异象,⑩有关于耶稣的超越的神圣道说。⑪ 而且,圣歌赞美着上帝的一切言说和一切作为,歌颂上帝的人所圣洁地说的和圣洁地完成的一切事。它们是对一切神圣事物的诗的讲述,它们使一切参与上帝之圣灵的人永远能接受并向下传送教阶体系的圣事。

5. 当这些圣洁的赞美诗和它们所总结的神圣真理使我们的心灵准备好与我们很快就要庆祝的事物合而为一时、当它们使我们与神圣的事物和谐一致时、当它们使我们不仅与神圣实在,而且与我们每个人的自我,以及他人一致,以至于我们形成了一个

---

① 这里从对《创世记》、《出埃及记》、《利未记》等的提及开始,对《旧约》、《新约》做了基本上按顺序的间接描述。

② 《民数记》。

③ 《士师记》、《撒母耳记》、《列王纪》、《历代志》。

④ 《约伯记》。

⑤ 《诗篇》。

⑥ 《雅歌》。

⑦ (对观)福音。

⑧ 《使徒行传》。

⑨ 使徒书信。

⑩ 《启示录》。

⑪ 也许是使徒约翰,或圣保罗。

圣洁之人的同声和唱时,那时,由圣诗咏唱所提供的概略的、不明白的大纲便由在圣洁地诵读神圣经文中得到的更为众多,和更可理解的形象和宣称而扩展开来。如果一个人用敬畏的目光看这些经文,他就能看到带来统一性并表现单一的同感的东西,其泉源乃是圣灵。这就是为什么在老传统之后就应当向世界宣告新约。在我看来,这从上帝而来的,并由高级教阶等级颁布的顺序,证明了如何一部书(旧约)预告耶稣的神圣工作,另一部书(新约)则描写祂如何实际上行这些事的。前一部通过表象写下真理,后一部按事情真实发生的样子描述之。前一部书预告的真理由后一部中描写的事件所确证。神圣的工作是神圣的话语的完满完成。[①]

6. 对圣事所教导的听而不见,那就不可能对于表象有正确的视力。这些人不知羞耻地拒绝带来神圣诞生的拯救仪式,愚不可堪地重复着《圣经》上记载的那句话:"我们不愿晓得你的道。"[②]另一方面,慕道者、邪灵附体者和忏罪者应当听从圣洁的教阶体系的指导,并倾听圣诗咏唱和圣灵激发的著作的诵读。他们不可以参加接下来的活动和玄观,那是专门留给完全者,留给他们已经完全的视力。因为顺服神意的教阶体系有丰盛的神圣公义。教阶体系按每人应得的来为各人分配,并给所有人一份合宜的神圣事物,以帮助他们得救。它在正确的时间,以和谐合宜的方式分发它的神圣恩赐。慕道者级别最低。他们尚未入教,故而尚未参

---

① 按字面应译为"奇迹是神学的圆满完成",指《新约》中记述的神圣作为是旧约中的神圣预言的圆满实现。

② 《约伯记》廿一章 14 节。

与任何教阶体系中的仪式。他们还没有在圣洁的诞生中领受充满圣灵的存在，还在被慈父般的《圣经》(的诵读)孕育着。他们正在被那些给予生命的描绘塑造着，朝向第一次生命、第一道光，朝向有福的进入那圣洁的诞生。这就像肉体的婴孩在他们适当的孕育未完成时就出生了。他们像未出生胎儿一样尚未准备好、尚未成形。他们未发育好便来到世上，没有生命、没有光，如果有人只看表面而说他们既然已经从母腹的黑暗中出来了，就已经进入光之中了。那么，比任何人都更了解人体的医生会指出，如果光要起作用，先得有能够接受光的器官。

但是，对神圣事物的完全智慧的理解起了最早的孕育慕道者的作用。它给予他们《圣经》的引导性食粮，造就他们，把他们带向生命。后来，当他们的存在被带向充分完满和圣洁的诞生时，它又为他们的得救而工作；而且它还根据等级规则让他们进入与将启明他们和令他们完善的事物的灵性交通之中。但是当他们的完善尚未完成时，它便不让他们知晓完善之事，因为它既想保卫这些神圣事物的和谐，又想照顾慕道者的孕育和生命；它这么做时根据的乃是由教阶体系所立下的神圣秩序。

7. 被附体者大多是世俗的，但是还高出慕道者一级，后者级别最低。在我看来，在那些尚未入门和参加圣事的人，与那些参加了一些神圣仪式但现在被相反的魔咒或混乱控制的人之间，不可能再有一个级别了。这些人被十分正当地禁止看最神圣的事物并禁止与之作灵性沟通。如果一个人确实是圣洁的，拥有与神圣实进行灵性交往的权利，并在最大可能的范围内通过完全的和完善人的神圣化过程而被提升至与上帝一致，那么，如果他真正地对肉体实在不感兴趣的话(除了自然需要——那他是不会耽搁的),他将达到圣洁化的最高可能的程度,他将成为上帝之圣灵的殿①与随从。他将像形象与原型相像一样,不仅永不被幻觉或灾难恐怖所抓牢,而且还真的会嘲笑它们。如果它们出现,他就会呵斥并赶走它们。他将更主动而不是被动;他以坚忍为自己性格的指导方针,像医生一样帮助被这类东西附着的其他人。

所以我认为——我实际上知道——教阶体系的成员的判断力十分有智慧,理解那些被附体者,即背离了与圣洁样板一致的生活而采取了可恶的魔鬼的观念与性格的人,受到了最邪恶力量的侵袭。在他们毁坏自己的极端愚蠢之中,他们背离了真正的真实者、不朽的财富以及永久的至福。他们渴望并着手追求变化和物质式的杂多情感、有死的和败坏的享乐、物体之不稳定,以及幸福之表象。负有区分人的任务的执事最先、最主要地把他们分别出来,因为除了参加令他们回到美好事物上来的读经活动外,他们不得参加任何其它的仪式部分。神圣的行事说到底不是属于这个世界的。它甚至还排除忏悔者,这些人以前是可以参加的。它只容许圣洁者进入。在其完全的纯洁之中它说道:"对于那些由于某种不完善而被阻止与上帝最高的一致的人来说,我是不可见的,我也不与这种人交通。"这一全然纯洁的声音拒绝一切不是与那些有权参与最神圣事物的人一条心的人。这就更说明纠缠于激情之中的被附体者属于世俗的人,不得参与对神圣事物的一切观照与沟通。

---

① 《哥林多前书》三章 16 节,六章 19 节;《哥林多后书》六章 16 节。

最先被挡在会堂正厅和那些他们不能冀及的仪式之外的人，是那些未入门的和在圣事方面被认为是不完全的。然后被挡的是那些放弃了圣洁生活方式的。之后是那些屈从于相反的害怕与幻想的人，这些人由于不能坚定不屈，便无力达到可以真正地给予他们持久的圣洁的神圣事物。再后面是那些抛弃了相反生活但还没洁净掉空洞的想象的人，他们尚未永久地获得对上帝的不掺水分的渴念。最后，是那些尚未完全与"一"相像的人，用律法的话说，他们既非完全没有污点，也非完全干净的。①

圣事最圣洁的祭司和那些热爱这异象的人充满敬意地观看了圣事中最圣洁者（圣餐式），他们还吟唱普天之下的赞美之歌，以荣耀那泉源——上帝是善的工人与分配者，祂为我们建立了这些拯救人的圣事，参与者通过这些圣事而得到了圣洁。这首赞美诗有时被称为赞美之表白、有时被说成是敬仰的象征、有时——我认为此人已接近神圣事物——是教阶体系的感恩，因为这首赞美诗总结了从上帝来到我们的所有赐福的恩赐。对我来说，这首歌是对于上帝为我们而做的所有工作的赞颂。诗歌提醒我们：我们的存在与生命都来自于上帝的至善，上帝用永恒的美的模式按神的形象造我们，并让我们分有神圣的条件和提升。诗歌还提醒我们，当我们由于自己的愚蠢而丧失了自己的神圣恩赐时，上帝不辞劳苦地通过再一次给我们恩赐来召唤我们回归原初状态，并通过完全采取我们人的形式而给予我们一份祂最完善的本性；以

---

① 《出埃及记》廿九章 1 节；《利未记》一章 3 节，三章 1 节；《民数记》六章 14 节；《诗篇》一一九篇 1 节。

这种方式，他使我们能够进入与祂和与神圣实在的灵性交通之中。

8. 在这样崇敬地歌颂了上帝对人类的爱之后，被盖着的圣洁面包和祝福用的圣杯便被带上前来。人互相亲吻，圣洁地道平安。然后便是对神圣书卷的神秘的和超越的宣读。因为当我们自己内部四分五裂时，我们不可能聚集在一起礼拜太一，并参加与太一的和祥的统一。如果我们被对于太一的玄观和知识所照亮，我们便能够被统一、达到真正神圣的"一"，而且我们决不会屈从于欲望的伤害，这欲望是在平等的人之间产生身体的和激情式的敌对的泉源。在我看来，这就是平安之吻吩咐我们过的统一的和不分裂的生活，它使相同者相互联合，并使分裂者离开那圣洁而独特的异象。

9. 在平安吻之后便是宣读圣卷，那些度过了圣洁的一生和用持续的努力为自己赢得了完全的美德生活的人的名字被宣读着。用这种方法，我们便被吸引和鼓励去追随他们的榜样，和决定过一种能保证我们获得更大幸福——这幸福来自服从上帝——的生活方式。因为这一宣读是在宣告他们还活着，并没去世，而是如上帝之道教导我们的，已经走出死亡，进入更完全的神圣生活之中了。① 当然你应当注意，尽管这些名字记载在福佑的追念表上，这不是用来提醒上帝的记忆的方式——那与我们的不一样——会需要追忆表象。其目的不如说是以合宜的方式告诉人：上帝永远荣耀和知道那些由于服从祂而达到完全的人。正如《圣

---

① 《约翰一书》三章 14 节；《约翰福音》五章 24 节。

经》所说:"祂知道谁是属祂的",①以及"在主的眼中,看祂的虔敬子民的死为宝贵"②。(在此,"虔敬子民的死"指的就是他们的虔敬的完全。)而且还请崇敬地注意这一点:正是当象征基督、分有基督的神圣象征物被放在圣洁的祭坛上时,(执事)立即宣读圣徒的名字。这是为了表明他们被牢不可破地在一个圣洁和超越的统一体中,与祂联结在一起。

10. 当这样做完了这些仪式后,祭司便站在圣洁的象征物之前。他在水中洁净手,威严的助祭也洁净了手。正如《圣经》上说的:凡洗过澡的人只要洗头与手足,③他洁净了手足后,也就保持了顺从上帝的完全纯净,就能在仁善地转向次级的任务时仍保持自由和不受侵染。因为他完全与自己一致,他能够通过一个纯净无污的回归立即回到他与之紧密相联的太一那里,从而保持自己对上帝的顺服的充分一贯性。

我已经提到过,圣洁的净手是律法的教阶体系的一个特征,是祭司与助祭洗手的内在含意。④ 那些接近这一最为神圣的圣洁行事的人必须洁净掉自己灵魂中最后一点胡思乱想。他们必须真正地与他们所行的仪式的纯净相匹配,这样他们将被更神圣的异象所照亮,因为那超越的光芒愿意对按他们的形象所制造的镜子更纯粹和更明亮地发出充分的灿烂之光。

祭司与助祭在最神圣的象征物面前把全部的手、包括指端都

---

① 《提摩太后书》二章 19 节;《民数记》十六章 5 节。
② 《诗篇》一一六篇 15 节。
③ 《约翰福音》十三章 10 节。
④ 《出埃及记》三十章 19 - 21 节。

洗得干干净净，这是为了表明基督知道我们的所有思想，包括最隐秘的；而且表明正是祂在遍布一切的注视中，在他全然公正和完全的审判中规定了这一洗手仪式。祭司通过这种方式便与神圣的实在合为一体。在对上帝的圣洁工作唱了赞美之后，他便圣洁地行最神圣的事，把被赞美的事物举到眼前。

11. 我现在必须尽我可能来描述那些以我们为目的的神圣工作。我不能赞颂它们全体，甚至无法彻底知道它们，并引导其他人进入它们的奥秘。不过如果我借助于教阶体系充满圣灵的帮助，我便至少能提出祭司——那些上帝的人——根据《圣经》所赞颂的东西。

从一开始起，人的本性就愚蠢地滑离了上帝所赐给它的那些美善事物。它转向最为多样的欲望的生活，结果导致死亡之大祸。接着便是对真正美好的东西的灾难性拒绝，践踏了天堂中为人立下的神圣律法。人在逃脱了赋予他以生命的轭之后，便反抗上帝的祝福，转向自己的诡计、诱惑，以及魔鬼的邪恶侵袭。他可怜地选择了用永生去换取有死。由于他生于败坏之中，他进入世界后便不得不离开世界。他自动地背离了圣洁的和提升的生活，被远远拖入相反之地，跌入激情的一片混乱之中。人类远远迷失了正道，[①]陷入毁灭人的和邪恶的魔鬼之中，背离了真神，愚笨地为自己的敌人（而非众神或朋友）服务；这些敌人由于内心缺乏怜悯，冷酷地利用了人类的弱点，把人类向下拖入可悲的毁坏消灭的危险之中。

---

① 《提多书》三章3节。

但是，上帝之至善对人有无尽之爱，从不停止仁慈地向我们倾注祂神意的恩赐。① 祂以最为本真的方式采取了一切人性的特征——除了罪以外。他成了我们当中的一员，在我们的低下本性之中，但却不丧失祂自己任何真实的本性，不会遭受任何变化或损失。祂容许我们和那些有同样诞生的人一样进入与祂的灵性交通并获得一份祂的真美。这样，正像我们的隐秘传统所教导的，祂使我们能够摆脱反叛的领域，而且祂这么做不是靠压倒一切的强力，而是像《圣经》神秘地告诉我们的，是通过审判行动，通过完全公义的审判。② 祂仁慈地在我们的本性中造成了一个完全的变化。祂在我们空虚、无形的心中充满美好、圣洁的光，并且为我们的心装饰了与祂的圣洁状态合宜的可爱景象。祂使我们的本性从几乎是完全的败坏中得救，并使我们灵魂的居处摆脱了最可恶的激情和毁坏人的污染。最后，祂向我们指明了一种超尘世的提升和一种充满圣灵的生活方式，让我们尽我们能力所及按照祂塑造自己的生活。

12. 我们怎么能达到这一对上帝的模仿呢？岂不是只有通过不断提醒自己上帝的神圣工作，即用教阶体系建立的圣洁赞美诗和圣洁活动来提醒？正如《圣经》所说，我们做这些是为了记念他。③ 这就是为什么上帝的祭司站在神圣的祭坛之前的原因。他赞美我提到的那些神圣工作，那些由耶稣荣耀地带来的神圣工作——他在此实施祂拯救人类的最神圣的主宰活动。正如《圣

---

① 《提多书》二章 4 节。
② 《以赛亚书》四十二章 1-4 节。
③ 《哥林多前书》十一章 24 节；《路加福音》廿二章 19 节。

经》告诉我们的,祂这么做是为了令最神圣的圣父与圣灵喜悦。①祭司对这一切可敬的工作唱着赞美,以心智之目注视这一景象,以便作概念的玄观。他着手进行象征性的圣洁活动。他这么做时遵循着上帝自己立下的规则,这就是为什么他唱过对神圣工作的赞美后,便以合宜于一个祭司的方式为参加超出自己如此之多的这么一项圣洁活动而道歉。他充满敬畏地喊道:"是你说'要如此行,为的是记念我。'"②

然后,他祈祷自己能更配得上完成这模仿上帝的圣洁任务。他祈祷自己能像基督本人一样行神圣的事。他还祈祷自己能智慧地分发,而所有领受者能充满敬畏地领受。然后他便行那最圣洁的事,并把通过圣洁地揭示圣洁事物的象征物而将之带到到眼前。③被盖着的完整面包现在被揭去盖布,切分成许多小块。同样地,他与所有人分享一杯酒,以象征的方式象征地把太一分为许多份,并加以分发。他做了这些事后便结束了最神圣的圣洁活动。因为耶稣单纯的和隐秘的"一",即最神圣的道,由于祂的善和对人类的爱而为我们走上了化成肉身的路,祂在毫不改变自己的同时,成了一个组合的和可见的实在。祂为我们而仁慈地完成了与祂自己统一的沟通。祂把我们的谦卑与祂自己的最高神性统一起来。我们则应当像一个身子上的诸肢体一样与祂连合,④

---

① 《马太福音》三章 17 节;《马可福音》一章 11 节;《路加福音》三章 22 节。
② 《哥林多前书》十一章 24 节;《路加福音》廿二章 19 节。
③ "最神圣的行动"是揭去面包的盖物,并将面包切为多份,用一个杯子分发酒,象征着道成肉身。
④ 《以弗所书》五章 30 节;《罗马书》十二章 5 节。

即通过无罪的圣洁生活而与祂一致。我们不能屈从于败坏人的激情所带来的死亡，或是无力于使自己与完全的、彻底圣洁的团体的成员相一致，无力于在同一个信仰生活中与他们合一、与他们生活在一起。如果我们所渴望者是与祂的灵性交往，那我们就要集中注意于他在肉身中的圣洁生活。祂的圣洁无罪（生活）必须成为我们的典范，这样我们才能追求达到与上帝相像的和洁白无瑕的状态。这就是祂将以与我们相合宜的方式给予我们的与祂的相像性的交往。

13. 这些就是祭司在神圣的仪式中所启示的意义——当他揭开遮盖住的恩赐时、当他将原本为"一"者切分为多时、当被分发的圣事与那些接受它的人被合为完全的一体时、当所有参加者的完满交通到达之际，他通过可感物和表象，使我们明了给我们心智以生命者。上帝令我们看到了耶稣基督。祭司指明了基督如何由于对人类的爱而走出祂神性的隐秘深处，取了人形，完全成了我们之中的一个肉身，但同时又毫不混杂。祭司表明了耶稣如何从祂的本性统一体降临于我们的残破状态水平，同时又毫无变化。他表明了祂如何充满对我们的爱而以仁善的作为召唤人类进入对祂的分有，分有祂自己的一份善性，如果我们要与祂的圣洁生活合而为一，并尽我们所能模仿祂；这样，我们就能达到完善并真正地进入与上帝和神圣事物的灵性交通之中。

14. 祭司自己在分有圣餐，并为大众分发了圣餐之后，便与整个圣洁的会众一起感恩，结束仪式。因为分有圣餐应当先于分发圣餐;对奥秘①的领受总是先于对其神秘的分发。这是关于神圣的普遍秩序与和谐的合宜安排。圣洁的领导首先分有那上帝命令他给予别人的富足的神圣恩赐,然后才能将这些恩赐分给别人。

同样的模式也适用于主宰一个真正圣洁的生活方式的规则。谁胆敢在自己未曾经常实践圣洁生活之前便将它教给别人,谁就是不圣洁的,是不懂神圣规范的。正如存在物中最精细与最明亮者先充满了太阳光芒,然后才向别的东西传送超丰盛的光线;同样,如果上帝的灵召与选择还没让一个人担任领导之责,如果一个人还没有领受完全的和永久的神圣化,他就必须避免好为人师的傲慢自大。

15. 这样,在整个圣洁等级都依教阶体系秩序而集合,并与最神圣的事物灵性交通之后,他们就以圣洁的感恩结束了仪式。他们公开地宣称、合宜地赞颂神圣作为的恩赐。那些没参加的和不知道神圣事物的人,就不参加感恩,尽管上帝的无限恩赐自身完全当受感恩。但是我早已说过,天性向恶的人不会注意到上帝的恩赐。他们的不圣洁使他们在对上帝的工作做无尽感恩活动时成了忘恩负义者。《圣经》上说:"尝一下,你便知道。"②入门者在被圣洁地引导到上帝的恩赐之中后,便会认识到自己所领受的巨大恩赐。他们领受了这些恩赐后,便会看到它们是如何崇高地辉煌灿烂。只有在他们领受了它们之后,他们才会看到它们的壮

---

① 此处"奥秘"指面包与酒的元素。
② 《诗篇》卅四篇 8 节。

美是如何崇高、如何无比广阔。这时他们才能对那些从诸天之上降临我们的上帝的神圣恩赐加以赞颂和感恩。

四

I 膏油的仪式，它所完成的是何种完善

以上说的便是最神圣的圣餐式。这些就是我常说的圣洁地及教阶体系式地实现我们与太一的灵性沟通，与聚合的美好的心智景象。不过，还有一种属于同一级别的完善化仪式。我们的老师称其为膏油圣事。我们在详细考察了它各部分所呈现的圣洁景象之后，还要通过其部分而在阶层体系的玄观中被提升至太一。

II 膏油圣事的奥秘

正像在圣餐式中一样，不完善的等级在祭司环绕圣洁之地散布香气时便应退场，大家都充满敬意地唱了圣诗，读了最神圣的《圣经》。然后，祭司便取了由一打圣洁的盖巾盖着的膏油，放在圣洁的祭坛之上。① 所有的人都一起唱上帝激发先知唱的那圣洁之歌。② 然后对膏油做一个祝圣祷告，这膏油以后便可以在所有的教阶体系的祝圣仪式中用于圣洁的成圣圣事。

---

① 十二盖巾（"翼"）象征着两个双翼的撒拉弗。
② 指"哈利路亚"。

Ⅲ 玄观

1. 在我看来,这一祝圣仪式圣洁地对待神圣膏油的方式有一种引导人的、提升人的教育意义。这是为了告诉我们圣洁的人总是把那神圣者的香气藏在自己的心中。① 因为上帝自己已经禁止圣洁的人出于某种自我荣耀的期望,而虚荣地四处宣传他们追求与隐秘之上帝相像的善行与馨香。这些圣洁的美应当隐而不宣。它们的香气是高出一切理解的努力之上的,它们有效地排除一切亵渎。它们只向能把握它们的心灵显示自己。它们只通过合宜的形象在我们的灵魂之中闪光,这些形象与它们自己一样都是不可败坏的。这样,与上帝有德的顺服只有当完全专注于概念的和馨香的美时,才表现为是自己原型的真实形象。在此前提下——而且只有在此前提下——灵魂才能使自己具有、并在自己之中重新产生对爱的模仿。

在可感物的领域中,艺术家总是牢记原型,决不让自己的注意力被任何其它客体分散或移开。这样的话,人就会说他不管想要画什么东西,他都实际上又造出了一件东西,结果便可以拿一样东西代表另一样东西,虽然从本质上说它们是完全不同的。

那些在心中热爱美的艺术家就这样在内心之中创造出美的形象。他们对这一芬香的、隐秘的美的专注而持久的玄观使他们能创造出上帝的一个精确相像物。这样,这些圣洁的艺术家从不停止于沿着概念的、超越的和芬香的美丽之路线塑造自己心灵的

---

① 《哥林多后书》二章 15 节。

力量;如果他们实行模仿上帝所应有的美德生活,那不是为了"叫人看见"①,相反,他们圣洁地观照着那些隐于膏油(仪式)之中的教会的无比神圣的事物,那仪式是一种形象。这是为什么他们也圣洁地隐藏自己心中那些神圣的和与上帝之美德相像的东西。他们只凝视那概念的原型。他们不仅不观看不相同的东西,而且还拒绝被拖向那些景象。正像可以期待于这些人的,他们仅仅渴求那真正美丽与正确者,不要空洞的外表。他们不去看那种被群氓如此夸赞的荣誉。他们模仿上帝,故而可以知道在真美与真恶之间的区别。他们是那无限神圣的芬香的真正圣洁的形象。因为这是真正的芬香,他们没时间转回到欺骗大众的假货,这芬香只对那些是其真正形象的灵魂施以真正的影响。

2. 让我们继续。我们在看了这一壮观神圣的仪式的美好外部形式之后,现在应该注视它更圣洁的美。让我们看它的本貌,除去它的帷幕,让它在有福的灿烂壮美中闪闪发光地呈现,用只有理性的人才知道的那芬香丰盛地充满我们。膏油可见的祝圣对于环绕祭司的人来说不是不知道的或看不见的。这一圣事确实是让他们看的,因为他们能玄观一些超出大众知识之上的事物。实际上他们有向普通大众隐藏这一景象,把它与他们分开的神圣职责,这是教阶体系的法规命令他们做的。因为最神圣圣洁的事物照亮着上帝的子民,纯净而直接地照亮这些光的亲族;祂公开把自己甜美的芬香传布到他们心智的居所之中。但是这一芬香并不以同样方式传布到那些处于低级水准上的人之中。而

---

① 《马太福音》廿三章5节;参看《马可福音》六章1-5节。

且，为了避免在那些并不顺服上帝而生活的人手中可能发生的亵渎，对概念事物的秘密观照者还把油膏隐藏在谜一般的盖巾之下，这谜对低等级中的虔诚成员是有一定益处的，因为它按他们所应得的提升他们。

3. 正如我已经说的，我现在正在赞颂的祝圣仪式是祭司完善的等级与权力的一个组成部分。而且，既然从尊严与有效性上讲它与圣洁的圣餐式处于同一层次，我们的领袖实际上用了同样的表象来描绘它，伴以同等的（神职）神秘等级和同样的圣歌咏唱。所以祭司离开最圣洁之处，将美好的芬香甚至撒布到最不圣洁的地方，回到自己的出发点；以此教导人上帝的恩赐是根据功德而为所有圣洁的人所分有，但却不会有任何减少或变化，在神圣的不变性的中心永远保有这些恩赐特有的丰盛属性。

相似地，唱圣诗和读《圣经》养育着未入门者，令他们朝向那创造生命的圣子成长。它们在被不洁地附体的人当中带来了圣洁的回归。它们从反对者的可怕诅咒中解救了那些由于缺乏勇气而被附魔的人，向每个人指明如何尽其最大可能过一个顺服上帝的生活。如此接受了能力并受到永久地加强后，现在这些人将令敌对势力害怕，并将去治疗别的人了。他们不应仅仅在自身中完全纯洁地保持自己由于模仿上帝而得来的品德，以及保持抵抗威胁他们的恐怖事物的能力。他们还应当积极地给出自己。从低下事物转开并朝向圣洁事物的心灵将从（读经）中获取抵抗一切重新陷入邪恶的倾向的力量。他们充分地洁净所有只差一步就能完全圣洁的人。他们领导圣洁的人到神圣的意象，借助这些意象，他们就能进入其景象，与之沟通。它们养育着完全者，并且用有福的和概念的景象充实他们,把他们与太一的相像统一起来。

4. 其它呢? 在这一祝圣仪式中,难道不是与圣餐式中一样,(我所描述和列举的那些)尚未完全洁净的等级是被排除在外的? 这仪式难道不是仅仅以表象的形式置于圣洁者面前,只有真正圣洁的人能直接观看和行这仪式,并受到教阶体系的提升? 我不止一次说过这一点,所以我觉得没必要再回到这些论证之上;让我们往下再看祭司的行事。他取了盖着一对盖巾的油膏,并对它行祝圣的圣洁仪式。我们要说的乃是:油膏是由芬香的物质混合而做成的。它自身中有丰富的芬香品性。现在参加者领受这些芬香,但是其领受与他分有这芬香的能力是成正比的。通过这种方式,我们便了解神圣的耶稣的超越的芬香,把祂的概念恩赐分给我们的理性能力,使之充满圣洁的快乐。如果从感性香气能获得快感,如果它给我们区分气味的感官以很大快乐,那么这感官必然是健康的,是事实上能把传来的香气接受进来的。关于我们的理性能力也可做同样类比。如果没有向恶的冲动败坏这能力,如果它使我们的区分能力的自然机制始终活跃,那么当上帝为我们而工作、当我们以向神圣者回归来回应其恩典时,我们的理性能力吸入上帝的芬香,并充满圣洁的快乐与上帝的营养物。

所以油膏的组成成分是象征性的,是给予无形式者以一个形式。它形象地表明了耶稣是圣洁芬香的丰富源泉。祂以与上帝相宜的方式转向这些已经达到了对上帝最为接近的一致性的心智,将神圣的芬香倾注于其上,以照亮理性,引起对上帝的恩赐的渴望,并以概念的食粮喂养之。每种理性能力都按自己在神圣者中所起的作用而领受这些芬香之倾注。

5. 很明显，那些在我们之上，并且在上帝之中是我们上级的存在者可以说领受着潮水一般的香气，因为他们靠源头更近。那些理性能力全然聚精会神的存在者更清楚地知道、更容易地领受这些倾注，结果这一大潮便宏厚地、强大地、超丰盛地进入他们之中。但是对于低级的、较难接受的理性存在者，它便隐藏纯粹的景象和对它本身的分有，并根据与上帝相宜的和谐尺度而给予那些与它一致者香气。

这就是为什么十二盖巾象征着撒拉弗级别。这些天使在超越我们的那些圣洁存在者的头上占有一个突出地位。他们环耶稣而立，并正当地得以观照祂最有福的景象；在他们灵魂的无限纯洁的深处，他们领受着祂充分的灵性恩赐，而且，如果可以用感知觉语言来描述的话，那么他们是在永不止息地歌唱着神圣赞美的荣耀圣诗。因为超越性存在者特有的圣洁知识从不失误。他们对上帝的渴求永不终止。他们崇高的地位使他们超出邪恶与健忘。他们呼喊并永不沉默，因为在我看来，他们永远而且不可更易地知道和理解神圣真理，而且他们是充满热情与感恩去知道与理解真理的。

6.《圣经》用可感表象来描绘撒拉弗的非形体特征，充满敬意地表达他们的概念性本性。我想我已经在讨论超越的阶层体系的等级时充分地描述过这些了。我想我已使你的心智之目对此十分清楚了。不过既然那些环绕祭司而圣洁地站立的人，在我们看来与这最高等级有一种相似性，让我们再一次以非尘世之眼观照他们最为与上帝相像的壮丽景象。

7. 我想,他们众多的脸与脚象征着他们在面对最神圣的光照时的出色的视觉力。它们象征着一种永远运动、永远积极活动的圣善概念。《圣经》中提到的六翼在我看来不像有些人所想的那样,表示什么神圣数目,而是与环绕上帝的最高等级的理性的、与上帝相像的力量有关——最先、居中、最后——即提升的、解放的和超越的力量。所以,当《圣经》的至高智慧在其神圣描写中用了翅膀意象时,它是将它们置于脸上、腰上和脚上,这样便说明撒拉弗全身皆有翅膀,也就是说他们有最大的被提升至真正**存在**的力量。

8. 如果他们用翅膀隐藏自己的脸和脚,如果他们只用他们中间的翅膀飞,那么请充满敬意地领会:这种超越存在者中最杰出的等级审慎地观照一切比自己的理性所能把握的事物更高和更深的东西,它用自己的中翼被提至上帝的合宜景象,它使自己的生命服从神圣的约束,从而它让自己在完全的敬畏之中被引向对自己局限性的认识。

9. 《圣经》中说的"他们相互呼喊"①意思应该是他们毫无怨言地相互告知他们从观照上帝所得到的概念。② 我们必须虔敬地记住:《希伯来文圣经》把"撒拉弗"之名给予最圣洁的存在者,目的是为了表达他们由于永远振奋他们的圣洁生活,而如火一般热,并总是沸腾不止。

10. 如果像希伯来文注经者所说的,上帝之道用最圣洁的"撒

---

① 《以赛亚书》六章 3 节。
② 《所罗门智训》七章 13 节。

拉弗"命名"那些燃烧着的"和"那些暖热的",标志他们的本质特征,那么这是因为,根据圣洁膏油的充满象征的表象,这些存在者有唤起表现和撒播能动的芬香之气的激励力量。其芬香超越了一切理解力的存在(上帝)愿意被最火热的和洁净的心智显现出来,祂高高兴兴地将自己最为神圣的灵性分发给那些以一种特别超越的方式向祂恳请的人。所以,天界存在者中最圣洁的等级并非不知道最神圣的耶稣降临我们之中,以令我们圣洁。祂很理解祂由于自己圣洁的和无法言说的善而成为我们当中的一员。祂看到自己在人的形式中为圣父、祂自己以及圣灵所祝圣,祂知道自己作为永远主动之上帝的本性并没改变。所以,圣洁象征的传统就是在祝圣过程中也用撒拉弗盖着神圣的膏油,以此来表明和证实基督即使在充分地和真实地成为我们中的一员时,也永远毫无变化。而且更为神圣的是,圣洁的油膏被用于祝圣一切神圣事物,从而清楚表明,正如《圣经》上说的,那使被成圣者成圣的(人)在自己的神圣至善的一切工作中永远与自己同一。① 正因为如此,用油膏进行的最神圣的祝圣仪式,便被用来完成圣洁诞生的完善人的恩赐与恩典。同样地,在我看来,这也就能解释洁净人的浸礼上的那个仪式,即祭司用膏油滴出一个十字形。他这样来向那些能对此玄观的人表明:耶稣在祂最荣耀和圣洁的降临中,情愿地为我们的圣洁诞生而死于十字架上,祂从那毁灭人的死亡的古老陷阱中夺回了所有按《圣经》神秘的说法受洗"归入祂的

---

① 《希伯来书》二章 11 章,十三章 8 节;《约翰福音》十七章 19 节。

死"①的人,并更新他们进入一种充满圣灵的和永恒的存在。

11. 进一步讲,在被引入那神圣诞生的圣事中时,用膏油作的完善人的涂油式给予了我们一个圣灵的访问。我想这一象征意象所表示的乃是:那位在人的形体中为我们而接受了圣灵的祝圣的、同时在其神性方面又保持不变的(耶稣),现在在为我们安排圣灵的恩赐了。

12. 还请注意这一点:最圣洁的圣事的指示规定了圣坛必须用圣洁地倾倒的油膏来祝圣。这一切的意义必须在超出天国、超出存在的那一泉源、那一本质、那一完善力量之中寻找,祂导致我们心中一切的圣洁工作。因为正是在耶稣本人——我们最圣洁的祭坛——之上,理性存在者的成圣才得以达到。正如《圣经》上说的,由于祂"我们得以进入"②成圣化,并被神秘地献作人祭。所以让我们用超越之目观照那神圣祭坛,圣洁人的成圣仪式在那儿进行着,它自己被最圣洁的膏油所祝圣。因为正是最圣洁的耶稣为我们而奉献了自己,③正是祂赐予了我们祂全部的成圣,是祂在慷慨地赐给我们——上帝的孩子——一切由祂奉献而得来的东西。

在我看来,我们教阶体系的圣洁领袖从上帝那儿领受了对教阶象征方法的一种理解,并且给予这个膏油的庄严礼拜仪式以完

---

① 《罗马书》六章 3 节;《约翰福音》一章 17 节。
② 《罗马书》五章 2 节;《以弗所书》二章 18 节,三章 1 节。
③ "成圣"亦可译为"奉献",盖惟分别成圣者,方可奉献给上帝。又,膏油祭坛(出 29:36)此处被说成是耶稣(膏油)奉献自己(来 13:10),根据《约翰福音》十七章 19 节。

全者的称号,这是从它有"完全"作用考虑的。① 可以说,它是上帝的"完全"仪式,它以双重意义赞美着上帝的完全圣工。首先,上帝成为人之后,为我们而成圣(奉献);其次,这一神圣举动是一切完全和一切成圣的泉源。说到那首上帝在先知中激发的圣歌,那些懂希伯来文的人这么翻译它:"上帝当受赞美"或"赞美主"。②上帝的每种显现和每种神圣工作,都可以用教阶体系的象征物来表达;我们应当回忆上帝启示给先知的那首赞美诗,因为它以清晰圣洁的方式教导我们:上帝的慷慨宏大恩赐是应受圣洁的赞颂的。

五

I 关于神职等级、权力、作为,以及祝圣

1. 以上便是膏油祝圣的最神圣仪式了。在讨论了这些圣洁活动之后,我们便可以自然而然地进入描述神职等级和拣选,它们的权力、作为以及祝圣,它们构成的三个等级等等,以展示我们自己的教阶体系的结构安排,并说明这一体系如何在其纯粹性之中拒绝和抛弃了一切无序的、不和谐的,以及混乱的东西。它体现了与自己之中的圣洁等级相合宜的秩序、和谐以及清晰区分。

说到所有阶层体系的三重划分,我想我在前面讨论那些阶层体系时已经讲得够多的了。我解释了在我们的圣洁传统中,每个

---

① 此为"圣事"之希腊词。
② 作者避免直接提到"哈利路亚"。

阶层体系都一分为三。每个体系都有最令人敬畏的圣事，有在上帝的召感下理解和提供它们的人，也有被这些人圣洁地引导（入门）的人。

2. 天界存在者中最圣洁的阶层体系具一种天赋的圣事能力，对上帝和神圣事物能有完全非物质性的概念，所以才有最大可能地与上帝相像和模仿上帝的运气。这些环绕着上帝的最前面的存在者引导其他存在者，并用其光领着他们朝向这圣洁的完全。对于在等级系列上位置很低者，他们慷慨地给予他们——与他们的能力相称地——上帝的工作的知识，这知识对于他们自己来说是永远可以得到的恩赐，是由那绝对完全以及是圣洁理性存在者的智慧之源的上帝赐予他们的。在这些最先存在者之后依次到来的等级便通过他们的中介而被提升至对上帝的神圣工作的启明了解。他们构成了入门者等级，并被如此命名。

在这天界的和超越的阶层体系之后，上帝还把祂的最神圣的恩赐延伸入我们的领域；用《圣经》上的话说，祂待我们如"婴孩"。① 祂赐予我们律法（时代）的教阶体系。祂用晦暗的表象遮掩真理。祂使用原型的最苍白的复本。祂运用非常难以释义的谜语与象征方式。为了避免伤害我们，祂只给予了虚弱的眼睛也适宜观望的那么多光。在这一律法的教阶体系中，"圣事"也就是提升人至灵性中敬拜上帝。引导人是那些被摩西——他本人是律法时代祭司中最大的引导者与领袖——引入圣洁的会幕中的人。摩西为了教化别人，在这圣洁的会幕中描述了律法教阶体系

---

① 《哥林多前书》三章1节，十三章11节。

的机构组织。他描述了律法所有的神圣工作，视其为在西乃山上启示给他的事物的形象。被引导者是尽其力量而被这些律法的象征物提升至更完全的入门状态的人。

上帝之道确认我们的教阶体系代表了一个更完全的入门状态，因为它是前面（摩西时代）那个教阶体系的实现与完全。它既是天界的，又是律法的，因为它处于两极端之中间。它与一端共享理解力之玄观，又与另一端共同使用来自感觉领域的各种象征方法，通过此方法而向神圣者作圣洁之提升。与所有教阶体系一样，它亦有一三重划分，即圣事最圣洁的执行，神圣事物的与上帝相像的分发者，以及由他们引导而根据自己的能力朝向神圣者的人。我在谈到律法的等级体系和比我们更神圣的那个等级体系时已说过，我们自己的等级体系的三重划分中的每一个中，又三重地区分为最先、居中，以及最后的力量。这是为了达到与神圣对象相宜的一个比例，并把一切要素聚合起来，以便构成一个紧凑的与和谐的团体。

3. 圣事之最圣洁的工作中最先的、与上帝相像的力量乃是对未入门者的神圣洁净。其居中力量乃是照亮与引导那些已洁净者入门，而最后力量包容了前面的一切，乃是在新入门者心中带来一个对他们所被引入者的更完善的理解。

圣洁的神职人员等级按以下方式划分。他们的最先权力是用圣事来洁净未入门者。他们的中间权力是给那些已洁净者带去光明。最后，他们还拥有最奇妙的力量，包容所有在上帝的光中间交通的人，这就是去完善那些人——通过自己对于玄观而得来的光照的完全理解。

至于新入门者，他们的最先力量是被洁净之力。他们的中间力量是在洁净之后接受光明，这使他们能玄观一些神圣事物。最后，他们拥有的比他者更神圣的力量，是被照亮于对于他们被容许玄观的神圣光明的完全理解之中。

关于圣事的圣洁工作的三重力量，我们已经有所谈论。从《圣经》上可以看出，神圣的圣洁诞生是一种洁净与一种光照启明，圣餐和涂油圣事提供了对于神圣工作的一种完善人的知识与理解，正是通过它才有了向上帝的统一提升和与上帝的最为有福的灵性交通。现在要说明的是神职等级由三种和谐级别构成的方式——洁净者、照明者，以及带来完全者。

4. 上帝的全圣命令要求：二级事物须通过首要事物的中介方能被提升至最神圣的光芒。我们在可感物的领域中不是看到低级存在者首先与自己的亲族相会，然后通过它们而使自己的行动与别的存在者发生关系？所以，一切不可见与可见秩序的奠基之源很恰当地这么安排，使神圣作为的光芒首先给予与上帝更相像些的存在者，因为他们的心灵更有分辨力（是天然赋有接受与传递光的能力的心灵），然后通过他们的中介，这泉源再传送光照，并把自己启示给低级的存在者，与他们的能力相称。所以观照上帝的最先等级的任务是合宜地、毫不嫉妒地向那些次级的人启示他们所有的神圣景象。将其他人引入阶层体系，是那些用完善的理解力了解了与他们的阶层体系有关的所有神圣秘密，并被赋予了圣事导引力量的人的职责。这些圣职祝圣仪式的充分的和有理解力的参与者的功能就是合宜地向下传递一切神圣的事物。

5. 祭司之圣洁级别便是最先观照上帝的人。它既是最先的，又是最后的,因为人的阶层体系的整个安排秩序都在它之中得到实现与完成。正像我们看到一切阶层体系皆终止于耶稣之中一样,每个单个的阶层体系也在自己充满圣灵的祭司中达到自己的极限。祭司级别的力量遍布整个圣洁团体,并通过所有的圣洁级别而贯彻自己的阶层体系的独特奥秘。不过,特别是对于这一级别,而非对其他级别,神圣的律法赋予了圣洁神职更为神圣的工作。其仪式是上帝的力量的形象,祭司借助这些仪式完善着最圣洁的象征物和所有的圣洁等级。尽管助祭能主持一些可敬的象征物,一个助祭却不能不用圣洁的油膏就行神圣的圣洁诞生式,也不能没把圣餐的象征物先放到祭坛上就行那圣洁圣餐式的奥秘之事。而且,如果祭司没有在祝圣他时任命他为助祭,他甚至不能充当一位助祭。因为上帝的命令乃是:唯有为上帝拥有的祭司的圣事力量才能完成神职等级的祝圣、油膏的祝圣,以及祝圣圣洁祭坛的仪式。①

6. 祭司级别因此就是那完全拥有祝圣权力的级别。它尤其完成着所有的祝圣教阶仪式。它透彻地教导其它等级去理解,解释它们的神圣事物,相应的特征,以及它们的圣洁力量。助祭中掌灯等级引导入门者来见圣事的神圣景象。它通过充满圣灵的祭司的权威来行此事,并与祭司一起行使着自己神职管理权力。

---

① 这一段说明了尽管《教会阶层体系》一般说来把这些仪式看作完全由祭司主持,作者还是让助祭也有可能单独主持一场洗礼或圣餐。但是洗礼、圣餐和祭司身份本身都分别依赖祭司独享的权力:祝圣油膏(用于洗礼的),祝圣圣餐时用的祭坛,在任命助祭时祝圣他们。"完善"普通修士的削发式却不属于祭司的"完善"权力,而属于助祭的职权范围。(本文分题六)

它通过圣洁的象征物来揭示上帝的工作,它帮助被问者玄观并参与圣洁的圣事。但是它把那些期望对所玄观的神圣仪式有一个充足的理解的人送往祭司那里。

执事级别洁净并分别出那些未能在自身当中保有与上帝相像性的人,这是在这些人参加由助祭所行的圣洁仪式之前就要做的。它通过把一切到来者从一切与邪恶东西的调情中拖开的办法洁净他们。它使他们乐于接受仪式的景象与灵性交通。这就是为什么在圣洁诞生的仪式中,执事为等候者除去旧衣服的原因。正是执事为他们脱鞋。正是执事把他们转向西方发誓抛弃旧恶,然后转向东方,因为执事是洁净人的等级,拥有的是这一力量。正是他们召唤受洗者抛弃旧生活的衣服。正是他们向他指出他一直生活于其中的黑暗。正是他们教导他离开阴影并转向那光。

所以,执事的等级的任务是洁净人,它还把已被洁净者提升到助祭的清晰的神圣行事那里。它洗干净不完全者,并且用清洁的启明和《圣经》的教导来养育他们。而且,它还使助祭与世俗者隔离开。阶层体系的任命让他们管理圣所的门,以此表明候选者必须在完全洁净之后方能进入神圣者所在之处。这样,执事便准许他们接近神圣的景象,与洁净之力的交通,这样,执事便接受了没有污点的新人。

7. 我现在已说明了祭司阶层的任务是祝圣与完全,助祭的照明等级的任务是带来光,执事的任务是洁净与分别不完全者。不过很明显,祭司级别并不完全专注于"完全"工作,它也带来光与洁净。相似地,助祭级别也有照明与洁净人的理解力。因为虽然下级不可大胆地和亵渎地僭越其上级之功能，更圣洁的力量却除了自己的能力外还拥有其下级的圣洁理解力，以作为自己"完全"的一个部分。既然神职功能的区分象征地代表了神圣的活动，既然它们根据这些活动的毫不混乱的和纯净的秩序而给出光照，它们的圣洁活动和神圣等级也就被阶层体系地安排为三重划分：前、中、后，以便如我所说的表现神圣活动的有序与和谐的本性。

上帝首先洁净那些祂遇到的心灵，然后照亮他们。在他们被照亮后，上帝又完全他们，使之对上帝完全一致。因此，作为神圣者的一个形象的阶层体系便很清楚地分成不同等级与力量，以便显示上帝的行为在圣洁、纯粹、永久和清晰上都是卓越无比的。既然我已经尽我所能解释了神职等级，它们的拣选、权能，以及作为，让我们尽我们所能，看看它们是如何被祝圣的。

Ⅱ 神职人员祝圣之奥秘

在祝圣时，祭司双膝下跪于祭坛之前。他们在头上举着上帝所启示之道，头上还按着祝圣他的祭司的手。这后一祭司以最神圣的祈祷行祝圣之仪式。助祭也双膝下跪于祭坛之前。祭司把右手放在他头上，这样便用祝圣祷告使他成圣。执事单腿下跪于神圣祭坛前。祭司把右手放在他头上，并以与执事职能相宜的祈祷祝圣他。祭司在他祝圣的每个人头上划十字，为每人宣告一下名字，并给每人以祝圣之吻。在场的所有神职人员都在祭司之后依次吻一下于上述被祝圣的神职等级中其中一人。

Ⅲ 玄观

1. 在祭司、助祭和执事的神职祝圣中有这么几点是共同的：在祭坛之前，屈膝下跪、祭司的按手、划十字、宣告名字、结束时的吻。特别地和专门地为祭司祝圣而有的仪式是把《圣经》置于其头上，这在下属等级祝圣中没有。另外，助祭双腿下跪，执事在祝圣中则不然，只是单腿下跪，如我已讲过的。

2. 到祭坛前跪下是教导所有那些领受神职祝圣的人把整个生命献给上帝，上帝是所有祝圣的泉源。下跪教导他们把圣洁的心献给祂，与上帝的心一致，并尽可能配得上这彻底圣洁和神圣的上帝之祭坛。这一祭坛以圣洁的方式祝圣了那些与上帝一致的心灵。

3. 祭司的按手表明那些被祝圣者从一切祝圣的泉源的天穹接受他们的属性与力量，以及他们摆脱敌对力量的自由。他们就像受到父亲关怀的圣洁孩子。这仪式还教导他们做他们的神职工作，就如同是在按上帝的命令行动，以上帝为他们所有行事的向导。

4. "划十字"是表明对所有肉体欲望的抛弃。它指向一种献身于模仿上帝和毫不动摇地朝向道成肉身的耶稣的圣洁的生活，耶稣是圣洁无罪的，然而祂却降低自己于十字架上死去。祂用标志祂的无罪本性的十字架符号来指明所有模仿他的人。

5. 有关祝圣仪式和被祝圣者的祭司宣告标示着这一奥秘：在对上帝的爱之中行祝圣式的人是上帝的选择的阐明者，他不是根据任何个人价值召唤那些将被祝圣者；是上帝自己在所有的教阶体系的祝圣式中激发他。所以律法时代,教阶体系的祝圣者摩西便没有给他兄弟亚伦以神职祝圣,虽然他知道他是上帝的朋友,而且配得上当祭司。直到上帝自己命令他这么做时他才做了;这就容许亚伦可以以一切祝圣之源的上帝的名,进行充分的神职祝圣。① 但是我们自己的第一个神圣祝圣者——耶稣在祂对我们无尽之爱中担起这一职责——"也不自取荣耀",② 正如《圣经》上说的。(对祂的)祝圣者乃是那"对祂说……'你是照着麦基洗德的等次永远为祭司'"③的(上帝)。而且,当耶稣给自己的门徒祝圣时,尽管作为上帝的祂是一切祝圣之源,但按照阶层体系的方式祂还是把这一祝圣行为归于祂最神圣的父和圣灵。正如《圣经》所表明的,祂告诉自己的门徒"不要离开耶路撒冷,要等候父所应许的,就是你们听见我说过的……你们要受圣灵的洗"④。同样,当门徒的首领召集他的十位祭司同伴来祝圣第十二位门徒时,他聪明地把选择交给上帝,说"指明你所拣选的是谁"⑤。他作为十二人团体的祭司欢迎那被上帝的选择挑中者。降临于马提亚(Matthias)的神圣选择是什么呢?有许多的解释,但我都感到不满意,所以我将在此提出我自己关于它的想法。在我看来,《圣经》中讲的上帝的"选择"是向聚会的祭司显明被上帝选中者的一种恩赐,因为一位圣洁的祭司不可凭自己个人的行动作祭司性的

---

① 《出埃及记》廿八章 1-4 节,廿九章 4-9 节。
② 《希伯来书》五章 5 节;参看《约翰福音》十七章 1 节。
③ 《希伯来书》五章 6 节。
④ 《使徒行传》一章 4 节。
⑤ 《使徒行传》一章 24 节。

祝圣。只有在上帝的推动下,他才可以以一种教阶体系式的和天界式的方式进行这些神圣的仪式。

6. 神职祝圣结束时的吻也有神圣含意。因为不仅所有属于神职等级的人都吻新被按立者,而且进行祝圣的祭司也吻他。当一颗心灵被它的那种神职活动神圣化时,当它被来自上帝的召唤、被给予他的祝圣所神圣化时,当它来到神职祝圣仪式时,它配受它的同伴和所有属于最圣洁等级的人的爱。它已被提升至一种使它与上帝充分一致的美之中。它有对相同心灵的爱,并且也享受它们回报的圣洁的爱。所以,这一神职同工之间的吻的圣洁仪式是完全合宜的。它标志着由相同的心灵构成的神圣交通和欢乐的共享之爱,这使整个教阶体系拥有与上帝一致之美。

7. 我已说过,这些对所有神职祝圣式都是共同的。但是只有祭司圣洁地在头上举着神圣的《圣经》。既然一切祝圣之源的神圣至善已将一切神职人员的"完全"能力和理解力都交给了祭司,即上帝的人,那么在祭司头上摆着上帝自己交下来的、向我们启示我们能知道有关上帝的一切的《圣经》,就是十分合宜的了。《圣经》启示了上帝的所有工作、言道和表现、所有的圣洁之道与神工,总之一切上帝所慷慨地希望传给人的教阶体系的东西,上帝所为所说的一切圣洁之事。顺服上帝而生活并充分、完全分有祭司权力的祭司,并不只是满足于享受来自教阶体系仪式的所有言说和行为的真正的、神圣启明的理解。他还把它们传给别人——与他们在教阶体系中的地位相称。因为他被赐予最神圣的知识和最大的提升能力,他便在教阶体系之内进行最圣洁的祝圣。双腿下跪是祭司的特征,相比之下,执事是单腿下跪,并被祝圣于这一教阶体系位置之中。

8. 这下跪表示了被祝圣者的谦卑,他在谦卑中顺服上帝。正如前面已多次说的,三个圣洁导引等级通过三种圣洁的圣事和力量管理着三个被导引的等级,完成它们在神圣之轭下的拯救引导。所以,其职责完全是进行洁净的执事等级应当单足跪下,以显示它只完成引导被洁净者进入的工作;它还应当将自己置于祭坛之下,在祭坛上所有清洗干净的心智都被以超出这世界的方式圣洁化了。但是助祭要双腿跪下,因为他们的职能不局限于洁净那些走近者。他们还用自己的清楚仪式提升这些人,在清洗了他们的所有污点后,助祭还"完全"他们,以使他们牢牢拥有进入玄观的能力。至于祭司,双腿下跪,在头上领受上帝传下的《圣经》。那些已被执事洁净,并被助祭照亮的人,祭司引导他们对自己看到的神圣事物进往理解,这么做是根据教阶体系法规,并且与他们的能力相适应的。这样,他完善了被祝圣者,使其圣洁化能最大限度地完全实现。

六

I 关于被引导者的各等级

1. 这些也就是神职等级和他们的拣选、力量、作为以及祝圣。现在我们应当讨论在这些等级之下的三个入门者等级。[①]

我说的那些被洁净的诸等级是由所有不得参加祝圣的神圣

---

① 被引入门者(或,在慕道者的情况下:正在被引入门者)根据这一三元组划分:"洁净"、"光照-玄观"、"完全"。

活动与仪式的成员所组成的,这我上面已提到过。这些人中首先是那些被执事仍然用《圣经》进行指导和组织,引他们朝向真正生活的人。① 其次是被继续用《圣经》中美善话语教导,从而使他们能回归自己从中坠离的圣洁生活方式的人。② 另外,还有害怕困境攻击的软弱者,《圣经》的力量仍然在加强他们。③ 还有正在从罪被引向圣洁的路上的人。还有虽然已被吸引向有福的习惯与坚定习性,但尚未在这些方面达到圣洁的稳定的人。这些就是由执事的养育与洁净之力所洁净的人的等级。他们被执事的圣洁力量所洁净,从而能对最光辉的圣事仪式作明心玄观和灵性交通。

2. 居中的等级是那些已进入对某些神圣事物的玄观,并且由于已被洁净而可以尽最大可能地与他们灵性交通的人。这批人被交给助祭加以照亮。我相信这很明显:这批人的成员由于已被洗净所有不合宜的污点,并且心灵已经在圣洁中被坚定地塑造好,便被引到能参加定期地正常玄观的阶段。他们尽自己所能与神圣象征交通,这玄观与交通使他们充满完全有福的欢乐。他们在自己能力的最大范围内,通过自己的提升力,提升到对自己所理解者的热爱。这也就是我说的圣洁的人的等级。它已经经历了完全的洁净,从而适应于最灿烂明亮的圣事的神圣景象,并可以在所容许的最大程度内与之作灵性交通。④

---

① 最低等级是慕道者,他们仍然在被《圣经》"养育"着。
② 即"悔罪者"。
③ "附体者"。
④ 居中的平信徒等级是"圣洁的人"。

3. 但是所有初入教者中最高的等级是修士级,这一等级已洗净一切污点,并在自己的行为中具有充分力量和完全的圣洁。在被准许的范围之内,它已进入圣洁玄观的活动,并达到了理性的玄观与理性交通。这一等级由祭司的"完全"能力、祭司的启明活动和教阶传统,引导入参加它所看到的神圣圣事的圣洁运作。它由于祭司的神圣理解力的帮助而被提升到与这一等级相称的最彻底的完善。这就是为什么我们有福的领袖认为这些人当得上几种圣洁的称号:有的称之为"供奉者",或服事者;有的称之为"修士",因为他们事奉上帝的纯洁,也因为他们的生活远离分裂,被他们统一和圣洁的回忆所聚为一体,这排除了一切分心干扰,使他们能达到与上帝一致,并接受上帝之爱的"完全"的单一生活方式。所以,神圣的委任给予了他们一种"完全"的恩典,并认为他们当得上受祝圣,这一教阶体系中的次级仪式不是由祭司(他只任命神职),而是由虔敬的助祭来圣洁地进行的。

Ⅱ 祝圣修士的奥秘

助祭站在圣洁的祭坛前并为修士求祷。被祝圣者站在助祭后面,并不跪下。上帝赐的《圣经》也不放在他头上。当助祭为他吟唱秘密的求祷时,他只是站着。助祭唱完后就走向他,首先问他是否将不仅放弃,而且甚至拒绝幻想任何使他的生活方式分心干扰的东西。他提醒他有关充分完善生活的规则,并公开宣布他必须超过"居中的生活方式"。① 在被问者虔敬地保证做到这一切

---

① "居中的生活方式"指平信徒的"中间级别"者的生活方式。

后,助祭就为他划十字。然后剃去他的头发,并向三位有圣洁福泽的人求告。他取走他的所有衣服,并给他别的衣服。① 然后,他与出席仪式的其它圣洁人一道吻他(平安吻),并赋予他与神圣奥秘灵性交通的权利。②

Ⅲ 玄观

1. 不下跪、不在头上放上帝赐之《圣经》,当助祭求祷时站立着等事实,表明修士等级并没有引导他人的职责,它的使命在于它自己孤独和圣洁的状态之中。它追随神职等级,作为仆人而顺从地被后者提升至对他们等级的神圣事物的圣洁理解。

2. 对所有可能导致分心干扰的生活的行为与幻念的舍弃,标志着那最智慧的修道生活,这一生活美好地充满对那些统一人的神圣诫命的理解。我已说过,他们在入教者中不是中间等级,而是最高等级,这就是为什么中间等级完全可以做的事对于修士常常就是禁止的,因为修士生活是单一心灵式的生活,他们有责任与太一一致,与神圣统一体联合,尽可能模仿神职人员的生活——他们更近于这种生活,而非其它入教者等级的生活。

3. 我已说过,划十字是宣布一切肉体欲望之死。剃发表示一种纯洁和无负担的生活,这种生活并不由心灵构造出没价值的表象装饰,而是自由地感激着美,这美不是人造的,但是它把统一的和隐修的心灵提升至与上帝一致的状态中。

---

① 不是衣服本身,而是更衣行动有其象征性意义。
② 仪式实际上延续至邀请参加圣餐。

4."除旧衣换新衣"表明从中间级别的圣洁生活转入更完善的生活。因为圣洁诞生的仪式包括换衣,表明把洁净的生命提升至更高的玄观与照亮的阶段。

助祭和别人对候选人的吻象征着那一神圣交通状态:所有与上帝一致的人都被共有的和充满爱心的善良祝愿的欢乐联系统一起来。

5.当这一切仪式结束后,助祭便请被祝圣者参加圣餐,这以圣洁的方式表明了,被祝圣的修士如果真正达到隐修的与统一的状态,就不仅玄观圣洁仪式所启示给他的,不仅仅与中间等级分享与神圣符号的灵性沟通,而且由于有福地知晓了他所参加的仪式而以与"圣洁的人"(等级)非常不同的方式被容许参加圣餐。正是为了这同一理由,在神职人员的祝圣式后,作为其任命仪式的高潮,祝圣他们的祭司邀请他们分享圣洁的圣餐。这不仅是因为领受神圣奥秘是一切教阶体系参与活动的顶点,而且因为所有的圣洁等级当被提升至与上帝或多或少相像时,都可分有相应的一份这种灵性沟通的神圣恩赐。

我们现在必须总结一下。圣洁的圣事带来洁净、光照与完全。执事构成了洁净人的等级。助祭构成了光照人的等级。与上帝生活一致的祭司组成了完善人的等级。

至于那些被洁净的人,只要他们还在洁净过程中,便不参加圣洁景象与圣餐。"圣洁的人"是玄观的等级。已完全的人的等级是心灵单纯地生活的修士。这样,我们自己的教阶体系根据神圣的启示而被有福地、和谐地划分成诸等级,从而展开了与天界阶层体系一样的顺序。它细心地以自己的人性方式保持着使它能与上帝相像和与上帝一致的特征。

6. 你会说在天界阶层体系中,人找不到被洁净的等级,因为说有不纯洁的天界等级是不正确的或不符合真实情况的。对于我来说,说天使不是彻底纯洁或不拥有大量超越的纯净,确实是失去了所有神圣感了。一个失身于恶的天使会立即被逐出天界的和谐,以及天界理性存在者的纯洁团队。他会在背叛者的无光等级中翻滚。

不过还是可以说,在天界阶层体系中有某种对应于低级存在者的洁净过程的东西,即有福地启示他们一直不知道的东西的启明照亮。这使他们对神圣知识有更完全的理解。在某种意义上,这是洁净了他们的无知,对以前不理解的真理的无知。而且,通过在先的和更圣洁的存在者的中介,它把他们提升至神圣辉煌的最高与最明亮之处。

人还可以在天界阶层体系中区分那些完全被照亮和完全完善的,与那些提供洁净、光明与完善的等级。最高与最圣洁的存在者的任务是——与天界阶层体系相称地——洁净那些低于他们的天界等级的一切无知,给予他们充分的圣洁光芒。最后,将他们完善于对神圣概念的最为明亮的理解之中。因为我早已说过,正如《圣经》中讨论的,天界诸等级并不拥有正好等量的对上帝的景象的启明理解。上帝自己直接启明照亮了最初等级;通过这一等级的中介,祂将间接的光照给予了从属等级,与其能力相称。祂这么做是通过在他们当中遍撒神圣光芒的灿烂辉煌。

七

Ⅰ 安葬礼仪

1. 在这一讨论之后，我想我们应当讨论有关死者的圣洁仪式。这对于圣洁者和非圣洁者是不同的，他们的死就像他们的生一样是不同的。那些过了圣洁一生的人紧守上帝真实的应许，这上帝的真理任何人都可以从复活事件中看到。这些人充满了圣洁的欢乐。他们在强烈的和真实的希望推动之下朝死亡的疆界走去，就像是完成自己的神圣竞赛。他们知道自己会有完全的复活，而且这将会在完全的和无止境的生命与得救中来到。在此生中可能跌入罪过的圣洁灵魂将在他们的再生中获得不可动摇的与上帝一致。被洁净的身体则与这些圣洁灵魂联结在一起，与之同行，出现在同样的名册与奋斗中，也将因它们为服侍上帝所出的大汗而受奖励，它们自己也将享有被赐予灵魂的复活的奖赏和同样不可动摇的神圣生活。它们与此生相伴的圣洁灵魂仍联合在一起，成了"基督的肢体"①。它们将享有不朽和不可摧毁的与上帝一致之至福。这就是为什么圣徒在他们的圣洁竞赛结束时带着欢乐的和不可动摇的希望安息。

2. 在不信上帝的人之中，有些人可笑地相信我们的身体的存在会消解为无。其他人认为灵与身的联结会永远断裂，因为他们认为，在与上帝相像的生活和福泽中，灵魂如果还受一个身体的

---

① 《哥林多前书》六章 15 节，参看《以弗所书》五章 30 节，《罗马书》十二章 5 节。

牵累，那就太不合宜了。这些人由于对神圣理解力缺乏足够的把握，忽视了基督已提供了完全与上帝一致的人性生活的典范。还有些人将别的身体安排给灵魂，这在我看来是由于他们对于与圣洁的灵魂共同战斗一生的身体持不公正的看法。他们不公平地拒绝给予身体在神圣竞赛完成时所赢得的神圣奖赏。还有些人滑入某种唯物主义式的观念，想象应许给圣徒的完善至福的圣洁宁静与尘世幸福处于同一水平；他们不虔敬地宣称说那些已与天使齐肩者都享受变动生活式的滋养品。①

不会有任何圣洁的人犯这种错误，因为他们知道他们的整个存在将会领受宁静和祥，这将使他们与基督相像。当他们临近他们世上生命之终点时，他们很清楚地看到通向不朽之路。他们赞美上帝的恩赐。他们充满圣洁的快乐，知道得很清楚自己拥有——以及将永远拥有——自己所赢的美好报酬，不再害怕堕入罪过。至于那些充满污点与罪过并接受了某些圣洁引导的人——他们愚蠢地拒绝完全入门以便放纵自己于毁坏性的欲望中——在世上生活快结束时，不再认为《圣经》的神圣律法是那么可受轻视了。他们现在用完全不同的眼光看他们一直热切追求的致命快乐，看他们曾愚蠢地拒绝而现在开始尊重的圣洁生活方式。他们在可怜与不确定中离开此生；由于他们颇可责备的一生，他们没有神圣希望的引导。

3. 圣洁的人死时就不会遇上这种事。公义的人在奋斗完成时充满了神圣的欢乐，他在巨大的幸福之中走上圣洁再生之路。

---

① 《路加福音》二十章 36 节；《马太福音》廿二章 30 节；《马可福音》十二章 25 节。

他的同伴,也就是与他一起作上帝之邻居的,像他一样生活的人,祝福他,因为他充满祈祷地、胜利地达到了他的目标。他们向那带来这一胜利的上帝唱感恩之歌,他们请求祂也赐予他们这样和祥宁静的恩典。然后他们抬起死者的遗体,就像为了让他戴上神圣的桂冠一样,他们把他抬到快乐地接受他的祭司那里;祭司根据神圣的规定行那为荣耀在圣洁中去世的人而立的有福仪式。

II 与圣洁去世者有关的奥秘

圣洁的祭司召集神圣的聚会。如果死者属于一个神职等级,便被放在神圣祭坛脚下。然后祭司便开始祷告,向上帝感恩。如果死者属于圣洁的修士或"圣洁的人",祭司便把他放在圣所前保留给神职人员用的圣洁入口处。然后他便背诵向上帝感恩的祈祷。接着,执事朗诵《圣经》上关于我们神圣再生的应许,并吟唱有关同一主题的圣诗。执事中的首领然后让慕道者离开。他大声地读已去世的圣徒的名单,并宣布最近死的这位也配与他们一起同享记念。他招呼所有人为在基督中享有至福而祈祷。圣洁的祭司然后走上前来,为死者做最神圣的祷告,结束后他以及与他一道的所有人都吻别死者。所有人都吻过后,祭司在死者身上倒油,为所有人祈祷,并把死者葬于和他同一等级的其它人也安葬的一个荣耀地方。

III 玄观

1. 如果世俗之辈看到或听到我们的这些仪式,我想他们会开心地笑起来,并可怜我们"误入迷途"。我们对此不必感到惊讶,因为正如《圣经》上说的:"如果他们没信仰,他们就不会理解。"①但我们却因为耶稣给了我们光,已经看到了这些圣洁仪式的意义,所以让我们肯定,祭司带入死者,并将他置于保留给他那些等级的人的地方,不是没有道理的。他以神圣方式所表明的乃是:在重生后每人的命运将与他在此世过的生活一致。一个尽自己最大能力过了与上帝一致的圣洁生活的人,将在"未来时光"中处于神圣的福泽之中。如果虽然过了圣洁一生,但未能达到与上帝一致的高标准,他将获得与他的功德相称的神圣奖赏。正是为了向这一神圣公义感恩,祭司献上圣洁的祷告,唱赞美上帝的歌——上帝把我们从不公正的和暴君的权力中解救出来,把我们引向祂自己的最为公义的审判。

2. 有关神圣应许的颂歌和读经讲述了那些最圣洁地完全的人将永远享受的有福遗产。死者的福佑典范得到肯定,活者也被鼓励追求同样的完善。

3. 还应注意:在此仪式中,属于被洁净等级的人并不像通常那样被全部请走,只是慕道者被请出圣洁界域之外。因为后者尚未被引入任何圣事,所以让他们看见任何一种仪式都是非常错误的,即使是小范围的。因为他们还没在圣洁诞生中经历过光的第一个恩赐,所以就还没领受到玄观圣洁仪式的力量。其它已经被洁净等级的人引入到神圣传统之中。不错,他们还不断愚蠢地被拖向罪过而非被提升向更高的完全,这就是为什么他们被正当地排除在由神圣象征表现的圣洁景象和灵性交通之外。如果他们

---

① 《以赛亚书》七章9节。

毫不相称地参加这些福佑的仪式,他们便会成为自己的愚昧的第一个牺牲者,会减少对神圣事物和对自己的尊重。不过让他们参加葬礼还是完全合适的,因为这仪式清楚地教导他们我们对死无所畏惧,告诉他们《圣经》的真理应许给圣徒的奖赏,以及应许给无上帝的人无尽悲哀。所以,他们出席并聆听执事宣读圣徒名单对他们很有益处,这样他们会知道死于圣洁的人必定会永远加入圣徒的行列之中。他们可能会很快渴望同样的命运,他们可能会从执事的了解中知道那些在基督中完全的人确实受到真正的福佑。

4. 然后,祭司走上前去为死者作神圣祈祷;祈祷毕,他以及所有其它人依次吻别死者。祈祷是朝向圣善,请求祂宽恕死者由于人性脆弱而犯的一切罪过,请求将他立于"光之中……立于生命之地"①、"立于亚伯拉罕"②、以扫和雅各之中,"那儿痛苦忧愁和叹息尽都逃避"③。

5. 我想,这些很清楚是圣徒最为有福的奖赏。因为有什么可以与免去一切痛苦、充满光明的不朽相比呢?当然这些只能用与我们的软弱性尽量相称的话语来表达。实际上这些应许超出一切理解,用来描状它们的字词远远不能道出它们所包含的真理。因为我们必须接受《圣经》所说的真理:"上帝为爱他的人所预备的,是眼睛未曾看见、耳朵未曾听见、人心也未曾想到的。"④有福

---

① 《诗篇》五十六篇 13 节,一一六篇 9 节。
② 《路加福音》十六章 22 节,参看《马太福音》八章 11 节。
③ 《以赛亚书》卅五章 10 节,五十一章 11 节。
④ 《哥林多前书》二章 9 节;《以赛亚书》六十四章 4 节。

的族长和其它圣徒的栖息地象征这神圣馈赠财富和这完满的至福，在那儿，所有与上帝一致生活的人都被欢迎进入永远更新的、永不衰老的福泽完满之中。

6. 你虽然会同意我说的，但仍说你自己无力理解为什么祭司要请求圣善宽恕死者的罪过，并赐予他与那些与上帝一致而生活的人一样的等级和同样福运，如果在神圣公义之下每个人都为自己在此生中所做的好事和坏事领受一份回报，如果死者已结束了他一生的活动，那么祭司能用何种祷告为死者赢得此种状况改变——与他在此世生活中所挣的回报不同？我当然很清楚每人都将领受他应受的一切，因为《圣经》上说，主已经对他关上门，①而且"各人按着本身所行的，或善或恶受报"。②《圣经》真理也告诉我们：公义的人的祷告仅仅对配得上的人、仅仅在这一生中有用，死后并无用。③ 扫罗从撒母耳那儿得到任何益处吗？④ 希伯来人民受到先知的祷告的任何帮助吗？⑤ 正像一个眼已被剜去的人伪装自己分享那只照明眼睛没受伤的太阳光是十分可笑的一样，当一个人由于拒绝接受上帝的恩赐和轻视上帝的善良诫命的最大光辉而推开了自己自然圣洁的行动，却指望"圣徒的干预"这种不可能的和空洞的期望，也是愚蠢的。

不过，根据《圣经》，我还是说此生中的圣徒祈祷对于渴望神

---

① 《路加福音》十三章 25 节。
② 《哥林多后书》五章 10 节。
③ 《雅各书》五章 16 节。
④ 《撒母耳记上》十五章 35 节至十六章 1 节。
⑤ 《耶利米书》七章 16 节，十一章 14 节。

圣恩赐、作好了迎接它们的圣洁准备,并知道自己缺点而向圣洁的人求助并与之共同祷告的人来说,是极有价值的。这种帮助只会对他有最大的助益,因为这就令他获得他所欲求的最神圣的恩赐。圣善将因为他发展良好的心灵、对圣徒的尊重、恳求所欲之恩赐时的值得嘉许的急迫,以及与上帝一致的生活而接受他。因为神圣审判之一便是:上帝的恩赐应当给予配得上领受它们的人——通过配得上传达它们的人的中介。有人可能会缺少对这一神圣安排的尊重,并且由于可怜的自大狂而想象自己可以轻视圣徒的中介,直接进入与上帝交往。如果有人向上帝提出无价值的和不圣洁的要求,没有同时对上帝的恩赐具有压倒一切的期望,那么他便失去甚至一个不善祷告的人可得的果子。所以,说到我们在讨论祭司为死者作的祷告,它应当根据那些与上帝相像的人——我们的领袖——所传给我们的说法加以解释。

7. 正如《圣经》上说的,圣洁的祭司使上帝的审判为众人所知,因为他是"全能之主神的天使"①。根据上帝在《圣经》中已对他讲的,他知道那些过着最虔敬的生活的人死后在最公义的指导之下已领受了一个光亮圣洁的生命,因为上帝出于对人的善爱而闭目不看由于人的软弱所犯的过失。《圣经》上说:"谁也不能免于污秽。"②祭司很清楚《圣经》真正所应许的,他祈祷它们得到实现,并使过了圣洁一生的人得到他们有福的奖赏。这样,他便根据圣善来塑造自己,似乎为自己,但实际上为别人寻找恩典。他

---

① 《玛拉基书》二章 7 节。
② 《约伯记》十四章 4 节。

知道上帝的应许必将实现,这样他还教导了所有在场者:他所合宜地恳求的恩赐将会给予所有在上帝之中过着完善生活的人。祭司既然在解说上帝的公义,便注意不去找寻与上帝的愿望和上帝应许给予的东西相冲突者。所以,他不为死于不圣洁之中的人作这种祷告,否则他便会背离自己作为阐释者的职责了。这样的话他在教阶体系中就会自作主张,而非在那一切仪式之源的太一的指导下行事了。而且,他不当的祷告会被驳回,上帝会用《圣经》中公义的话回答:"你们求也得不着,因为你们妄求。"①所以祭司作为上帝的人,只请求与神圣应许合宜的、令上帝欢喜的、上帝白白给予的东西。他这样便向爱善的上帝证明他自己的行为是根据至善塑造的,并向在场的人表明了圣徒将领受到何种恩赐。

相似地,他可以昭示上帝的审判,他拥有绝罚的权力。这当然不是说全智之上帝会向他所有没思考的冲动让步,如果我可以完全敬畏地这么说的话。相反,祭司服从那一切仪式之源的,并通过他传话的圣灵。他只把上帝已判决过的无价值之人绝罚。经上说:"你们领受圣灵吧。你们赦免谁的罪,谁的罪就赦免了;你们留下谁的罪,谁的罪就留下了。"②《圣经》上还对被全圣之父的神圣启示所启明的那人说,"凡你在地上所捆绑的,在天上也要捆绑;凡你在地上所释放的,在天上也要释放。"③这样,彼得以及一切像他一样的祭司,便拥有圣父启示给他们的审判;而且,他们自己正是提供(对此)启示和解释的人,故而他们有接纳上帝的朋

---

① 《雅各书》四章 3 节。
② 《约翰福音》二十章 22 节。
③ 《马太福音》十六章 19 节。

友和排除不信上帝的人的职责。正像《圣经》上显明的，上帝对他的神圣认可不是由他自己，也不是从属血肉的指示中得知的，而是从理解力中、在上帝的影响下得知的，上帝把他引入他所知的东西中。① 同样，上帝的祭司在运用自己的绝罚权力时，也须像用他们的其它教阶体系权力一样，根据一切仪式之源的上帝安排行事。他们这么行事时，其它所有人都要服从祭司，因为祭司是由上帝自己激发的，经上说："弃绝你们就是弃绝我。"②

8. 不过让我们继续讨论上面讲的祈祷之后发生的事。祈祷完毕后，祭司与其它所有在场者给死者以平安吻，因为度过圣洁一生的人被所有与上帝生活一致的人所喜爱与尊重。吻别后，祭司将圣油倒于死者身上。我们记得第一次分有这神圣的象征——膏油式中的圣油——是入教者在神圣的圣洁诞生之中，在实际受洗之前和用新衣换去旧衣之后。现在则相反，是在万事结束后把圣油遍撒于死者之上。圣洁的膏油式曾召唤入教者参加神圣的竞赛；现在的倒油则表明死者在这场神圣竞赛中已获全胜。

9. 在这些仪式之后，祭司将死者安葬于一个荣耀之地，与同一等级的其它圣徒葬于一处。如果死者的身与灵皆度过了令上帝满意的一生，他的身体也应受一份赐予了灵魂的荣誉，身与灵是神圣的奋斗一生中的伴侣。这就是为什么神圣公义在对灵魂作最后审判时要把身与灵联结起来，因为身体也参与了沿着圣

---

① 《马太福音》十六章 17 节。
② 《路加福音》十章 16 节。

洁（或是不敬）的路的旅程。所以有福的仪式给予身与灵神圣的交通。对于灵，是纯粹的玄观与对神圣仪式的理解。对于身，是通过最圣洁的膏油的表象和圣餐的最神圣的象征物。这样，整个人都圣洁化了，拯救他的工作是无所不包的；全部仪式展示了即将到来的复活的整全性。

10. 至于祝圣祈告，用文字写下它们所表示之事恐不合适，也不可公开显示它们的隐含意义及在它们之中工作的神力。圣洁传统教导我们：一个人只有通过并非公开的入门过程（仪式）才可被引入其中。① 你必须由于对上帝的爱和圣洁行为而被完善于一个更圣洁的和提升式的生活之中。这样，一切仪式的启明之源将把你提升至对于它们的最高理解。

11. 不过你可能还会说，真正让不敬的人嘲笑的乃是，婴孩虽然无力理解神圣事物，却被容许参加神圣的圣洁诞生圣事和领受圣餐的神圣象征物。实际上，祭司看来是在教给这些无法理解的人以神圣事物，向这些无力把握的人传递神圣传统。更可笑的是由别人替婴孩说仪式上的"弃绝誓言"和神圣应许。

你的理解力是属于祭司级别的，你不应对那些弄错的人愤怒。你应当通过充满爱心地批驳他们的反对，并按圣洁律法所命令的让他们知道我们的知识远远不能企及神圣的奥秘——许多奥秘超出我们的把握力，其含意超出我们的理解力之上——来细心引导他们到光之中。这些奥秘只为高于我们人的状态的等级

---

① 这儿讲的是在任命与剃度仪式上的"祝圣祈告"，故这一段可能是与本章无关的题外话。

所知,其地位与其神圣本性十分一致。许多奥秘甚至连最高级存在者也无法了解,只能被一切智慧之源的全智之上帝所充分知道。

但是让我写下我们有福的教师根据他们关于最早传统的知识而告诉我们的。他们的话是正确的:按照圣洁的规范抚育大的孩子将获得圣洁的习惯。他们将避开所有错误和所有不洁生活的引诱。我们的圣洁领袖明白这一真理后便认定让婴孩参加(仪式)是件好事,但条件是孩子的父母将把他托付给某个好老师,这老师自己已被引入神圣事物,并可以提供宗教教育,作孩子的灵性父亲和得救的引导人。负责将孩子沿着圣洁生活之路养育成长的人,将被祭司要求作仪式性的"弃绝",及说保证的话。那些嘲笑此事的人完全错了,他们以为是此人而非孩子被引入神圣奥秘,因为他没说"我为孩子弃绝并保证",而说"孩子本人被委派和入教了"。实际上所说的乃是:"我保证当这孩子能理解神圣真理时,我将教育他,使他弃绝一切魔鬼的诱惑、信守神圣应许,并使这应许结出果子。"

所以,孩子在敬神的教育中成长,这并没什么可笑之处,当然前提是有一位圣洁的领导者和引导人,使他形成圣洁习惯,并保护他不受魔鬼的诱惑的侵扰。祭司让孩子分有一份神圣象征物,这是为了让他能从中获得滋养,使他能把整生用于对神圣事物的不停玄观之上、能在与其灵性交通上进步、能因此获得一种圣洁持久的生活方式、能在与上帝生活一致的圣洁引导人的指引下在圣洁生命中成长。

我的孩子,这些就是我们的教阶体系所呈现的美好、统一景象。无疑,更敏锐的心智不会局限于我所见者。他们会玄观更卓越、更与上帝一致的景象。我也相信当你借助我的评说为阶梯登级而上见到更崇高的光芒时,会有更惊人和更神圣的美照亮你。亲爱的朋友,对我宽厚些。当你了解更美好和更近于太一的美时,请把你得到的更完善和更明亮的光照带到我眼前。我坚信我的话会点燃沉睡于你心中的上帝之火花。

第五章 书　　信①

书信一　致修士该犹(Gaius)②

　　黑暗消失于光之中,光越强则黑暗越消失。知识使无知消失,知识越多,无知消失越干净。

　　不过,不要用缺失而用超越的角度来看这事,则你将能说出某种比一切真理还真实的东西,即对上帝之无(不)知不为任何拥有物质光亮和存在物知识的人所了解;祂的超越黑暗隐于一切光线之外,不为所有知识了解。看见上帝并理解自己所见者的人并没真正看到上帝本身,③而是上帝的某种存在和可以认识的东西。因为祂自己彻底超出心智与存在。祂是完全不被认识和非存在

---

　　①　狄奥尼修斯书信在 R. Hathaway 的《阶层体系》中有翻译和评注。Hathaway 特别关心第八封书信中的社会-政治性论证与新柏拉图主义渊源。他还注意到书信的"接收人"形成了一个上升的教阶顺序(修士、执事、助祭、祭司),除了第八封信(写给一隐士)的中断。不过由于这位修士的所作所为正是打断正常的教阶秩序,书信的顺序还是可以看作具有强化论证的力量的意义。

　　②　前四封信写给修士"该犹",这名字可见《罗马书》十六章 23 节;《哥林多前书》一章 14 节;《使徒行传》十九章 29 节,二十章 14 节。尤其重要的是,《约翰三书》也是写给一位"该犹"的,其主题与此信主题呼应。

　　③　《约翰三书》十一章,《约翰一书》一章 18 节。

的。祂在存在之上存在,在心智之上被认知。这一非常积极地全然不(无)知正是对那高出一切被知者的祂的知识。

书信二　致修士该犹

超越万物者如何也能超越神性之泉源、超越一切善性之泉源?如果你说的"神性"和"善性"是指那使我们善与神圣的恩赐的实体(质),如果你指的是对超出善性与神性——这是我们善与神圣——的祂的不可模仿的模仿,那么这就是可能的。如果这是一切圣洁和善良的人成圣成善的泉源,那么超出一切泉源(包括这儿讲到的神圣性与善性)的祂,也超出神性与善性的泉源。从而祂永远无法模拟和无法把握,祂超越了一切模仿和把握,以及一切被模仿者和被分有者。

书信三　致修士该犹

出乎人意料之外而从以前的晦暗不明中出现在我们眼前者,被称为"忽然"。① 我相信上帝之道在论到基督对人类的爱的时候,用了这个词来暗示超越者已经放下自己的隐秘性,并通过成为一个人而把自己启示给我们。但是他甚至在此启示之后仍是隐秘的,或者我用更圣洁的方式说的话,祂在启示之中仍是隐秘

---

① 《玛拉基书》三章 1 节。注意"忽然"也是柏拉图《巴门尼德篇》第三假设之主题。

的。因为这一耶稣的奥秘永远隐秘,非任何词语或心智可描述出。对它应说者一直不可说;对它应理解者一直不可知。

书信四　致修士该犹

你问起超越一切的耶稣如何可以被置于与所有人一样的等级上。在此,他被称为一个人,这倒并不是在他"作为人的原因"的语境中,而是他自己在所有本质方面都真真确确是一个人。但是我们并不把我们对耶稣的定义局限于人的领域中。因为他不仅只是一个人;如果他仅是一个人,他就不会是超越的了。他出于对人类的大爱而变成真确的一个人,既超人又在人之中;他自己虽然高于存在,他却采取了人的存在。但是他丝毫不减其超越性之满溢。他是超丰盛地永远超越的。他取了存在,他自己是超存在的一个存在。对此的一个证据就是童贞女超自然地生育了他;[①]另外,流水承受着他的身体的、尘世的脚,却不陷下去,而是以超自然力量托举着他。[②] 还有那么多别的证据,谁能数得清?当人用圣洁的方式考虑此事时,将会以超越方式认出:每个对耶稣爱人类的肯定都有着一种指向他的超越的否定力。[③] 因为,如果我简单地表述此事的话,他既非人亦非"非人";他虽然由人生出,却远远超出人之上;虽然高于人但却真正地成为人。而且,他并不是因为自己是上帝才做神圣的事,也不是因为自己是人而做

---

① 《马太福音》一章 18 - 25 节;《路加福音》一章 27 - 31 节。
② 《马太福音》十四章 25 - 33 节;《马可福音》六章 45 - 52 节。
③ 耶稣的 philanthropy 或对人类的爱在此被定义为祂的道成肉身。

人的事,他是由于是一位"上帝-成为-人"才在我们之中完成了新事情——"上帝-人"之作为。

书信五　致多洛修斯执事

　　神圣的黑暗是上帝住在其中的"人不能靠近的光里。"①如果这是不可见的,那是因为它是超丰足的清晰;如果这不能为人靠近,那是因为它超越的光之恩赐的向外倾射;然而正是在这里有那些配得上知上帝和观照上帝的人。这种人恰恰因为他既不看见祂也不认知祂,才真正地达到了超出一切观看和知识的境界。正是由于知道了祂超出一切被感知和被理解的事物,他才与先知一道喊道:"关于你的知识太奇妙,是我不能测的;是至高的,我无法冀及。"②

　　正是在这个意义上人说圣保罗是知上帝的,因为他知道上帝超出一切心智行为和一切认知方式之上。他自己也说"祂的踪迹何其难寻,祂的判断何其难测!"③"祂的恩赐无法述说",④以及"祂赐的平安无法理解",⑤因为他发现祂超出万物,他以一种超出任何概念的方式知道:万物之因超出万物。

---

①　《提摩太前书》六章 16 节;参看《出埃及记》二十章 21 节。
②　《诗篇》一三八篇 6 节。
③　《罗马书》十一章 33 节。
④　《哥林多后书》九章 15 节。
⑤　《腓立比书》四章 7 节。

书信六　致助祭所西巴德(Sosipater)[①]

可敬的所西巴德,别把批驳一种邪灵祭拜或一种看来不好的观点当作一场胜利。也别想象只要彻底驳斥了它,就万事大吉了。因为很可能隐秘的唯一真理会在错误和现象当中不为你和其它人所把握。不是红的东西不一定就是白的。不是马的东西并不一定就是人。

如果你信任我,你就应当这么做:停止批驳别的东西,并且如此言说真理——使你所说的一切都不可驳倒。

书信七　致坡里加(Polycarp)祭司[②]

1. 就我来说,我从未说过什么反希腊人或任何其它人的话。在我看来,好人满足于认识,并尽其所能宣布真理本身的真实情况。一旦任何事情的本性被真理规范显明并被毫无缺陷地建立起来,任何其它的东西、任何甚至有着真理外表的东西都会被斥为异于实在、与实在不相像、被斥为虚假的而非真实的。所以一个宣讲真理的人卷入与这人和那人的争辩实属多余,因为每人都说他自己那点钱是真货,但实际上他拥有的可能只是某部分真理的一个伪造复制品。如果你驳了这个,那么另一个以及一个又一

---

① 参看《罗马书》十六章 21 节。
② 这个名字(Polycarp,坡里加)可能指圣徒坡里加(Polycarp of Smyrna)。

个人就会热切地为它辩护。

当一个论证由于它自己的真实性而被恰当地建立起来,当它在所有别人的反驳中都坚定站稳、无法被反驳时,一切不是与它完全和谐的东西就会由于真理的直接的、牢不可破的呈现而被自动推翻。我相信这是一个可靠原则,所以我从没想去与希腊人或任何其它人争论。对我来说,首先去认识真理,然后把我所知者合适地说出来,这就够了。愿上帝赐此于我!

2. 但是你说智者阿波罗法尼斯(Apollophanes)污蔑我,称我作弑父者,指摘我邪恶地利用希腊人的事物攻击希腊人。对他更正确的回答乃是:恰恰是希腊人不敬上帝地利用上帝的事物攻击上帝。他们企图用上帝赐予他们的智慧排除对上帝的敬畏。我这里讲的不是大众的盲信、这些人用他们的唯物主义式的和激情式的方式坚信诗人的故事,并且"事奉受造之物,不敬奉那造物的主"。① 我现在讲的是阿波罗法尼斯本人,他不敬上帝地利用上帝的事物攻击上帝,而他正确地称作哲学、圣保罗称作"上帝的智慧"②的这种关于存在的知识,本来应当把哲学家提升至那个一切存在物的原因,也即这些存在物的知识的**原因**。

不过我现在不想与自己信念冲突;不想驳别人的,甚至阿波罗法尼斯的意见。作为一个聪明人,他应当知道天界秩序和运动中的一切变化悉由创造它和维系它的那同一原因所引起。因为正如神圣的话语所说,这一原因"创造万物并重新安排万物"。③

---

① 《罗马书》一章 25 节。
② 《哥林多前书》一章 21—24 节,二章 7 节。
③ 《阿摩司书》五章 8 节。

那么他为什么不敬拜我们在这一切当中所认出的太一——万物之真上帝?他为何不因为那万物之因与绝对无法描述的力量而对祂感到惊叹?由于这一力量,太阳和月亮服从最奇妙的制止运动的命令,而完全停下来,万物都在一个号令下停了整整一天,以至于——这是更令人惊奇的——高处的天界完成了自己的一圈运行,而下层世界却没跟着作圆周运动。① 另一个奇迹是那个比正常超出三倍时间的一天,结果要么约二十小时中整个世界都被强行拖向相反方向,然后以最惊人的方式加倍奔回原来轨道;要么太阳在运行中中断了自己的五阶段运动十个小时,然后在十小时中转回到自己原来轨道。② 这就是令巴比伦人震惊的征兆,结果巴比伦人把希西家看作上帝一般的超人,不战而向他投降。

我现在说的不是埃及③的奇迹和上帝在其它地方给出的征兆。我只是提到那些为整个世界所有人都庆祝的著名天界征兆。不错,阿波罗法尼斯根本拒绝接受它们曾发生过。但这些事记载于波斯人的圣书中,而且直到今天,东方人还举行记念三重的米特拉斯神的庆典。④ 不过,就算他由于无知或经验不足而拒绝接受此事。那么问问他:"你怎么看救主被钉上十字架时发生的日蚀呢?"当时我们俩都在赫利波利斯(Heliopolis),我们都目睹了在一个日月不该相遇的季节里,月亮遮住太阳的反常现象,而且月

---

① 《约书亚记》十章 12-14 节;《便西拉智训》四十六章 4 节。

② 《列王纪下》二十章 8-12 节;《以赛亚书》卅八章 8 节。如果地球或太阳"向后"走十个小时,然后又恢复自己正常运动,一日便会多出二十小时,使一日(当时一日有十小时?)成了三倍的一日。

③ 即瘟疫等,《出埃及记》十章 21-29 节。

④ Mithras 是古代最著名的诸神之一。

亮从九点到晚上都超自然地停在太阳中间。① 而且还有他也知道的事呢。我们看见月亮从东边开始遮挡太阳,穿过到太阳另一边,回到自己轨道上。所以,阳光的被遮与恢复并不发生在同一方向上,而是正好相反的方向发生。这些就是当时发生的惊奇事情,也许只是万物之因的基督引起的:"祂行伟大奇妙的事不可测度。"②

3. 如果你愿意,把这告诉他;至于你,阿波罗法尼斯,如果你能的话你就反驳。我那时可与你在一起。我们在一起观看了所有一切事、细细审视了一切事、震惊于一切事。让我们别忘了阿波罗法尼斯也有些被触动,在解释那些事时有点像先知似地说:"我亲爱的狄奥尼修斯,这些征兆在上帝的运作中改变着。"

我们在一封信里也只能讨论这么多了。你完全可以补上一切漏掉的。你可以把这个人转回到上帝,因为他在许多事上都有智慧,而且也许他不会认为这会降低他的尊严——谦卑地学习我们宗教的真理,即远远超出一切智慧的真理。

书信八　致德摩腓鲁斯(Demophilus)修士

论一个人的合宜工作和友善

1. 高贵的德摩腓鲁斯,希伯来人历史证明了这一事实:圣洁

---

① 参看《马太福音》廿七章 45 节。也许作者读过亚里山大里诺斯版的《路加福音》廿三章 44 节,从而在说天空从六点渐渐黑到九点,然后从九点到晚上是完全日蚀。
② 《约伯记》五章 9 节,九章 10 节,卅四章 24 节。

的人摩西由于他伟大的谦卑而得以观照上帝。① 他们说他偶然也会失去观照上帝的能力,那是因为他先失去了他的谦卑。他们指明了,一旦他胆敢违抗上帝的计划行事,主就会对他愤怒。② 而他们只要写到上帝的公义认为他配享上帝的喜爱时,他们总是先描写他是如何模仿上帝的善性的。"他非常谦卑",他们说道,因此他们称他为上帝的仆人,并肯定他比其它任何先知都更配得上观照上帝。③

但是当某些厚颜无耻的家伙反对他和亚伦的最高祭司职分与领导身份时,他丢下一切个人骄傲和政治权力的考虑,把作人民领导之事让上帝来判决。当这些人起事反对他,咒骂他并威胁他,要他为以前发生的事负责;当他们已经要伤害他时,这位谦卑的人求告于至善的拯救,并用极大的温和态度辩白自己,指出自己不应受"导致他人民过去所有的不幸"的指摘。④ 他清楚地知道,所有与善上帝一道生活的人都必须尽可能与祂相像,他必须在自身中认识他自己,热爱至善的行为。

为何大卫为上帝所喜爱?因为他是善良的——甚至对他的敌人。"我找到了一个合我心意的人"⑤,超越善的爱善者这么说道。确实,在传下来的良善命令中,还有把敌人迷路的牛或驴牵

---

① 《民数记》十二章 3、8 节。
② 《出埃及记》四章 14 节、24-26 节。
③ 《民数记》十二章 3、7、8 节。《圣经》中用"仆人"讲摩西,这预示将用此词描述修士。
④ 《民数记》十六章 1-11 节。
⑤ 《使徒行传》十三章 22 节。大卫对自己的敌人扫罗也很好,见《撒母耳记上》廿四章。

回来交给他的话。① 约伯成义因为他一直不做任何坏事。② 约瑟不报复背叛他的兄弟。③ 亚伯谦卑而不疑地跟着打算杀他的兄弟。④ 上帝之道说称这些人为"善"的：他们既不谋划也不干邪恶之事，他们的善在别人的恶中岩然屹立，他们顺从上帝而生活。他们以善报恶，并把自己充沛的善推及他们，以便把他们温和地带回到与自己一样的行为的路上。

但是让我们举目向高处看。让我们不要满足于赞扬圣洁的人的温柔和那些天使的慷慨，他们是人的朋友，他们为各国悲伤，并为它们向上帝恳求，他们惩罚毁灭人的和干坏事的匪帮，他们为恶人而痛感哀伤，为被召回至善中的人欢欣鼓舞；⑤让我们不满足于这些以及其它上帝之道说教导我们的有关天使的良善工作。让我们静静地领受真正善的、超越地善的基督的仁慈光芒，让我们被这光引向祂圣洁的善行。因为说到底正是由于他无法言说、无法理解的善性，祂才塑造事物的存在，使万物进入存有，希望万物永远与祂亲近，并各自合宜地与祂紧密交往。祂难道没有友爱地来到那些背离祂而去的人之中？祂难道没有对他们满意并请他们不要弃绝祂的爱？祂难道没支持指摘祂的人，并为他们而祈求？⑥ 祂甚至应许关心他们；当他们远离祂时，他们只要一回身便可发现祂在那里，热切地迎接他们。祂完全张开双臂接受他们，

---

① 《出埃及记》廿三章4-5节。
② 《约伯记》四十二章10节。
③ 《创世记》四十五章5-15节。
④ 《创世记》四章8节。
⑤ 《路加福音》十五章10节；《但以理书》十章14节。
⑥ 《路加福音》廿三章34节，十三章34-35节。

并用平安吻欢迎他们。祂并不指斥已发生之事。既然他们已回转,祂便向他们倾注祂的良善厚爱。祂预备盛宴,并召集好友,使房子充满欢乐者。①

这种行为是对德摩腓鲁斯的一个正当批驳,也是对所有与至善相违背的人的批驳;它告诉了他什么是善,并帮助他自己变善(好)。它对他这么说:至善(上帝)当然为迷失者的得救与死者的复活而欢喜。② 实际上祂将走失复得的羊扛在自己肩上,而且邀请好天使一起分享祂的快乐。③ 祂"对忘恩负义者也加以善待"④,"让太阳既照歹人,也照好人"⑤。祂甚至做到了为那些背离了祂的人"舍命"⑥。

相比之下,你的信清楚表明了当一个你认为是不虔敬的罪人跪在助祭脚下时,你却自己上去拒斥他,虽然我不知道你怎么会在场的。他恳求了。他说他来只是为了治疗自己的邪恶生活方式。但是你呢,你并没慰藉地叹息。你一下子就指摘同情这忏罪者并称"罪人为义"⑦的好助祭。"你走吧",你这么对他说。然后,你和其它人一道错误地冲进内部圣所之中。你将手放在至圣者上,你还给我写信说你这样就在神圣事物差点受伤害时救护了它们,你使它们免受了一切亵渎。但是请听我怎么对你说。一位助

---

① 《路加福音》十五章 20 - 25 节。
② 《路加福音》十五章 23 节。
③ 《路加福音》十五章 5 节。
④ 《路加福音》六章 35 节。
⑤ 《马太福音》五章 45 节。
⑥ 《约翰福音》十章 11 节。
⑦ 《罗马书》十二章 25 节。

祭是不容许由一位执事来教育的，执事是你们的上级；他也不能由一位修士来教育，修士与你同级。这只能这样，即使他看来以某种方式错用了神圣事物，即使可以证明他已经侵犯了某些其它规则。即使无序与混乱会损坏最神圣的职位和规则，也没有人有权利——即使为了上帝——推翻上帝自己建立的秩序。上帝不会分裂而自相冲突，否则，祂的国度如何能立得住？① 如果像《圣经》所肯定的，"一切判决归属于上帝"②，如果助祭位居祭司之后担任上帝的判决的传信人与解释者，③那么他们有权利义务来尽最大可能和在最合适时间通过执事教导你们神圣之事，执事将判定你们是否配作修士。

神圣的象征物难道没说出这一点？并非所有参加仪式的人都排除在至圣者之外。首先接近它的是圣洁的引导者等级。然后是助祭，再后是执事。修士的位子是在内部圣所的门口。这是他们领受他们的任命式的地方，也是他们停留的地方，不是当哨兵，而是为了使每人处于他自己合宜的等级上，使修士不断意识到自己离普通人而非神职人员更近些。神圣事物中的一切秩序的神圣泉源已经赐福地让他们分有一份神圣事物，但祂十分清楚地把分发它们的任务交给了离这些事物更近的人，这些人在神圣祭坛边的位置象征了他们的级别。他们清楚地看见和听到向他们显明的神圣事物。然后他们又慷慨地走出来，朝向那些在神圣帷幕之外的人。他们根据各自的功德而把神圣事物展示给温顺的修士，圣洁的人以及被洁净的等级。这些神圣事物一直未受过

---

① 《马太福音》十二章 25 节。
② 《申命记》一章 17 节。
③ 《玛拉基书》二章 7 节。

任何侵染,直到至圣者被迫忍受你狂妄自大的侵犯。

你说你在保存和监护神圣事物。可事实上你对助祭特权范围中之事并不认识、从未听到过、也一无所有。你对《圣经》的真理本身毫无知晓,你每天滥用它,给听你说话的人带来不幸。

一个人如果未得帝国许可便自行总督之责,势必被正当地惩罚。或是假想一下,当一个全权官员对被告下了释放或惩罚的判决后,法庭上居然有位助手胆敢提出疑问(不要说辱骂了)。他难道不是显得是在公开僭越另一人的权威吗?我的人啊,这种狂妄就是你向良善温和的人以及他所服从的教阶体系所显示的态度。

这些话应当对那些干了不合身份的人说,即使他看上去是做着正当的事,因为没人可以如此越出正轨。不错,乌西雅焚香敬上帝、扫罗献祭,以及惹人烦的污鬼真实地喊出耶稣上帝的身份等事实本身并没什么不适宜的。但上帝之道还是禁止任何人越俎代庖。它教导说每个人都应保持在自己事奉的等级之中,① 只有大祭司才有权利进入至圣之处,而且只可每年一次,并经过了律法所要求的教阶洁净之后。② 助祭盖住圣物,利未人"不能碰圣物,否则就要死"。③ 这就是为什么主对乌西雅的大胆感到愤怒,以及为什么祂对企图统治立法者的米利暗用大麻疯惩罚。④ 恶

---

① 《民数记》七章 5 节。
② 《利未记》十六章 34 节;《出埃及记》三十章 10 节;《希伯来书》九章 7 节。
③ 《民数记》四章 15 节。
④ 乌西雅:《历代志下》廿六章 16 – 21 节;米利暗:《民数记》十二章 10 节。

鬼攻击士基瓦的七个儿子。①《圣经》中说道:"我没有打发那些先知,他们竟自奔跑;我没有对他们说话,他们竟自预言。"②还有:"假冒为善的人献羊羔就好象杀了一条狗一样。"③

总之,上帝的完全公义拒绝破坏律法的人。如果他们宣称道:"我们以你的名行了许多大事"。回答将是:"我从来不认识你们,你们这些作恶的人,离开我去吧!"④所以根据《圣经》上的话,不容许做甚至可能是公义的事,除非是与自己身份相称地。每个人都必须注意他自己,不要去想更崇高的或更深远的任务,应当只考虑被指定给他的职责之内的事。⑤

2. 但是,你或许会说,那么不虔敬的助祭和那些确有其它不宜品行的人怎么办呢?他们难道不应被批评指正?难道不会有人"指着律法夸口,自己却犯律法玷辱上帝?"⑥这种助祭怎么还能充当上帝的解说人?他们自己都不知道神圣品德的力量,怎么又能将它们告知别人?他们生活在黑暗之中,怎么又能给别人带去光?如果他们不相信在真理中和在他们的生活方式中有圣灵,他们又怎么能向别人传递圣灵呢?⑦

我将回答你这些问题。因为德摩腓鲁斯可不是个敌人,而且我将不容许撒旦收走你。

---

① 《使徒行传》十九章 11-17 节。
② 《耶利米书》廿三章 21 节。
③ 《以赛亚书》六十六章 3 节。
④ 《马太福音》七章 22 节。
⑤ 《提摩太前书》四章 16 节。
⑥ 《罗马书》二章 23 节。
⑦ 《使徒行传》十九章？节。

每个环绕上帝的级别都比较远者更与上帝一致些。那些与真正的光最近的级别更能领受光和传递光。不要把这儿说的"靠近"想象成是物质性的。实际上我指的"近"是最大可能地接受上帝的能力。所以如果祭司是最能传递光明的，那不传下光来的人就会被从祭司级别和保留给祭司的权力中排除出去。因为他是没被照亮的人。在我看来，这种缺乏光的人如果硬要行祭司功能，即无惧无羞地、不配地从事神圣事物，那就太傲慢了。他认为上帝对他心中发生的事一无所知。他以为自己能欺骗太——他虚伪地称祂为"父"。他竟敢与基督一样，并且在神圣象征物上说些我决不会称为祷告、只能称为不洁的亵渎的话。这可不是祭司。他是个敌人，欺骗的、自欺的、随时准备扑向上帝的人民的披着羊皮的狼。①

3. 但是没有任何法律给了德摩腓鲁斯纠正这种事的权利。上帝之道说命令我们"公正地追求公正的事"。② 所谓追求公正也就是每个人都希望给每个人以他应得的一份。所有人都永远应当公正地——不越出自己的价值与等级——追求这公正。天使自己正当地得到自己的一份，可是德摩腓鲁斯呵，规定天使应得的份可不是我们的事。他们的任务是担任中介者，把上帝所决定的事传告给我们，就像高级天使把它们传给了他们一样。

简单地说，通过首要存在者的中介，那些次级等级的（天使）领受和谐与彻底公正的上帝所分派给他们的一切东西。那些被

---

① 《马太福音》七章 15 节。
② 《申命记》十六章 20 节。

上帝任命照管别的存在者的级别,已被授权他们向其下属分发其应得的一份。所以,请德摩腓鲁斯也给自己的理性、愤怒和欲望各自以应有地位。请他别伤害了自己心中应有的秩序。让理性由于其优先性而统治低级事物。因为如果我们在公共场所看见一位主人、老人或父亲被一位仆人、青年或儿子伤害、攻击和痛打,我们必不管前者过去可能做过什么错事,而急忙奔上去帮助这些"级别"高的人,否则我们便会认为自己缺少应有的尊重了。因此,当我们目睹理性受愤怒与欲望的伤害,当我们看到理性被从上帝给予它的权威中逐出,以至于纷乱、不和与无序,在我们身上不洁地和不公正地发作时,我们能不羞愧吗?这就是为什么我们有福的和上帝赐的立法者宣布道:人若不知道管理自己的家,就不能主管上帝的教会。① 因为能管好自己的人才能管好别人。能管好别人的才能管好一个家。治家者方能治城,治城者方能治国。简而言之,正如《圣经》说的,人在最小的事上忠心,在大事上也忠心;在最小的事上不忠心,在大事上也不忠心。②

4. 所以,给予欲望、愤怒和理性以适当的位置吧!接受神圣理性指派给你的位置吧!让他们接受祭司指派给他们的位置,让助祭接受祭司指派给他们的位置;让祭司向使徒和使徒的先行者俯首。如果祭司中有人不称职,让他的同辈纠正他。这样的话,没有任何秩序会受干扰,每个人都会守住自己的级别和自己的服侍职分。这些就是我要告诉你应当知道并做的事。

---

① 《提摩太前书》三章 5 节;《提多书》一章。
② 《路加福音》十六章 10 节。

至于你对那个被你宣布为不虔敬和有罪的人的粗暴态度,我不知道我会如何为一个我喜爱的人的毁坏而悲伤。你以为我把你立为谁的仆人?① 如果不是作至善(上帝)的仆人,你对我和我自己的服侍就成了一个陌生人,这样的话,你得另找一位神、另找一批助祭,你在他们当中是得不到完善的。你会变成一头野兽,一个与你天性相称的粗暴使者。

　　我们自己难道就已经全圣地完善,以至于不需要上帝显示给我们对人的爱了吗?正如《圣经》上说的,我们有没有像不虔敬的人那样犯了双重罪过:②首先不知道我们如何冒犯了,然后自许称义并以为已看见我们实际上没看见的东西?"诸天要因此而惊奇"③,我自己也为此震惊而几乎无法置信。如果我不是看到那封信——我多么希望我没看到啊——那得要有多少证人才能使我相信你干过的事!我真不敢相信德摩腓鲁斯会对上帝的善和上帝对人的爱知之如此之少,不敢相信他会忘了他自己多么需要一位仁慈的救主,不敢相信他会自作主张赶走由于善和对自己软弱的了解而配得上承受"人的错误"④的助祭。神圣的圣洁引导者走的是另一条路。《圣经》证实了他与罪人判然有别,⑤他以对他的羊的仁爱牧养作为对他本人的爱的证明。⑥ 他把那位拒绝宽容同

---

　　① 作者在利用"therapeutes"一词的双关:"仆人"或"修士"。作者是否也暗示他主持了德摩腓鲁斯的剃发式?
　　② 《耶利米书》二章 13 节。
　　③ 《耶利米书》二章 12 节。
　　④ 《希伯来书》九章 7 节。
　　⑤ 《希伯来书》七章 26 节。
　　⑥ 《约翰福音》廿一章 15-17 节。

伴欠的债,并不想与同伴分享,哪怕一点点自己所受到的巨大恩惠的仆人称为"恶的";这位仆人应当受到祂判给他受的恶运,这一点已清楚地显明为正当的。① 这是德摩腓鲁斯与我都必须小心注意的。

耶稣即使在受难中②也请祂的父宽恕那些邪恶对待祂的人;祂还责备自己的门徒,因为他们冷酷无情地打算惩罚反对祂的不虔敬的撒马利亚人。③ 在你大胆的书信中,你一遍遍地说你寻找的是上帝复仇而非你自己的复仇。可是告诉我,行恶岂不报复了善?

5. 别认为"我们没有不能体恤我们的软弱的大祭司"④。相反,祂是"无可指摘的"⑤,"慈悲的"⑥,"祂不争论不喧嚷"⑦。祂是"温柔的"⑧,是"为我们的罪作了挽回祭"⑨。所以我们将不会忍受你这些攻击。不管它们是多么热诚,也不管你多么频繁地引用非尼哈⑩与以利亚⑪作榜样。当缺乏温柔与善心的门徒援引这些例子时,耶稣毫不为之所动。⑫ 事实上这也是我们最圣洁的老师"用

---

① 《马太福音》十八章 32 – 33 节。
② 《路加福音》廿三章 34 节。
③ 《路加福音》九章 52 – 55 节。
④ 《希伯来书》四章 15 节。
⑤ 《希伯来书》七章 26 节。
⑥ 《希伯来书》二章 17 节。
⑦ 《以赛亚书》四十二章 2 节。
⑧ 《马太福音》十一章 29 节。
⑨ 《约翰一书》二章 2 节。
⑩ 《民数记》廿五章 6 – 12 节。
⑪ 《列王纪上》十八章 36 – 40 节。《列王纪下》一章 9 – 12 节。
⑫ 《路加福音》九章 51 – 55 节。

温柔劝戒那抵挡"①上帝的教导的人的方式。不知者应受教育而不是受惩罚。我们并不打盲人。我们用手引导他。

可你却打回去那开始举目朝向光的人。他充满好意来找你,你——这真不幸!——却胆敢把他赶走。相反,基督由于本然善性而主动去寻找走失在山中的羊。当它跑开时祂在后面呼唤它;当它奔回时,祂立刻把它扛在肩上。②

我告诉你:让我们大家不要算计对方。让我们不要用剑相互刺戳。那些对别人作恶的会在自身中产生恶。那些对别人行正当事的,不管有没有达到期望,也会在自身中产生善。前者充满动物激情,后者充满美德。他们将成为好天使道路上的随从与友伴,将享受完满的安详宁静,将摆脱一切恶,并领受他们充分福佑的永恒命运。最美的乃是,他们将永远与上帝在一起。否则,他们将永远与上帝为敌,与自己为敌,将在此生和死后成为残忍的魔鬼的牺牲品。

所以我们必须急切地靠近至善之上帝,永远与主在一起。我们应当永远避开做被公正判为恶行的事。事实上,我最怕的就是此事,而且我祈祷自己不沾上任何恶。如果你愿意的话,我将告诉你一个圣洁的人有过的一个异象。不要笑!我要讲给你听的是真事。

6. 有次我在克里特(Crete)受到一位圣洁的人加普(Carpos)的盛情款待。③ 如果世上曾有一个心灵如此洁净地领受上帝的景象的人,那么非此人莫属了。他每次开始那奥秘者的圣洁圣事

---

① 《提摩太后书》二章 25 节;参看《哥林多前书》四章 21 节。
② 《马太福音》十八章 12 节;《路加福音》十五章 5 节。
③ Carpos(加普),《提摩太后书》四章 13 节也提到一个加布(Carpus)。但是圣保罗曾说克里特人(革哩底人)常说谎话(多 1∶12)。

前，必会在事前的神圣祷告中领受一个顺遂的异象。他描述道：有一次他是如何为某人的不忠而苦恼。他之所以悲伤是因为那人把一个人的信仰破坏，并从教会引走，而且是在他洗礼的欢乐日子里这么干的。加普应当为二人宽厚地祈祷，他应祈求上帝的拯救援助来使一人回转，并用善改造另一人。① 在他余生之中他应不停地劝导他们回归到上帝的知识。一切可疑或模糊不清的事都应向他们澄清，直到真正的公义驱使他们恢复理智而放弃他们愚昧的造次。

可是他并没这么做，相反，他感到自己体验着一种从未有过的情绪（我不知道怎么搞的），一种强烈的仇视与恨意。在这样的恶劣心境中他上床睡觉，因为天色已晚。到了半夜，他在自己通常起身赞颂上帝的时刻下了床。由于他的睡眠短促、时时中断、受到打扰，他没得到什么休息。他站起来祈祷，但方式不合宜。他怒气冲冲。他说不虔敬的人、背离上帝笔直大道的人不该还活着。这么说了后，他祈求上帝赐予他无情雷电，立即结束那两个人的生命。据他所讲，当时他所在之地似乎剧烈震荡，然后从屋顶下的中间裂为两半。一道闪亮的火焰自天而降，因为那地方已经处于露天之中。天空本身似乎在张开，在天空之上耶稣在一群无尽的人形天使队伍中出现。加普仰望着，被他所见之景象震惊不已。据他对我说的，他朝下看看，大地似乎张开了幽深不见底的大口。他所诅咒的两个人在口子边上。他们颤抖着、十分可怜；由于他们在边缘上下滑，他们一点点地向下堕去。从坑底伸出蛇来缠住二人的脚。它们

---

① 《罗马书》十二章 21 节。

一边向下拖曳一边剥他们的皮。它们用牙齿尾巴和一切手段撕咬猛击他们,使他们跌入坑中。两人终于落入蛇的掌握之中。它们抓住这两个不幸的人,推他们、挤他们、打他们,直到他们陷于崩溃之中,他们的意志无意有意地、渐渐地、被邪恶所摧毁、被其魔力所吸引。

加普告诉我,他向下所见之景象令他兴奋。他忘掉了看天上的景象。他看见那邪恶的一对还没完全掉下去,感到不耐烦和生气。他一再试图帮助蛇的努力,但是没有力量,勃然大怒,开口骂人。最后他抬起头来,又一次看见先前看见的同一景象。但是这一次耶稣从天上宝座中站起来了。由于怜悯,祂下到那不忠的二人之处,向他们伸出救援之手。天使也帮助祂。祂一边一个紧紧抓住那两个人。

然后耶稣对加普说:

> 你举起了手,我现在就是你要打的人。我已作好准备为拯救人再受苦难;如果这样能使人免于罪,我很高兴受难。注意你自己吧。也许你要和蛇在坑里一块生活却不愿与上帝、与人的朋友的好天使一起生活。

这些事是我亲耳所闻,我相信是真的。

书信九　致提多祭司[①]

关于信中所问什么是智慧之屋,什么是调和碗,什么是其食物饮料

1. 我亲爱的提多,我不知道圣洁的提摩太在离开时是否明白

[①] 此名见《哥林多后书》二章 13 节,七章 6、13 节,八章 6、16、23 节。

了我解释的神学象征。我在《象征神学》①中已向他详尽解释了那些大众感到异乎寻常（难解）的《圣经》中关于上帝的段落。不可言说的智慧的父给未受开导的灵魂造成了一个极荒谬的印象，并用秘密的和大胆的谜语揭示神圣、奥秘的真理，不过世俗的人对此无法领受。这就是为什么有那么多人继续不相信，虽然已有对神圣奥秘的解释。这也难怪，因为我们仅仅通过与这奥秘相联的感性象征物玄观它。

应当做的是去掉其遮蔽，在其赤裸裸的纯粹状态中观照它。这么去观照，我们就会敬畏流入自身之中的"生命泉源"。②我们看见它保持在自身之中，是一种独特而单一的力量，是自己运动与作为的泉源。它从不停止，它通过自己永久的自我玄观而成为一切知识的知识。

我想有必要向他和其他人尽我所能解释《圣经》用来揭示上帝的繁多神圣象征物，因为如果人外在地看它们，它们看上去充满了无法相信和虚构的幻想。试举几例。在讲到上帝的超越诞生时，《圣经》说到上帝的子宫以身体的方式生了上帝。③它讲到圣道像呼吸一样自人心中呼出。④它把圣灵描写成从一张嘴中呼出。⑤它讲到神圣的胸怀拥抱上帝之子，这是以身体的方式描述

---

① 此书已佚失或未写出，其主题显然有关《圣经》中得于感知觉的对上帝的象征。此书前面已被作者提到过几次。
② 《耶利米书》十七章 13 节，二章 13 节；《诗篇》卅六篇 9 节。
③ 《诗篇》二篇七节。
④ 《诗篇》四十五篇 1 节。
⑤ 《诗篇》卅三篇 6 节。

的。① 它还提到了物质表象如树②、叶③、花④、根⑤、汨汨喷泉之水⑥，闪亮光芒的发源地⑦，以及其它许多在超越的上帝之道《圣经》中的启示性描写。在心智的领域，在上帝的主宰范围中，无论是关于祂的恩赐、外表、力量、属性、分配、住所、进程、区分，还是祂的统一，都被各种各样地描绘成人⑧、野兽或家畜⑨、植物⑩，以及石头⑪。上帝穿女装⑫或着野蛮人甲胄⑬。祂被说成一个匠人，不管是陶匠⑭还是炼金工⑮。祂被置于马上⑯、战车上、⑰宝座上⑱。盛宴为祂而备下⑲。祂被说成饮酒、醉酒、睡觉和宿醉。⑳ 而且还有祂的愤

---

① 《约翰福音》一章 18 节。
② 《何西阿书》十四章 8 节；《启示录》二章 7 节；《约翰福音》十五章 1 节。
③ 《以赛亚书》廿七章 6 节。
④ 《以赛亚书》廿七章 6 节；《雅歌》二章 1 节。
⑤ 《以赛亚书》五十三章 2 节。
⑥ 《约翰福音》七章 38 节，四章 14 节。
⑦ 《希伯来书》一章 30 节。
⑧ 参看《论圣名》分题一。
⑨ 参看《天阶体系》分题二。
⑩ 同上。
⑪ 参看《论圣名》分题一。
⑫ 《启示录》一章 13 节。
⑬ 《申命记》卅二章 40 节；《诗篇》卅五篇 2 节，四十五篇 3-5 节。
⑭ 《以赛亚书》廿九章 16 节，四十五章 9 节；《耶利米书》十八章 5 节。
⑮ 《撒迦利亚书》十一章 13 节；《玛拉基书》三章 2 节。
⑯ 《希伯来书》三章 8 节。
⑰ 《诗篇》六十八篇 17 节。
⑱ 《诗篇》四十五篇 6 节，一〇三篇 19 节；《启示录》四章 2 节。
⑲ 《路加福音》十二章 37 节，十五章 22-32 节，廿二章 30 节。
⑳ 《雅歌》五章 1 节；《诗篇》四十四篇 23 节，七十八篇 65 节。

怒①、悲伤②、不同的发誓③。祂的心灵变化④、诅咒⑤、大怒⑥为了避免守约而用的各种模棱两可的诡辩⑦。还有那巨人之战,《创世记》中所记述的,据说上帝害怕那些强大的人,于是对他们使了诡计,即使他们造塔并不是为了伤害任何人,而只是为了自己的得救。⑧还有天上举行的商量引诱与欺骗亚哈的会议。⑨还有《雅歌》中那些只适于妓女的那些激情渴望。⑩关于这一切该怎么说呢?还有许多其它圣洁图象,用来大胆地描绘上帝,以便使隐秘者被带入公开和众多之中、使独一与不可区分者能被区分、使既无形体也无模样者能有诸多形体与模样。所有这一切都是为了使能看到隐于这些意象之中的美的人发现它们真正是神秘的、合宜于上帝的、充满巨大神学之光的。

不过让我们不要认为这些设计出的象征物的外表是为自身缘故而存在的。它实际上是保护对无法言说和不可见的事物的理解的外套,使之不为普通大众所见。这么做是为了使最神圣的事物不为世俗之辈所轻易掌握,只向圣洁的真正热爱者启示。只

---

① 《出埃及记》四章 14 节,十五章 7 节,卅二章 10-12 节。《民数记》十一章 10 节,十二章 9 节。
② 《创世记》六章 6 节;《以赛亚书》五十七章 17 节。
③ 《创世记》廿二章 16 节,廿六章 3 节;《诗篇》一〇五篇 9 节;《路加福音》一章 73 节。
④ 《撒母耳记上》十五章 35 节;《历代志上》廿一章 15 节。
⑤ 《申命记》廿九章 27 节。
⑥ 此词不见于《圣经》,但与"愤怒"有关。
⑦ 《创世记》十二章 1-3 节,廿二章 17 18 节,廿七章 29 节。
⑧ 《创世记》六章 4 节,十一章 1-9 节。
⑨ 《列王纪上》廿二章 20-23 节。
⑩ 《雅歌》一章 1 节及全部。

有后者才知道在关于神圣象征物上不能让幼稚的想象的工作占上风。只有他们才有单纯的心智和善于领受的、玄观的力量,能穿越进入到那些象征物之后的单一、宏伟、超越的真理之中。

还有一点须加以理解。神学传统有双重方面,一方面是不可言说的和神秘的,另一方面是公开的与明显的。前者诉诸象征法,并以入教为前提;后者是哲学式的,并援用证明方法。不过,不可表述者与能被说出者是结合在一起的。一方使用说服并使人接受所断言者的真实性;另一方行动,并且借助无法教授的神秘而使灵魂稳定地面对上帝的临在。这就是为什么我们传统的圣洁引导人和律法传统的圣洁引导人无所禁忌地运用与上帝相宜的象征法描述最神圣奥秘之圣事。而且我们也看到有福的天使用谜语介绍神圣奥秘。① 耶稣自己用寓言言说上帝,而且用了一系列象征法将祂的神圣作为的奥秘传告于我们。不仅至圣者完全应当免于群氓的侵染,而且未分又分的人的生命应当以合宜的方式领受神圣知识的光照启明。这样,灵魂的无感觉成分便与那些有着神圣者形象的表象的单纯的与内在的景象协调一致了。另一方面,灵魂的感情成分则与自己的本性一致,通过表象的精心组合之成分而尊崇、追求最神圣的实在。② 这些象征帷幕(与灵魂的这部分)更亲近些,有个例子可说明这点:有些人在被以清晰、无遮掩方式教育了上帝的事物后,自己在心中设想一些表象来引导自己对所听之神学教导产生一个概念。

---

① 《撒迦利亚书》三章4节。
② 关于新柏拉图主义的灵魂观,可见 C. Steel,《变化的自我》,Brussels,1978。

2. 正如保罗所说,也正如真正的理智所说,整个可见世界的有秩序安排揭示着上帝的不可见事物。① 同样,《圣经》著述者在考虑一个主题时,有时从社会的和法律的角度看、有时则纯粹的、不与任何其它东西混杂地看;他们有时在人的和中间的层次上看、有时以超越方式并在"完全"的语境中看;有时他们依赖主宰可见事物的规律、有时依赖统治不可见事物的法规,这一切都要看什么能适宜神圣的著述、心智和灵魂。无论一个人是从整体还是从个别细节上看问题,其言谈都不会仅仅在纯粹的历史领域之中,它必须与给予生命的"完全"有关。

所以,我们必须逆大众偏见而动,必须朝向神圣象征物的深处作圣洁之旅。我们当然决不可轻视象征物,因为它们是派生物而且承有神圣印迹。它们是不可言说的壮美景象的展露表象。《圣经》不仅用种种象征形式描绘超越之光与概念性事物——或更简单地说,神圣事物。比如把超越之上帝描绘成"火"②,或把上帝的概念性经文的意义描绘成"燃烧着的"③,而且连顺服上帝的天使等级,那些理性的和可理解的存在者,也被用许多形状以繁多的方式加以描述,其中包括用火的比喻。同一个"火"的形象具有不同的涵意,就看它被用来指超越一切概念的上帝、上帝的主宰行为或理智,或是天使。在一种情况下,人从"原因"角度思考,在另一种情况下则从"实体"角度思考;在再一种情况下从"分有"角度,在其它情况下则从其它角度,由他们的玄观和有智慧的安

---

① 《罗马书》一章 20 节。
② 《申命记》四章 24 节,九章 3 节;《以赛亚书》卅三章 14 节。
③ 《撒母耳记下》廿二章 31 节;《诗篇》十八篇 30 节,一一九篇 40 节。

排而决定。因为人当然不能任意运用圣洁象征物。它们必须以与原因、实体、力量、等级和尊严相宜的方式加以解释,因为这是它们的表现象征。

不过,我不能把这信写得太长了。讲我们考虑你向我提出的问题。我要说的乃是:一切营养物都给予被营养者以"完全"。它补齐了他身体中不完全的和不足的东西。它治疗其软弱并监护其生活,使之开花兴盛。它给他的生活以欢快。总之,它除去痛苦和不完善,给予他快乐与完全。

3. 所以,《圣经》十分正确地赞美那美好的智慧,它当之无愧被称作智慧。因为它备下了一个神秘的调和碗,先在里面放好一些干粮,然后倒入圣洁饮料,这以后便慷慨地高声呼喊,召唤一切需要它的人。①

这样,神圣智慧便备好了两种营养品,一种是结实稳定的,另一种是液状流动的。它在碗中备好了丰足的神意。这碗的圆形与无盖象征着神意无始无终,对一切人开放,包容万物。向万物进发,又保持在自身之中,一直是自己不变的自我。它保持自己充足无缺的存在,就像一直稳固安全的碗一样。

据说智慧还为自己造了一个家,在那备下了干粮、饮料和碗。这么说是为了使一切赋予神圣事物以圣洁意义的人,都清楚地发现存在与幸福的普世原因正是那经历诸阶段遍及万物的完善神意。所以神意无所不在。它包容万物,同时又以超越方式而成为某物中的某物;不过它决非无物之中的无物。因为它远远超出万

---

① 《箴言》九章1-5节;《诗篇》七十五篇8节。

物、存在与持存,永远保持在自身同一之中,不经受任何变化,从不走出自身之外,从不离开自己的基地和自己不变居所与地方,它在那儿充满善地从事其完善神意的充分运作。从那儿,它一步步降临万物,同时又永未终止保持在自身之中。它总是静止并运动,但又从无静止或运动;也就是说,自然地又超自然地,它可以在永恒中从事其神意运作,又可以在其神意运作中保持永恒。

4. "干粮"与"饮料营养物"的意义是什么呢? 慷慨宽厚的智慧被赞美,因为它们同时备下了这两种神意的恩赐。我相信"干粮"指理性的和稳定的等级的完全与同一性,通过干粮,在运用稳定、强大、独特与不可见的知识之中,神圣事物便被感知觉的理性工作所分有了。正是以这种方式,保罗——他本人是智慧的接受者——给出真正的干粮。①

至于液状营养品,这是急切朝向万物的充沛外溢,它在一切不同的、多样的和区分的事物中作向导,慷慨宽厚地引导它们吸取关于上帝的单一和稳定的知识。这就是为什么神圣的和概念的《圣经》被比作甘露、水②和奶③、酒④和蜜⑤,因为它们有水那样产生生命的力量,奶那样帮助成长的力量,像酒一样振兴,像蜜一样洁净与维持人的生存。

确实,这些就是上帝的智慧赐予心地宽厚地靠近祂的人的恩

---

① 《希伯来书》五章 12-14 节。
② 《申命记》卅二章 2 节,另参看《天阶体系》分题二。
③ 《哥林多前书》三章 2 节;《彼得一书》二章 2 节。
④ 《箴言》九章 1-5 节;《启示录》十四章 16 节,十六章 19 节,十九章 15 节。
⑤ 《启示录》一章 9-10 节;《诗篇》十九篇 10 节,一一九篇 103 节。

赐。这就是**智慧**如何把自己永远的、快乐的丰沛流溢赠给他们的。它们真是快乐！这就是为什么**智慧**被称颂为创造生命的、养育孩童的、更新与"完全"人的太一。

5. 从这同一种圣洁解释看神圣的快乐，人便称一切善美之源的上帝"沉醉"①，这是为了表达心智无法测度的超丰盛的快乐。更重要的是，它表达上帝之至福的彻底的、无法描绘的无限性。在我们的术语中，"沉醉"有"极不节制"之贬义，表明一个人离开了自己的心智和常识。② 当用于上帝时，这是褒义。"沉醉"只能理解为在"**原因**"中的美好事物的无法量度的超级丰盛。至于由于醉酒而逸出自己的心智和常识，在上帝的情况下应指上帝那无法理解的超级丰盛，由于这丰盛，上帝的理解能力超越了任何理解力或任何被理解状态。祂超出存在自身。很简单，上帝之"醉"即立于一切美善事物之外，盖上帝为所有这一切事物之超级丰足也。祂超越所有不可量度者，祂的居所高于、超出一切存在者。

我们应当以同样方式理解圣徒在上帝的国度中举行的盛宴。经上说，王自己将参加，并"请他们入席、服事他们"。③ 这所意指的乃是圣徒对上帝的美善事物的某种共同而和谐的分有，"有名录在天上诸长子和被'完全'的公义之人的灵的聚会"④，它充满各种美善事物。我们必须把通向宴席的路思考为脱离无数劳作的休息，没有辛苦的生活，在光和生命之地与上帝的交往，圣洁欢乐

---

① 《雅歌》五章 1 节。
② 这句话指出了希腊词 ecstasy 的字面意义，这在《论圣名》分题十三有讨论。
③ 《路加福音》十二章 37 节。
④ 《希伯来书》十二章 23 节。

的丰沛,使人充满幸福的无止境供应一切有福和美善的事物。正是耶稣自己使他们欢快,领他们走向宴席,服侍他们,给予他们永久的休息,丰盛地赐予他们充沛的美。

6. 我知道你很想我解释上帝的"睡"或"醒"①是什么意思。上帝之睡指上帝的超越性以及祂神意照料的对象之无力与祂直接沟通。上帝之醒指祂对那些需要祂的人的教育与拯救的关切。我把这点向你指明后,你当能由此推及其它神学象征物了。我并不认为我有必要不停地说下去,给人一个印象似乎我有什么新东西要说。我相信我已充分回答你的请求,如果我就此打住此信,那是因为我在别的地方已经讨论过这些事情。我会把我的《象征神学》全文寄给你,你可以在里面找到对智慧屋、七柱、干粮——被分成献祭品与面包——等的解释。②所有与酒的调和及上帝醉后不醒有关的主题,以及我这里所讨论的其它象征方法,都在那本书中有更为详尽的研究。我相信它是对所有这些象征物的一个很好的研究,它与神圣传统和《圣经》真理和谐一致。

书信十 致神学家约翰——信徒与传福音者,拔摩岛的流放者③

亲爱的和有福的心灵啊——这是我比许多人都能说的——

---

① 《诗篇》四十四篇 23 节,七十八篇 65 节;《雅歌》五章 2 节。
② 《箴言》九章 1-5 节。
③ 布朗斯(Brons)认为此信是后来增加入整部著作的。此信意在确证作者的使徒权威。参看《启示录》一章 9 节。

我向你致敬。真正地被爱的门徒,被那真正应被渴求、被追寻,并被深深热爱的祂(上帝)所爱的你,向你问好!

如果基督说出真理,如果不义的人把门徒从城中赶出去,①这会令人吃惊吗?事实上,这些人把他们应得的惩罚拉到自己头上了。他们在犯下这罪行时不是禁绝自己,使自己与圣洁的人的关系断绝了吗?

可见物确实是不可见者的明白形象;在将要来到的日子里,并不是上帝要正当地把自己与邪恶的人分开来;相反,是邪恶的人自己把自己完全与上帝分开了。真的,我们看到此世中有人已经与上帝统一了,因为他们热爱真理,并抛弃追求物质好处的热情。他们完全摆脱了一切邪恶,并且充满了对一切美善事物的圣洁渴求。他们热爱祥和与圣洁。在此之中,他们向往未来生活。他们没有任何激情,像天使一样生活在世人之中。他们不停地赞美圣名。他们实践善和其它一切美德。

至于你,我决不会蠢到以为你会感到任何苦痛,我坚信你只在区分你身体的苦痛的范围内察知它们。至于那些不公正地对待你和错误地认为他们已经清楚了福音的太阳的人,我有充分理由抨击他们;但我却首先为他们祈祷,希望他们将抛弃他们加害于他们自己身上的邪恶,将回归向善,将求告你以便能分有你的光。在我看来,没人能夺去约翰永远闪耀的光芒。现在我正在回忆与复习你的神学教导的真理。不过——不管这看上去似乎多么唐突,我也要说——我很快将与你在一起。

---

① 《马太福音》廿三章 34 节。

我教导和说出上帝关于你所昭示的事时,是完全应被信任的,即,你将被从你在拔摩岛上的监狱中释放,你将回到亚洲大地——你将在那儿继续模仿上帝而活动,并将你的遗产交付给那些追随你的人。

图书在版编目(CIP)数据

神秘神学/(伪)狄奥尼修斯著;包利民译.—北京:商务印书馆,2024(2025.8重印)
(中外哲学典籍大全.外国哲学典籍卷)
ISBN 978-7-100-22950-0

Ⅰ.①神… Ⅱ.①狄… ②包… Ⅲ.①神学－研究 Ⅳ.①B972

中国国家版本馆CIP数据核字(2023)第170239号

权利保留,侵权必究。

中外哲学典籍大全·外国哲学典籍卷
神秘神学
(伪)狄奥尼修斯 著
包利民 译

商 务 印 书 馆 出 版
(北京王府井大街36号 邮政编码100710)
商 务 印 书 馆 发 行
北京科信印刷有限公司印刷
ISBN 978-7-100-22950-0

2024年3月第1版 开本710×1000 1/16
2025年8月北京第2次印刷 印张20
定价:97.00元